U0531929

本期报告由上海大学上海合作组织公共外交研究院资助出版

中国俄罗斯东欧中亚学会年度报告

Всекитайская Ассоциация по изучению России, Восточной Европы и Центральной Азии Ежегодник

2018

主　编　李永全
副主编　王晓泉　张恒龙　王晨星

中国社会科学出版社

图书在版编目(CIP)数据

中国俄罗斯东欧中亚学会年度报告.2018年/李永全主编.—北京：中国社会科学出版社，2019.4

ISBN 978-7-5203-4255-1

Ⅰ.①中… Ⅱ.①李… Ⅲ.①俄罗斯—研究报告—2018②东欧—研究报告—2018③中亚—研究报告—2018 Ⅳ.①D751②D736

中国版本图书馆 CIP 数据核字(2019)第 061992 号

出 版 人	赵剑英
责任编辑	喻　苗
特约编辑	李溪鹏
责任校对	胡新芳
责任印制	王　超

出　　版	中国社会科学出版社
社　　址	北京鼓楼西大街甲 158 号
邮　　编	100720
网　　址	http://www.csspw.cn
发 行 部	010-84083685
门 市 部	010-84029450
经　　销	新华书店及其他书店
印　　刷	北京君升印刷有限公司
装　　订	廊坊市广阳区广增装订厂
版　　次	2019 年 4 月第 1 版
印　　次	2019 年 4 月第 1 次印刷
开　　本	710×1000　1/16
印　　张	22.5
字　　数	293 千字
定　　价	96.00 元

凡购买中国社会科学出版社图书，如有质量问题请与本社营销中心联系调换
电话:010-84083683
版权所有　侵权必究

图1 2018年3月26日，中国社会科学院主办，中国社会科学院国际合作局、中国社会科学院俄罗斯东欧中亚研究所、山东省社会科学院及中国社会科学院上海合作组织研究中心承办的"新时代上海合作组织新发展"国际智库论坛在京举行

图2 2018年4月24日，中国社会科学院俄罗斯东欧中亚研究所、中国社会科学院俄罗斯研究中心在京举办"第八届俄罗斯东欧中亚青年论坛：新时代俄罗斯东欧中亚研究新任务"

图3 2018年5月29日至30日，中国社会科学院和俄罗斯国际事务委员会主办，中国社会科学院俄罗斯东欧中亚研究所和中国社会科学院中俄战略协作高端合作智库承办的"中国与俄罗斯：新时代的合作"中俄智库高端论坛在京举行

图4 2018年6月14日，中国社会科学院和中信改革发展研究基金会主办，中国社会科学院俄罗斯东欧中亚研究所、中国社会科学院"一带一路"研究中心在京承办"中国社科论坛——'一带一路'高端人文对话会议"

图5 2018年5月10日，中国社会科学院俄罗斯东欧中亚研究所在京举办"改革开放40年来的中东欧研究"座谈会

图6 2018年10月29日至11月9日，中国社会科学院丝绸之路研究院、中国社会科学院国际合作局主办，中国社会科学院俄罗斯东欧中亚研究所、中国社会科学院"一带一路"研究中心承办的"'一带一路'人文交流与文化产业合作"国际研修班在河北廊坊举行

图7 2018年4月4日，中国俄罗斯东欧中亚学会会长李永全与到访的俄罗斯科学院远东研究所副所长布加尔科夫进行交流

图8 2018年7月6日，中国社会科学院俄罗斯东欧中亚研究所所长孙壮志与到访的亚美尼亚驻华大使马萨纳良进行交流

图9 2018年5月19日,"第六届全国高校俄语专业院长及系主任高级论坛"在上海举行

图10 2018年6月2日至3日,"全国高校俄语专业教师研修班暨第五届俄语专业教学法学术研讨会"在北京举行

图 11 2018 年 8 月 9 日，中国国际问题研究院戚振宏院长率欧亚所科研人员与到访的俄罗斯驻华公使热洛霍伟茨夫会谈

图 12 2017 年 5 月 19 日，俄罗斯外交部新挑战与新威胁局局长罗加乔夫率团访问并在中国国际问题研究院就全球反恐形势做专题报告

图 13　2018 年 4 月 19 日，俄罗斯圣彼得堡大学—中国人民大学俄罗斯研究中心在俄罗斯圣彼得堡举办"《普京政治经济学》（俄文版）首发式"

图 14　2018 年 5 月 13 日，中国人民大学举办"《上海合作组织创建、发展和前景》（中文版）首发式暨上海合作组织发展研讨会"

图15 2018年4月12日，北京师范大学俄罗斯中心举行"第三届'奔向莫斯科'俄语奥林匹克竞赛"

图16 2017年10月18日，北京师范大学俄罗斯研究中心举行"第六届'俄罗斯学'研究生学术论坛"

图17 2018年9月22日，中国石油大学（北京）65周年校庆系列活动之一——"'一带一路'能源安全与绿色发展国际学术论坛"在北京召开

图18 2018年3月16日，北京外国语大学中东欧研究中心举行"2017年度国家社会科学基金重大项目'中国与中东欧国家文化关系史'开题研讨会"

图19 2018年6月25日，北京外国语大学与社会科学文献出版社联合举办"《中东欧国家发展报告（2016—2017）》蓝皮书发布会"

图 20　2017 年 12 月 20 日，北京外国语大学举行乌克兰驻华大使专题讲座

图 21　2018 年 5 月 18 日，北京外国语大学举行《乌克兰口头文学传统漫谈》专家讲座

图 22 2018 年 8 月 22 日，白俄罗斯教育部部长卡尔边科访问北京第二外国语学院

图 23 2017 年 12 月 16 日，复旦大学俄罗斯中亚研究中心举行"欧亚研究全国青年学术共同体"学术研讨会

图 24 2018 年 4 月 13 日至 14 日，华东师范大学举办"第十九届全国中亚问题研讨会"

图25　2018年4月25日至26日，华东师范大学举办"'瓦尔代'国际辩论俱乐部论坛中俄分会"

图26　2017年9月16日，上海外国语大学举办"罗斯东欧中亚与当代世界：语言、文化与区域国别研究"研究生论坛

图 27　2017 年 11 月 1 日至 2 日，上海大学举行第二届"一带一路"上海国际论坛

图 28　2018 年 9 月 15 日，安徽大学俄罗斯研究中心课题组负责人与到访的俄罗斯三所高校联合代表团商谈关于"新安江文化"与"伏尔加文化"对比和对话的合作

图29 2018年5月26日至27日，中国中俄关系史研究会、山东大学政治学与公共管理学院、山东大学社会主义研究所以及山东大学俄罗斯与中亚研究中心联合主办的中国中俄关系史研究会年会暨"中俄关系的历史与中俄发展道路比较及新形势下的中俄关系"国际学术研讨会在青岛举行

图30 2017年3月，黑龙江省俄罗斯东欧中亚学会会长刘爽（右3）、秘书长马友君（右1）与蒙古科学院国际关系研究所所长巴雅萨呼（左3）等在乌兰巴托合影

图 31　2018 年 3 月，黑龙江省俄罗斯东欧中亚学会副会长兼秘书长马友君（左2）、黑龙江省冰雪产业研究院院长、副会长张贵海（右1）、黑龙江省商业经济研究所所长、副会长陈鸿鹏（右2）、黑龙江省大学俄罗斯研究院副院长、副会长姜振军（左1）等与俄罗斯嘉宾出席由学会与黑河市政府联合主办的 2018 年黑龙江省俄罗斯东欧中亚学会年会

图 32　2017 年 11 月 14 日，辽宁大学转型国家经济政治研究中心在沈阳举办"新时期大国外交及周边国家局势演变"学术会议

图 33 2018 年 5 月 5 日，辽宁大学转型国家经济政治研究中心在沈阳举办"欧亚国家的转型发展暨中国改革开放 40 年：经验总结与国际比较"国际学术会议

图 34 2018 年 9 月 25 日至 26 日，西北师范大学中亚研究院在兰州举行中亚历史与现状国际论坛

中国俄罗斯东欧中亚学会
第八届理事会

会领导
会　　长：李永全
副 会 长：冯绍雷　朱　宇　刘文飞　严　明　张国有
　　　　　季志业　高建龙　程　伟

秘书处
秘 书 长：王晓泉
副秘书长：宁　琦　冯育民　郭　力　李少捷

常务理事（按姓氏笔画排序）：
　　　　丁晓星　王晓泉　王海运　冯玉军　冯绍雷　宁　琦
　　　　刘再起　孙　力　孙长栋　李　新　李中海　李永全
　　　　李静杰　张　宁　张恒龙　陈玉荣　庞大鹏　赵会荣
　　　　徐向梅　程　伟　靳会新　戴桂菊

理　　事（按姓氏笔画排序）：
　　　　丁立群　丁晓星　于振起　于继海　万成才　马凤书
　　　　王加兴　王晓泉　王海运　尹树广　孔田平　邓　军
　　　　石　岚　石　泽　石洪生　史铁强　田　澍　冯玉军
　　　　冯绍雷　宁　琦　邢广程　朱　宇　朱显平　朱晓中
　　　　刘　宏　刘　娟　刘再起　刘军梅　刘显忠　刘洪钟
　　　　关贵海　关雪凌　许　涛　许文鸿　孙　力　孙长栋

孙壮志	严　明	李　兴	李　琪	李　新	李少捷
李中海	李凤林	李永全	李进峰	李志强	李英男
李建刚	李建民	李雅君	李静杰	杨　成	杨　波
杨　恕	杨　烨	吴　伟	吴　军	吴大辉	吴宏伟
吴晓都	吴恩远	张　宁	张国有	张建文	张树华
张恒龙	张盛发	张惠芹	陆南泉	陈玉荣	陈学惠
陈新民	苗华寿	林跃勤	季志业	庞昌伟	周伟萍
庞大鹏	郑　羽	赵　刚	赵华胜	赵会荣	赵秋野
赵爱国	赵常庆	柳丰华	姜　毅	柴　瑜	徐向梅
徐坡岭	高　歌	高建龙	高晓慧	郭小丽	黄　玫
戚文海	盛世良	章自力	隋　然	董晓阳	程　伟
程亦军	童　伟	靳会新	潘大渭	潘志平	薛福岐
戴桂菊					

会　　员（按姓氏笔画排序）：

丁立群	丁晓星	于卓超	于振起	于继海	万成才
万青松	马　强	马友君	马凤书	马蔚云	王　龙
王　永	王加兴	王鸣野	王彦庆	王洪庆	王宪举
王桂香	王晓泉	王晓菊	王海运	王海滨	王晨星
王铭玉	贝文力	牛义臣	文　丰	尹树广	孔田平
邓　军	古　棕	古丽燕	石　岚	石　泽	石洪生
田　澍	史铁强	白晓红	包　毅	冯玉军	冯绍雷
宁　琦	邢广程	曲　岩	曲文轶	吕　萍	吕　静
朱　宇	朱红根	朱显平	朱晓中	任　冲	任雪梅
刘　丹	刘　宏	刘　娟	刘亚丁	刘再起	刘华芹
刘　军	刘军梅	刘佐艳	刘显忠	刘洪钟	刘清才
刘博玲	刘　淼	刘新涛	关贵海	关雪凌	安兆祯
许　华	许　宏	许　涛	许文鸿	许传华	农雪梅
孙　力	孙　超	孙长栋	孙玉华	孙壮志	孙辰文
把多勋	严　明	苏　畅	苏晓宇	李　兴	李　琪

李　新	李少捷	李中海	李丹琳	李凤林	李玉璧
李世辉	李东洲	李永全	李亚洲	李　冰	李进峰
李志强	李丽娜	李英男	李建民	李建刚	李冠群
李勇慧	李雅君	李福川	李静杰	杨　成	杨　进
杨　波	杨　烨	杨　恕	杨发建	杨　烨	杨鹏飞
肖　甦	肖　斌	吴　伟	吴　军	吴大辉	吴宏伟
吴晓都	吴恩远	邱　强	邱运华	何　颖	邹秀婷
汪　宁	沈莉华	宋　红	宋黎磊	张　宁	张　弘
张　冰	张友国	张文莲	张永安	张百春	张红侠
张宏莉	张昊琦	张国有	张　昕	张变革	张建文
张树华	张恒龙	张艳璐	张晓涛	张　梅	张盛发
张淑兰	张惠芹	张聪明	陆齐华	陆南泉	陈　余
陈　瑛	陈玉荣	陈学惠	陈秋杰	陈积银	陈新民
武和平	耶斯尔	苗华寿	林跃勤	尚宇红	季志业
周伟萍	周国长	周爱保	庞大鹏	庞昌伟	郑　羽
郑春荣	封安全	赵　刚	赵玉明	赵华胜	赵会荣
赵明仁	赵秋野	赵爱国	赵常庆	赵　臻	郝　赫
胡　冰	胡红萍	柯　静	柳丰华	钟建平	侯艾君
涂咏松	姜　琍	姜　毅	姜振军	姜　睿	贺　婷
聂茹萍	贾　放	夏忠宪	柴　瑜	倪保志	徐　刚
徐　琪	徐向梅	徐向梅	徐坡岭	徐洪峰	徐曼琳
殷　红	高　歌	高际香	高国翠	高建龙	高晓慧
郭小丽	郭晓琼	郭　锐	黄　玫	黄达远	黄登学
曹　进	戚文海	盛世良	崔　铮	章自力	阎国栋
梁　强	隋　然	彭文钊	董文柱	董晓阳	蒋　菁
韩　爽	韩克敌	韩　璐	程　伟	程亦军	程　红
程红泽	童　伟	曾向红	谢晓光	靳会新	蒲公英
臧秀玲	谭继军	潘大渭	潘志平	薛福岐	戴桂菊
鞠　豪					

中国俄罗斯东欧中亚学会
俄语教学研究分会理事会

会　　长：张国有
副 会 长：黄　玫　隋　然　孙　超　王松亭　许　宏
秘 书 长：宁　琦

常务理事（按姓氏笔画排序）：

　　　　王　永　王加兴　王亚民　王晓捷　邓　滢　刘永红
　　　　刘佐艳　刘　娟　孙玉华　李建刚　杨　蓉　张惠芹
　　　　郑文东　赵秋野　赵爱国　徐曼琳　徐　琪　高国翠
　　　　阎国栋

理　　事（按姓氏笔画排序）：

　　　　丁淑琴　王金玲　白丽君　刘　颖　池济敏　许凤才
　　　　吴　军　张　杰　陈　方　赵建常　胡连影　姜　宏
　　　　姜雅明　郭小丽　詹德华　管月娥　颜志科

会员单位 60 家高校

序　　言

《中国俄罗斯东欧中亚学会年度报告》（以下简称《年度报告》）是中国俄罗斯东欧中亚研究学界交流学术信息和深化友谊的平台。值得欣慰的是去年的创刊得到学术界的普遍支持和好评。

俄罗斯东欧中亚研究的历史可以追溯到中华人民共和国成立之时，它与共和国同行。虽然每个学科起步的时间不同，但都紧跟时代步伐，与时俱进，不断丰富国家社会科学并为外交事业的成长提供智力支持。

改革开放年代，俄罗斯东欧中亚学界在介绍和研究国外经济发展经验和教训，促进中国与世界的融合方面发挥重要作用，成为中国改革开放事业的重要促进力量。

当今世界面临大发展大变革大调整时期，国际形势发展日新月异，大国关系扑朔迷离……如何认识世界，判断世界发展大势，为外交决策提供有价值的参考，成为学界面临的新课题。

"一带一路"倡议向俄罗斯东欧中亚研究学术界提出了新的时代命题。虽然"一带一路"倡导的是务实合作，但它在学术界引起的反应是空前的。

随着"一带一路"倡议的实施，各界对学术研究成果的需求急剧上升。学术研究不仅要服务国家、服务社会、服务人民，也要服务实业。沿线国家的国情、投资条件、人文环境等都需要学术研究支撑。随着"一带一路"建设的推进，培养人才问题从来没有像今天这样迫切。不仅应用研究，基础研究也受到高度重视。

在世界发展大势和"一带一路"建设的影响下，俄罗斯东欧中亚研究学界近几年非常活跃。与此同时，国内国外各种学术交流也日益深化。于是，搭建一个交流经验、反映学术界活动、展示学术界研究进程和成果的平台成为大家共同的愿望。

《中国俄罗斯东欧中亚学会年度报告》顺势而生。去年第一辑的出版是学会发展史上值得纪念的事情。本报告收录了大部分会员单位的信息，不仅仅是各单位当年的学术信息，还包括部分学科发展简史。

出版该报告可以使我们及时了解俄罗斯东欧中亚学界的动态，包括学术活动、教学活动、科研、教学成果以及各会员单位的人员变化情况。这本《报告》不仅扩大我们的影响，也启发我们的思路，丰富我们的合作，拉近我们的距离。

与此同时，本报告也在不断"发现"新的伙伴，每年都有新伙伴加入撰写工作。从这个意义上说，本报告在努力展现俄罗斯东欧中亚学界全景图。在《中国俄罗斯东欧中亚学会年度报告》第二辑出版之际，我们热切希望不断有新伙伴加入这项工作。2018年报告由上海大学上海合作组织公共外交研究院赞助出版，在此向上海大学上海合作组织公共外交研究院表示衷心感谢！同时希望本报告今后的出版工作能够得到学界其他学术机构的大力支持。

李永全

中国俄罗斯东欧中亚学会会长

2018年12月17日于北京

目　　录

会长单位及分会

中国社会科学院俄罗斯东欧中亚研究所 …………………（3）
中国俄罗斯东欧中亚学会俄语教学研究分会 ……………（10）

理事单位

国务院发展研究中心欧亚社会发展研究所 ………………（29）
中国国际问题研究院欧亚研究所 …………………………（34）
中国现代国际关系研究院欧亚研究所 ……………………（38）
中国上海合作组织研究中心 ………………………………（44）
中国人民大学—圣彼得堡国立大学俄罗斯研究中心 ………（50）
北京师范大学俄罗斯研究中心 ……………………………（71）
中央财经大学俄罗斯东欧中亚研究中心 …………………（104）
中国石油大学（北京）俄罗斯中亚研究中心 ……………（115）
北京外国语大学中东欧研究中心 …………………………（129）
北京外国语大学乌克兰研究中心 …………………………（143）
北京第二外国语学院白俄罗斯研究中心（白俄罗斯
　　研究室）…………………………………………………（148）

上海国际问题研究院俄罗斯中亚研究中心……………（154）
复旦大学俄罗斯中亚研究中心……………………（159）
华东师范大学俄罗斯研究中心……………………（174）
上海外国语大学俄罗斯研究中心…………………（197）
上海大学上海合作组织公共外交研究院…………（209）
山东大学俄罗斯与中亚研究中心…………………（221）
安徽大学俄罗斯研究中心…………………………（231）
黑龙江省社会科学院俄罗斯研究所………………（241）
辽宁大学转型国家经济政治研究中心……………（262）
四川大学当代俄罗斯研究中心……………………（282）
西南政法大学俄罗斯法研究中心…………………（290）
兰州大学中亚研究所………………………………（306）
西北师范大学中亚研究院…………………………（325）
新疆维吾尔自治区社会科学院中亚研究所………（335）
河北师范大学中俄远东研究中心…………………（338）

Contents

Institute of Russian, East European and Central Asian Studies,
  Chinese Academy of Social Sciences ············· (3)
The Association of Chinese Teachers of Russian Language
  and Literature ············· (10)
Euro-Asian Social Development Research Institute, Development
  Research Center of the State Council of the People's
  Republic of China ············· (29)
Department for European-Central Asian Studies of China
  Institute of International Studies ············· (34)
Institute of Eurasian Studies of China Institutes of Contemporary
  International Relations ············· (38)
China Center for SCO Studies ············· (44)
Center for Russian Studies of Renmin University of China-Saint
  Petersburg State University ············· (50)
Center for Russian Studies of Beijing Normal University ········ (71)
Center for Russian, East European and Central Asian Studies of
  Central University of Finance and Economics ············· (104)
The Center for Russia&Central Asia of China University
  of Petroleum (Beijing) ············· (115)

Centre for Central and Eastern European Studies, Beijing
　　Foreign Studies University ……………………………………（129）
Ukrainian Studies Center of Beijing Foreign Studies
　　University …………………………………………………………（143）
Center for Belarusian Studies of Beijing International Studies
University ……………………………………………………………（148）
Institute for Russian and Central Asian Studies of
　　Shanghai Institutes for International Studies ………………（154）
Center for Russian and Central Asian Studies of Fudan
　　Univeristy …………………………………………………………（159）
Center for Russian Studies of East China Normal
　　University …………………………………………………………（174）
Center for Russian Studies of Shanghai International
　　Studies University ………………………………………………（197）
Public Diplomacy Institute of Shanghai Cooperation Organization
　　of Shanghai University …………………………………………（209）
Center for Russian and Central Asian Studies of
　　Shandong University ……………………………………………（221）
Russian Studies Center of Anhui University ……………………（231）
Institute for Russian Studies, Heilongjiang Academy of
　　Social Sciences …………………………………………………（241）
Research Center for the Economies and Politics of
　　Transitional Countries, Liaoning University ………………（262）
Center for Contemporary Russian Studies of Sichuan
　　University …………………………………………………………（282）
Russian Law Research Center, Southwest University of
　　Political Science & Law ………………………………………（290）

Institute for Central Asian Studies of Lanzhou University ······ (306)
Institute of Central Asian Studies of Northwest Normal
　　University ·· (325)
Central Asian Studies Institute, Xinjiang Academy of
　　Social Sciences ·· (335)
Center for Far Eastern Studies atHebei Normal University ··· (338)

会长单位及分会

中国社会科学院
俄罗斯东欧中亚研究所

一 研究所简介

中国社会科学院俄罗斯东欧中亚研究所（以下简称俄欧亚所）是中国社会科学院所属的国际问题研究所之一，国内最大的研究俄罗斯和东欧中亚的综合性学术机构。1965年6月30日建所。开始时隶属于中共中央对外联络部和中国科学院哲学社会科学部，受双重领导。1966年划归中联部所属。1981年1月改属中国社会科学院。历任所长为伍修权、刘克明、徐葵、张文武、李静杰、邢广程、吴恩远。

目前，俄欧亚所有研究人员86人，其中正高级职称25人，副高级职称26人，中级职称21人。俄欧亚所设有办公室、科研组织管理处两个管理部门，俄罗斯政治社会与文化研究室、俄罗斯外交研究室、俄罗斯经济研究室、中东欧研究室、乌克兰研究室、中亚与南高加索研究室、俄罗斯历史与文化研究室、战略研究室8个研究室，中国社会科学院俄罗斯研究中心、中国社会科学院上海合作组织研究中心、中国社会科学院"一带一路"研究中心三个院属研究中心,中国社会科学院中俄战略协作高端合作智库、中国社会科学院中白发展分析中心两大智库,中国社会科学院图书馆国际分馆以及《俄罗斯东欧中亚研究》《欧亚经济》两部核心学术期刊。

二 科研工作

(一) 基础科研工作

2018年度,俄欧亚所科研人员共发表120余篇学术论文,其中大多为核心期刊论文;共出版著作12部,其中集体著作5部,个人专著2部,皮书4部,译著1部;进行国际会议主旨发言6人次;接受中央媒体采访81人次;参与制作中央媒体音像资料2集。俄欧亚所高度重视学科建设,组织各学科编写学科发展报告,组织学科带头人举办讲座。

(二) 智库建设工作

2018年度,俄欧亚所在智库建设方面取得较好成绩,完成一批内部报告,其中多篇得到中央领导的批示,起到了很好的咨政建言效果。俄欧亚所多名专家应邀赴中办、中宣部、外交部、商务部等部门参加国际问题咨询会议或做报告,对相关部门决策起到积极影响。

为更好地发挥智库作用和推动中俄战略协作,俄欧亚所牵头成立了中国社会科学院中俄战略协作高端合作智库。该智库自2017年2月28日挂牌以来,已建立了管理机构和机制,制订并较好地执行了年度计划,完成了10篇智库报告和5项部委的委托课题,举办了"中俄智库高端论坛""双月论坛"等一系列学术会议,并通过境内外媒体很好地宣传了中俄战略协作的意义与成果。

三 外事工作

2018年度，俄欧亚所的国际交往活动有序开展、稳步推进，进一步加强了与境外合作伙伴的关系，有效地拓宽了社会科学院国际交流渠道，深化了外事管理制度，保障了国际交流工作的有序高效，实现了年初制定的国际交流目标。

（一）开展国际调研

2018年度，本所共有71批次共156人次出访21个国家，与俄罗斯国际事务委员会、欧亚开发银行、亚美尼亚科学院、乌兹别克斯坦战略研究所、韩国中央大学等机构新签署了合作协议或开展联合研究，接待了来自俄罗斯、法国、白俄罗斯、哈萨克斯坦、阿塞拜疆、格鲁吉亚、亚美尼亚、乌兹别克斯坦、塔吉克斯坦、吉尔吉斯斯坦、波兰、保加利亚、匈牙利等多国学者，在国际学术界积极地宣传"一带一路"倡议，有效地扩大了俄欧亚所的国际学术影响力。

（二）举办国际会议

1. "新时代上海合作组织新发展"国际智库论坛

2018年3月26日，俄欧亚所在北京承办"新时代上海合作组织新发展"国际智库论坛。论坛由中国社会科学院主办，中国社会科学院国际合作局、中国社会科学院俄罗斯东欧中亚研究所、中国上海合作组织研究中心、山东省社会科学院承办，中国社会科学院"一带一路"研究中心和中国社会科学院俄罗斯研究中心协办，上海合作组织秘书处提供战略支持。中国社会科学院副院长李培林、上海合作组织秘书长阿利莫夫、商务部欧亚司司长罗伟东和外交部欧亚司参赞于俊参会并致辞。来自上海合作组织成员国、观察员国、对话伙伴国的智库机构、国际组织、驻华使馆以及中方相关部门的近百名代表和专家热烈交流，围绕"新时代"和"新发展"两大主题，就有关经济发展、开放共赢、地区稳定、综合安全、多边合作、路径创新、上海精神、命运共同体等热点话题深入交流。

此次论坛紧扣中国作为轮值主席国承办2018年上海合作组织第18次元首会议所确定的主题，也是在上海合作组织首次扩员，以及中国提出的"构建人类命运共同体"倡议写进联合国决议后的重要国际论坛。旨在汇聚地区国家权威智库的思想力量，加强沟通交流，为上海合作组织未来发展献计献策。与会专家一致认为，欧亚地区具有丝绸之路的合作基因，具有团结互信的土壤，上海合作组织必然会在这样的环境氛围中不断成长壮大。该组织所在区域集聚着世界主要的资源和人口，无论是具有的经济能力，还是对世界政治的影响程度，都决定了它正在成为21世纪国际合作的主要平台。与此同时，各国都面临发展重任，都需要破解经济社会结构性难题，也都面临很多艰难抉择。继续加强区域合作是解决问题的一把钥匙，需要各国和各界有效利用国内和国际两种资源，努力找出有助于进一步深化多边合作的新的突破口，制定惠及长远的政策规划。

2. 俄罗斯东欧中亚研究所举办第八届青年论坛

2018年4月22—23日，由俄罗斯东欧中亚研究所青年工作组主办的第八届青年论坛在北京召开。本届论坛主题为"新时代俄罗斯东欧中亚研究新任务"，所内外40余位学者参加了此次论坛。参会青年学者围绕论坛主题，就"俄罗斯政治与社会的新视野""欧亚经济的新趋势""地缘政治与欧亚空间""中东欧研究：范式与方法""俄罗斯历史与文化"等议题，进行了主题发言，并由各研究室的学科带头人与所外特邀专家进行点评，展开了学术交流与争鸣。

3. "中国与俄罗斯：新时代的合作"智库高端论坛

2018年5月29日至30日，"2018年中俄智库高端论坛——中国与俄罗斯：新时代的合作"在北京举行。本届论坛由中国社会科学院和俄罗斯国际事务委员会主办，中国社会科学院俄罗斯东欧中亚研究所和中国社会科学院中俄战略协作高端合作智库承办。论坛以"中国与俄罗斯：新时代的合作"为主题，中俄各界代表300余人出席。与会代表围绕中俄国际协作、地方合作、安全合作、经济关系和人文合作等议题展开深入研讨，建言献策。

中俄友好、和平与发展委员会中方主席戴秉国在开幕式上致辞。他说，中俄关系历经多年发展，已经成为正常、健康和成熟的大国关系，有力维护了两国的安全、主权和战略利益。展望未来，中俄关系应着眼于双边关系发展和世界局势变化，增强战略互信，推动民间交流。借助历史经验和智库支持将中俄全面战略协作伙伴关系推向更高水平。俄罗斯外交部副部长、俄罗斯国际事务委员会理事莫尔古洛夫在会上表示，中俄关系是国际体系中的稳定力量。过去几年来，中俄双边合作取得丰硕成果，两国以富有政治智慧的方式开展对话，不断深化合作。俄罗斯外交部原部长、俄罗斯国际事务委员会主席伊万诺夫，中国社会科学院院长、中国社会科学院中俄战略协作高端合作智库理事长谢伏瞻，中国外交部部长助理张汉晖等也出席会议并发言。

4. 中国社科论坛——"'一带一路'高端人文对话"

2018年6月14日"中国社科论坛——'一带一路'高端人文对话"在北京举行。论坛由中国社会科学院和中信改革发展研究基金会联合主办，中国社会科学院俄罗斯东欧中亚研究所、"一带一路"研究中心、丝绸之路研究院、中国俄罗斯东欧中亚学会四家机构联合承办，共邀请国内外知名的智库、高校、政府工作人员、企业以及驻华使节等200余人与会，围绕文明的包容与互鉴、民间外交与民心相通、国家形象与社会舆论、人文交流前沿问题四个主题开展对话。

与会专家指出，中国和高加索、中亚国家的友好交往源远流长。在两千多年前的中国历史文献中，就有关于中亚和高加索地区的记载。在新的历史条件下，"一带一路"倡议为发展中国家和中亚高加索国家关系揭开了新的篇章，带来了新的机遇。正如习近平主席曾强调，这个世界，各国相互联系、相互依存的程度空前加深，人类生活在同一个地球村里，生活在历史和现实交汇的同一个时空里，越来越成为你中有我、我中有你的命运共同体。站在新的历史起点，在命运共同体的构建中，需要不断增进各国之间的相互了解，深化民众之间的心灵沟通，筑牢友好合作的社会根基。当前中国和中亚高加索国家，已建立起形式多样、内容丰富的人文交流合作机制，各类文化年、旅游年、艺术节、体育赛事、青年交流、智库对话等精彩纷呈，人文社会研究是人文合作的重要内容，深入开展人文社会科学领域的交流有利于各国之间互学、互鉴，实现互利共赢。

四 研究生工作

2018年度，俄罗斯东欧中亚研究系（以下简称俄欧亚系）主任为孙壮志所长。该系坚持党的领导，继续沿着正确的政治方向，支持和配合研究生院及全所的工作，在研究生日常教学管理、人才培养、师资队伍建设等方面取得了显著的成绩。

（一）研究生日常教学管理

截至2018年9月，已完成2016级硕士研究生的中期筛选和

2017 级博士研究生的学科综合考核工作，完成 2018 级研究生新生注册和导师配对工作以及在读研究生的选课开课、成绩录入、培养计划管理等日常事务性工作。

（二）人才培养

2018 年度，俄欧亚系新招博士研究生 7 人，硕士研究生 6 人；完成博士研究生答辩会 5 人次，硕士研究生答辩会 6 人次，共计 11 人完成学业；2016 级博士研究生开题报告会 2 人次。

（三）师资队伍建设

2018 年度，俄欧亚系新遴选硕士生导师 7 人，转调入博士生导师 2 人。目前，俄欧亚系在任硕士生导师 23 人，博士生导师 12 人，共计 35 名导师。研究方向齐全，涵盖俄罗斯政治、经济、外交、历史研究，中亚和上海合作组织研究，乌克兰研究，中东欧研究等多个领域。2018 年，我所原所长、原俄罗斯东欧中亚系主任李永全受聘中国社会科学院大学国际关系学院院长。

中国俄罗斯东欧中亚学会俄语教学研究分会

一 单位名称

中国俄罗斯东欧中亚学会俄语教学研究分会，在国际交往中仍沿用"中国俄语教学研究会"的名称，俄文为 Китайская ассоциация преподавателей русского языка и литературы，俄文简称为 КАПРЯЛ，相对应的英文名称为 The Association of Chinese Teachers of Russian Language and Literature，英文简称为 ACTRLL。

二 成立时间

1981年5月3日，中国俄语教学研究会在上海正式成立。2014年6月21—22日，中国俄语教学研究会第八次会员代表大会暨中国俄罗斯东欧中亚学会俄语教学研究分会第一届会员代表大会在北京召开。正式更名为中国俄罗斯东欧中亚学会俄语教学研究分会，参加此次会议的有常务理事单位24个、理事单位13个、会员单位33个，共计70个单位的代表及列席代表若干人。

三 重要沿革

2018年研究会在册会员单位100所高校。

2016年4月，中国俄罗斯东欧中亚学会俄语教学研究分会会长、教育部副部长刘利民，根据中央要求，辞去研究会会长一职，由北京大学出任会长单位，北京大学原副校长、经济与管理学部主任、光华管理学院张国有教授接替刘利民副部长，担任会长一职；北京大学外国语学院院长宁琦教授接替首都师范大学外国语学院杜桂枝教授，担任研究会秘书长一职；秘书处所在地，早在2014年6月就已迁至北京大学。

目前研究会主席团成员：会长：张国有；副会长：王松亭、黄玫、隋然、章自力、许宏、白文昌、孙超；秘书长：宁琦。

四 研究方向

第一，以研究会为平台，组织专业俄语学术研究及俄罗斯学研究，指导、支持会员单位开展相关的研究工作；

第二，举办各类学术研讨会、交流会、座谈会、报告会和讲习班，组织学术调研和科研协作；

第三，对俄语教学和研究中的学科教学情况及学术成果进行评审、奖励和推广；

第四，加强与国内其他有关学术团体的联系并开展学术交流活动；

第五，加强同国外俄语教学和研究机构以及俄语教学工作者之间的联系与合作，积极参加和举办国际学术会议，开展学术和信息资料交流，邀请国外专家来中国讲学；

第六，出版会刊《中国俄语教学》和学术论文专集；

第七，组织符合本研究会宗旨的其他活动。

五　人员情况

现任领导：

第九届理事会（2016年4月—2018年9月）

会长：张国有

副会长：王松亭、黄玫、隋然、章自力、许宏、白文昌、孙超

秘书长：宁琦

历任领导：

第一届理事会（1981年5月—1986年6月）

顾问：曹靖华、师哲、姜椿芳、王季愚、杨化飞、赵洵

会长：胡孟浩

副会长：田宝齐、李鑫、李越然、陈楚祥、周春祥、赵辉、赵云中、倪波、鲍恺、群懿

秘书长：胡宏骏

第二届理事会（1986年6月—1990年1月）

会长：胡孟浩

副会长：王超尘、王福祥、华劭、吴贻翼、沈友泰、余绍裔、赵云中、倪波、祝肇安、葛澹云、群懿

秘书长：阮福根

第三届理事会（1990年2月—1994年4月）

会长：王福祥

副会长：王超尘、华劭、吴贻翼、沈友泰、余绍裔、杨藻静、张洪良、赵云中、倪波、祝肇安

秘书长：刘光准

第四届理事会（1994年5月—1999年5月）

会长：王福祥

副会长：丁昕、孔延庚、沈友泰、杨藻静、张洪良、阎家业、倪波

秘书长：刘光准

第五届理事会（1999年5月—2003年11月）

会长：王福祥

副会长：邓军、刘利民（常务）、李勤、吴国华

秘书长：刘光准

第六届理事会（2003年11月—2008年3月）

会长：刘利民

副会长：李英男、李勤、吴国华、郝斌

秘书长：王铭玉

第七届理事会（2008年3月—2014年6月）

会长：刘利民

副会长：王松亭、王铭玉、史铁强、郑体武

秘书长：杜桂枝

第八届理事会（2014年6月—2016年3月）

会长：刘利民

副会长：王松亭、白文昌、张国有、黄玫、章自力

秘书长：杜桂枝

六　主办刊物简介

研究会会刊《中国俄语教学》，每年4期，每期刊登12—16篇学术论文，由北京大学出版社负责出版。《中国俄语教学》是中国

俄语教学研究会会刊，正式创刊于1982年5月20日。2005年起扩大为大16开本。《中国俄语教学》是国内外公开出版发行的关于俄语教学与研究的学术性刊物，CSSCI扩展版来源期刊。由会长单位负责出版发行，主编原则上由会长兼任，由会长任命常务副主编并组成会刊编委会。主管单位为教育部。

七 学术活动简介

1. 2017年9月16—17日在上海外国语大学举办"俄罗斯东欧中亚与当代世界：语言、文化与区域国别研究"研究生学术论坛。本次论坛由上海市学位委员会主办，上海外国语大学、中国俄罗斯东欧中亚学会俄语教学研究分会承办。论坛面向全国，共收到中国人民大学、复旦大学、南京大学、华东师范大学、武汉大学、苏州大学、首都师范大学、黑龙江大学、北京外国语大学、大连外国语大学以及上海外国语大学等20余所高校研究生投稿90余篇，吸引了包括俄语语言文学、国际政治、区域国别研究及相关方向的各类研究生107名会聚上外虹口校区，参加学术论坛系列交流活动。首都师范大学外国语学院刘文飞教授、北京大学外国语学院宁琦教授、广西民族大学研究生院秦红增教授、首都师范大学外国语学院隋然教授、新疆农业大学陆兵客座教授、上海外国语大学语言研究院赵蓉晖教授所做的主旨报告涵盖了俄罗斯东欧中亚国家语言、文学、翻译与当代世界各个层面，为与会学生提供了学术研究的范例与思路。

2. 2017年9月16—17日，上海外国语大学俄语系协同中国俄罗斯东欧中亚学会俄语教学研究分会，举办了"俄罗斯东欧中亚语言与区域国别研究人才培养"学术研讨会，来自北京大学、复旦大学、华东师范大学、首都师范大学等院校的学科负责人以及上外俄语系、国际关系与公共事务学院、俄罗斯研究中心、中亚研究中心、教务处等共计20余位学者参会。与会人员共同就培养高素质复语人才和区域国别研究人才问题进行全方位、深层次的探讨，全方位研讨俄罗斯东欧中亚语言文学和俄罗斯东欧中亚问题的学术前沿和研究热点，促进俄罗斯东欧中亚语言、文化的教学与科研水平的提高，推动相关学科的健康可持续发展。

3. 2017年9月23日，在新疆大学举办"'一带一路'背景下的区域文化与人才培养"高层论坛，旨在积极推进"一带一路"背景下区域问题的研究，进一步突出新疆作为"丝绸之路经济带核心区"的重要作用。论坛由中国俄罗斯东欧中亚学会俄语教学研究分会与新疆大学外国语学院共同举办。本次论坛邀请了4位国内院校的学者和5位来自俄罗斯、哈萨克斯坦、吉尔吉斯斯坦的专家做专题报告。来自国内高校的近百名专家学者、学生代表，俄罗斯与中亚的专家，以及新疆大学外国语学院俄语专业师生与会。国际俄罗斯语言文学教师协会副会长、哈萨克斯坦阿里—法拉比国立大学的苏莱曼诺娃·埃列奥诺拉·久谢诺芙娜教授，北京大学宁琦教授，俄罗斯新西伯利亚国立经济与管理大学鲍里索夫·杰尼斯·阿列克谢耶维奇教授，新疆大学中亚研究院潘志平教授，天津外国语大学副校长王铭玉教授，塔吉克斯坦科学院卡西莫夫·阿勒木江·哈比波维奇教授，兰州大学外国语学院丁淑琴教授，俄罗斯阿尔泰国立大学历史系杰姆奇克·叶夫根尼娅·瓦连京诺夫娜教授分别做了精彩的主旨报告。与会的国内外专家还就"一带一路"背景下俄语人才培养、高校合作与前景等问题进行了深入的探讨。"'一带一路'背景下的区域文化与人才培养"高层论坛的成功举办，促进了区域问题研究的发展和深入。同时，借此交流平台，中国、俄罗斯与中亚的专家学者们对彼此国家地区的文化、经济、人才教育等加深了认识与了解，为今后深化合作夯实了坚定的基础。

4. 2017年10月24—26日在北京首都师范大学举办"语言中的人与世界"国际学术研讨会。本次研讨会由北京市"斯拉夫国家研究中心"主办，来自俄罗斯及国内10余所著名高校的20余位教授与会，数十位语言学以及语言哲学方向的博硕士研究生旁听了会议。"斯拉夫国家研究中心"首席专家、中国俄罗斯文学研究会会长刘文飞教授和中国俄罗斯东欧中亚学会俄语教学研究分会秘书长、北京大学外国语学院院长宁琦教授分别致辞。俄罗斯著名语言学家——莫斯科国立师范大学的什缅廖夫教授、俄罗斯国立普希金俄语学院的拉得琴科教授分别做了"语言世界图景理论与语言对世界的观念化""俄罗斯语言哲学研究的发展现状"的精彩报告。黑龙江大学孙淑芳教授，苏州大学赵爱国教授，北京大学张冰教授，复旦大学姜宏教授，北京师范大学刘娟教授，北京外国语大学武瑷华教授、黄玫教授，广东外语外贸大学杨可教授，上海外国语大学杨士章教授，以及首都师范大学杜桂枝教授、隋然教授等分别做了重要报告。本次会议还举行了圆桌会议，与会国内专家围绕语言哲学的相关热点问题与俄罗斯专家进行交流。从此次学术会议交流的情况看，目前俄罗斯学界和国内俄语学界对语言哲学问题的研究呈现出高涨的态势，已由传统的语言客体研究转向语言主体——"说话的人""交际中的人"的研究，并取得一批新的理论成果。

5. 2017年11月10—12日在浙江大学紫金港校区举行"新世纪俄罗斯文学研究前沿"高级研修班。此次高级研修班由中国俄罗斯东欧中亚学会俄语教学研究分会与浙江大学外语学院共同举办。来自复旦大学、南京大学、南开大学、中国人民大学等国内26个兄弟院校的近40名青年学者和研究生参加了此次研修班。在研修班期间，主讲嘉宾张建华教授和莫斯科大学语文系20世纪俄罗斯文学教研室主任戈卢布科夫教授分别就新世纪俄罗斯文学叙事话语的特征、俄罗斯后现代主义文学的历史命运、新时期俄罗斯文学的起源以及后现代主义文学、现代主义文学、现实主义文学等主题授课。闭幕式上，北京大学出版社外语部张冰主任介绍了近期出版的新世纪俄罗斯文学作品和研究专著，从出版人和主编的角度激励青年学者有更多更优秀的成果面世。

6. 2017年11月11日在北京大学召开"曹靖华诞辰120周年"纪念会。纪念会由北京大学外国语学院俄罗斯语言文学系和俄罗斯文化研究所主办，上海鲁迅纪念馆、北京大学出版社、中共河南省卢氏县委协办。来自全国人大办公厅、外交部、中国社会科学院、中国艺术研究院、中国现代文学馆、抗日战争纪念馆、北京鲁迅博物馆、人民文学出版社、中国人民大学、北京外国语大学、外交学院、北京印刷学院、光明日报、河南省卢氏县委以及俄罗斯联邦驻华大使馆、北京俄罗斯文化中心等单位的学者和代表，曹靖华先生的家人、同事、历届学生，北大俄语系离退休和在职教师、在读学生共120余人参加了此次纪念活动。纪念会围绕"曹靖华生平研究""曹靖华创作研究""曹靖华翻译研究""曹靖华教育思想与俄语系学科发展"四个主题展开了热烈发言和讨论。开幕式上，中国俄罗斯东欧中亚学会俄语教学研究分会秘书长、北大外国语学院院长宁琦，中国现代文学馆馆长助理梁飞，曹老家乡代表河南省卢氏县委宣传部部长吴文峡，北京俄罗斯文化中心代表谢佳伊女士先后致辞，表达了对曹靖华先生的深切怀念。在研讨会主旨发言中，北京大学李明滨教授回顾了曹靖华先生早年与俄罗斯汉学界的翻译合作，追思了曹老的学术功绩和精神遗产。在自由发言和讨论中，郑恩波、马龙闪、李毓榛、陈士林、丁辽生、李吟波、曹老家人曹彭龄先生等一大批曹靖华先生的故友、亲属和学生们，在热烈而诚挚的气氛中回忆了曹老的工作和生活的点滴，表达了对继承和发扬曹老文学、翻译以及教学珍贵传统的殷切期盼。

7. 2017年12月15日在上海外国语大学举行俄罗斯东欧中亚学

院成立暨首届"跨学科视野下的俄罗斯东欧中亚研究"国际学术研讨会。为切实推进"双一流"建设,服务"一带一路"发展倡议,打造俄罗斯东欧中亚战略语言群,12月15日,上海外国语大学俄罗斯东欧中亚学院在上外虹口校区第一报告厅揭牌成立。来自教育部外指委、中国俄罗斯东欧中亚学会、中国俄罗斯东欧中亚学会俄语教学研究分会、中国非通用语教学研究会、上海俄罗斯东欧中亚学会、国内外各高校以及哈萨克斯坦驻沪总领馆、乌兹别克斯坦驻沪总领馆、匈牙利驻沪总领馆、波兰驻沪总领馆、捷克驻沪总领馆等中外嘉宾共200余人出席大会。在学院成立大会上,著名俄罗斯文学翻译家草婴的家属代表与上外基金会以及俄罗斯东欧中亚学院分别签订了"草婴外国文学教育基金"以及"草婴文学翻译奖"合作协议,旨在奖励俄语专业学生在文学作品翻译上取得的成就。俄罗斯东欧中亚学院校友分会也同时成立,原俄语系系主任倪波教授任名誉会长。

8. 2017年12月15日在上海外国语大学俄罗斯东欧中亚学院成立之际,为了对俄罗斯—中东欧—中亚这一独特地区展开多方位的立体研究,打造具有上外特色的俄罗斯东欧中亚研究学术品牌,俄罗斯东欧中亚学院举办了首届"跨学科视野下的俄罗斯东欧中亚研究"国际学术研讨会。国内外85所高校、科研院所和学术单位共200多位代表参加了此次学术研讨会。开幕式上,上海外国语大学副校长周承以及中国俄罗斯东欧中亚学会俄语教学研究分会秘书长、北京大学外国语学院院长宁琦分别致开幕词。中国社会科学院李永全研究员、天津外国语大学王铭玉教授、北京大学宁琦教授、南京大学王加兴教授、白俄罗斯明斯克国立语言大学别捷妮娅教授、黑龙江大学李洪儒教授、苏州大学赵爱国教授、首都师范大学隋然教授、上海外国语大学汪宁研究员、俄罗斯国立管理大学O. 季莫费耶夫教授、北京外国语大学黄玫教授、黑龙江大学孙超教授、大连外国语大学任雪梅教授、北京师范大学刘娟教授、乌兹别克斯坦国立撒马尔罕外国语学院萨法洛夫教授、韩国釜山外国语大学李在赫教授、中央民族大学张定京教授、波兰雅盖隆大学马尔提纽克教授、上海外国语大学许宏教授19位专家从不同学科视角做了大会主旨发言,分享了有关俄罗斯东欧中亚的最新研究成果。本次研讨会还设了8个分会场,专家学者们进行了充分的学术交流与互动。

9. 2017年12月22日在北京第二外国语学院举行"2017年北京地区俄语学科"研讨会。来自北京大学、北京外国语大学、北京航空航天大学、首都师范大学、中国人民大学、中国政法大学、中国传媒大学、中央民族大学以及北京俄罗斯文化中心、外语教学与研究出版社、北京大学出版社等单位的俄语专家、学者受邀参会。本次会议围绕"高校俄语学科建设"展开讨论与交流。中国俄罗斯东欧中亚学会俄语教学研究分会副会长、首都师范大学外国语学院副院长隋然教授首先介绍了俄语学科的现状及发展前景,随后各高校老师介绍了本校的人才培养模式,并针对人才培养问题展开了热烈讨论。北京俄罗斯文化中心代表则表示重视国内俄语学科的发展,将创造机会加强北京高校俄语学科的合作与交流。最后,与会人员一致商定由北京师范大学承办"2018北京地区俄语学科"研讨会。

10. 2018年4月20—21日在河北师范大学举办第二届"森腾杯"京津冀高校俄语大赛。大赛由河北师范大学主办,中国俄罗斯东欧中亚学会俄语教学研究分会秘书长、北京大学外国语学院院长宁琦教授,俄语教学研究分会副会长、首都师范大学外国语学院副院长隋然等莅临本次赛事。相较去年的首届赛事,本次比赛参赛院校由13所增加到19所,汇集了来自北京大学、中国人民大学、南开大学、北京语言大学、首都师范大学、北京第二外国语学院、天津师范大学、天津外国语大学、河北大学、燕山大学、河北师范大学等高校的72名选手参赛。比赛分为低年级组和高年级组，经过预赛、复赛和决赛多轮次竞赛，大赛评选出低年级组和高年级组希望之星奖，北京大学周思吉同学获得大赛高年级组最佳表现奖。

11. 2018年5月19日，在上海外语教育出版社召开"第六届全国高校俄语专业院长/系主任高级论坛"，会议由中国俄罗斯东欧中亚学会俄语教学研究分会与上海外语教育出版社共同主办。来自全国80余所高校的近百名俄语专业负责人出席了会议。本次论坛特别邀请到世界俄语学会主席团成员十余人莅临大会并做主旨发言。论坛以"新时代背景下俄语专业发展与创新"为主题，旨在探讨新时代俄语教学的新发展、数字化时代俄语习得与教学、俄语专业教材的创新与发展、俄语专业教学测试与评估等问题，为新时代我国俄语专业的发展与创新寻求新思路、新突破。开幕式由上海外语教育出版社黄卫副社长主持，上海外国语大学校长李岩松出席开幕式并致辞。世界俄语学会秘书长布鲁诺娃女士宣读维尔比茨卡娅主席的贺信，中国俄罗斯东欧中亚学会俄语教学研究分会秘书长、北京大学外国语学院院长宁琦教授致辞。世界俄语学会主席团成员哈里·沃尔特教授、天津外国语大学王铭玉教授、南京大学王加兴教授分别做了主旨报告。参会代表踊跃发言，纷纷介绍本校的实践成果供大家借鉴参考，也提出自身遇到的问题来共同讨论解决方案，为俄语专业的创新发展建言献策。中国俄罗斯东欧中亚学会俄语教学研究分会副会长王松亭教授致闭幕词。四川外国语大学俄语系将承办下一届论坛。2020年是川外建校70周年，也是俄语系建系70周年，在校庆和系庆双喜临门的背景下举办俄语专业院长/系主任高级论坛意义重大。

12. 2018年6月2—3日在北京举办2018"全国高校俄语专

业教师研修班暨第五届俄语专业教学法学术研讨会",此次研讨会在中国俄罗斯东欧中亚学会俄语教学研究分会和教育部外语专业教学指导委员会俄语分委会指导下,由北京外国语大学主办、北京外国语大学俄语学院和外语教学与研究出版社承办。北京外国语大学党委副书记胡志钢、中国俄罗斯东欧中亚学会俄语教学研究会分会长张国友、教育部外指委俄语分委会秘书长刘宏、外语教学与研究出版社副总编辑常小玲出席开幕式并致辞。大连外国语大学校长刘宏、北京外国语大学法语系教授傅荣、黑龙江大学高翻学院院长赵为、北京大学外国语学院院长宁琦、北京外国语大学俄语学院院长黄玫分别在大会上做主旨发言。本次大会组织了两个工作坊:俄语语音工作坊、情商培养与心灵成长工作坊。大会就"新时代俄语教学、教材、测试研究""新时代俄语教师发展和俄语教学信息现代化建设""新时代俄语专业本科培养方案和'俄语＋复语'复合型人才培养"开展了分组讨论。来自全国近70所高校的90余名教师参加了本次会议,其中包括来自俄罗斯国立莫斯科语言大学、圣彼得堡国立大学以及意大利那不勒斯东方大学的俄语学者。

13. 2018年6月22—24日,为纪念东北师范大学外国语学院俄语系成立70周年,在东北师范大学举办了"高校俄语(РКИ)教学研讨会"。此次研讨会由中国俄罗斯东欧中亚学会俄语教学研究分会主办,东北师范大学外国语学院承办。来自莫斯科大学、北京外国语大学、华东师范大学、天津外国语大学、大连外国语大学、大连东软信息学院、陕西师范大学、中国石油大学、黑龙江大学、哈尔滨师范大学、哈尔滨工业大学、吉林大学、吉林师范大学、北华大学、长春工业大学、长春大学、东北师范大学等中国和俄罗斯高校的80余名学者及百余名学生参加了会议。本次会议特别邀请到东北师范大学原党委书记周敬思教授、赵世章教授、范维杰教授。本次会议全程由东北师范大学外国语学院副院长高国翠教授主持。开幕式上，高国翠教授对外国语学院俄语系的发展历程做了简要回顾，东北师范大学纪委书记兰恒斌教授、东北师范大学外国语学院党委书记狄艳华教授、中国俄罗斯东欧中亚学会俄语教学研究分会副会长黄玫教授分别致辞。此次研讨会分为主旨发言、团队展示、小组讨论三大环节，以"高校教师教育与发展"为主题，围绕课程体系、课堂教学、教学评价等教师教育核心问题展开研讨，旨在研究提高高校俄语教师专业素养的方法和策略。Г. М. Вургун 教授等 9 名学者发表演讲；来自各大高校的学者以及外籍教师共计 29 人在两场小组讨论会上发言；东北师范大学、大连外国语大学、陕西师范大学、吉林大学分别做了团队展示。

14. 2018 年 8 月 17—20 日在黑龙江大学举办 2018 "巴赫金文学理论"高端学术论坛。来自全国各高校外国语言文学专业、中文专业的专家教授、教师以及硕博士生参加了此次论坛。黑龙江大学副校长严明教授和浙江大学人文学院博士生导师、中国巴赫金研究会会长周启超教授发表了热情洋溢的开幕式致辞。浙江大学人文学院博士生导师、中国巴赫金研究会会长周启超教授，北京师范大学外国语学院博士生导师、中国巴赫金学会副会长夏忠宪教授，北京大学外国语学院世界文学研究所所长、博士生导师、中国中外文艺理论学会巴赫金研究分会副会长凌建侯教授，南京大学俄语系博士生导师、中国巴赫金研究会常务副会长王加兴教授，北京外国语大学俄语学院院长、中国巴赫金研究学会副会长、副秘书长黄玫教授在会议上就专题分别展开了演讲。

此外，研究会与广东省人文社科重点研究基地广东外语外贸大学翻译学研究中心、广东外语外贸大学西语学院、《俄罗斯文艺》和中国翻译协会联合举办的"'俄罗斯文艺'文学翻译奖·第九届全球俄汉翻译大赛"已顺利结束，经过初赛和复赛，评定出一、

二、三等奖和优秀奖各 5 名、10 名、20 名和 30 名，组织奖若干名。《俄罗斯文艺》2018 年第 1 期及相关网站公布大赛结果。

中国俄罗斯东欧中亚学会俄语教学研究会目前有 100 余个会员单位，全部为开设俄语专业的高校，各个高校自己结合专业建设需要，还举办了非常多的专业性活动，包括学术会议、讲座报告、学术沙龙、文化节、各类竞赛等，未在统计之列。

八　科研成果

《中国俄语教学》是研究会科研成果发表的重要平台。2017 年至 2018 年出版季刊 4 期、共计 50 余篇学术论文，从语言学研究、文学研究、翻译研究、教学研究、文学文化研究、俄语教育教学、"一带一路"论坛、俄罗斯汉语教育纵横等多角度、全方位对俄罗斯语言文化、俄语教学、俄罗斯汉学、俄罗斯社会进行研究分析。所讨论的主要问题列举如下：

1. "人文中心论"语言学范式考究
2. 俄语动词主题类别和分类范畴的对比研究
3. 过渡性理论视角下的俄语形动词浅析
4. 论俄汉成语形象术的修辞机制
5. 论俄语中数量成语与名词的组合关系
6. 俄语文艺语篇中嵌入结构的表情性功能及其表达方式
7. 俄汉传统言语礼节中的社会性别定型探究
8. 从 вкус 到правильность
9. 浅谈俄罗斯网络俚语中的"奥尔巴尼语"现象
10. 翻译文本中的译语文化研究
11. 数词翻译中的思维转换
12. 从"洪荒之力"的译文看词语隐含意义的表达

13. 中国高校大学生俄语学习动机与动机强度研究
14. 俄语专业四级听写错误研究
15. 中国文化教育在俄罗斯——以"文化中国你我谈"巡讲活动为例
16. 莫斯科中小学汉语教育现状调查与分析
17. 中俄语言学研究的借鉴与互补的可行性分析
18. 抽象名词的语义功能表现
19. 基本言语单位——высказывание 的阐析
20. 俄语客体题元的层级化研究
21. 外来词与现代俄语文字构词
22. 20 世纪俄苏《文心雕龙》研究述略
23. 俄罗斯文学城市文本的代码系统——以彼得堡文本为例
24. 冬奥会背景下的俄语翻译人才培养模式探究
25. 俄国俄语教学史述略（18 世纪末至 19 世纪）
26. 浅析俄罗斯中学俄语教育及其语法教学的特点
27. 欧亚地区"丝绸之路经济带"合作概览
28. 欧亚联盟对中俄关系及丝路经济带建设的影响
29. 词汇意义结构与主观性表达
30. 俄汉身势语中的社会性别定型对比研究
31. 中国境内语言景观俄译考察
32. 谈俄语固定比喻的同义现象
33. 基于平行语料库的《生死疲劳》俄译本中国文化负载词翻译策略与方法研究
34. 冲突与融汇：巴别尔小说主题的悖论性
35. 洛特曼文化模型理论下的新文本解析——细读希什金长篇小说《爱神草》
36. 文化翻译学建构探索

37. 图式网络系统的建构与口译教学

38. 刍议俄罗斯学的学科理念在俄语专业本科教学中的体现

39. 符号学视阈的维果茨基"文化—历史心理学"理论评略

40. 基于自由联想实验的俄汉观念词 судьба "命运" 对比分析

41. 21 世纪俄罗斯计算机语言学态势定量统计分析

42. 基于俄汉平行语料库的文学翻译语言特征考察——以译自副动词短语的翻译语言为例

43. 俄罗斯政党对十月革命评价研究——基于语料库的批评话语分析

44. 俄语对话语研究的传统与特点

45. 形而上学的传记——论蒲宁《托尔斯泰的解脱》

46. 在双重体验的边缘行走——试论蒲宁创作中的感官体验和精神体验

47. 列夫·托尔斯泰与弗·索洛维约夫的论争

48. 论《日瓦戈医生》的叙述视角及其审美功能

在中国俄罗斯东欧中亚学会的关心、指导、支持与帮助之下，俄语教学研究分会2017年至2018年的工作得以顺利开展，在此表示诚挚的感谢。并敬请总会领导批评指正，进一步指导、帮助、扶持俄语教学研究分会的发展。如总会有需要通过俄语教学研究分会平台来开展的工作和活动，我们定将竭尽全力予以支持和配合。

（撰稿人：宁琦、崔国鑫）

理事单位

国务院发展研究中心
欧亚社会发展研究所

一 重要沿革

国务院发展研究中心欧亚社会发展研究所根据李鹏总理批示于1989年7月成立,最初定名为国务院发展研究中心世界社会主义研究所。在东欧剧变和苏联解体之后,经国务院发展研究中心领导研究决定,开始使用"欧亚社会发展研究所"的名称。

二 研究方向

根据中央领导指示,国务院发展研究中心欧亚社会发展研究所的研究方向主要有二:一是研究和跟踪社会主义国家的政治经济发展情况;二是重点研究社会主义的发展史,包括对北欧和西欧国家的社会党和社会民主党的发展史研究。东欧剧变和苏联解体后,研究方向有所调整:一是研究和跟踪俄罗斯、中亚和其他独联体国家、中东欧和巴尔干地区国家的政治经济发展,并对欧盟的政治经济发展予以适当的跟踪和研究;二是继续对苏联和东欧社会主义国家的兴亡史进行研究，侧重对其经验和教训进行探讨和研究。到20世纪90年代后期，对世界社会主义的研究逐渐淡化，中心对组织机构也做了相应的调整，先后撤销了科技研究室和社会主义理论研究室。目前我所集中力量跟踪、分析和研究欧亚地区，即俄罗斯、中亚和高加索地区等独联体国家、中东欧和巴尔干地区国家的政治、经济和社会发展状况，对外政治经济合作、内外政策、热点重大问题，为政府提供信息咨询和政策建议，以促进中国与该地区各国友好关系的发展，并为中国经济建设和社会发展服务。

三　人员情况

研究所历任所长：

金挥（1989年7月—1998年10月）；

陈之骅（1998年10月—2004年2月）；

李凤林（2004年2月至今）。

科研团队：目前我所设有学术委员会和四个研究室，分别为俄罗斯国内问题研究室、俄罗斯外交研究室、中亚问题研究室和欧洲问题研究室。另外还设有编辑出版部和办公室。除本所研究人员外，我所还聘用国内各大科研院所等研究机构的60余人为特邀研究员。

四　主办刊物

1.《欧亚社会发展动态》：（1994年前为《世界社会主义发展动态》）至2018年9月1日已发行出版了1164期。

《欧亚社会发展动态》主要是对俄罗斯、中亚和其他独联体国家、中东欧和巴尔干地区国家以及欧盟国家的政治、经济、社会发展状况，对外政治、经济合作，内外政策、热点重大问题等进行概述和综述，并提出初步的分析意见和看法。

2.《欧亚社会发展研究》：（1994年前为《世界社会主义发展研究》）至2018年9月1日已发行出版了787期。

《欧亚社会发展研究》是对俄罗斯、中亚和其他独联体国家、中东欧和巴尔干国家以及欧盟国家的政治、经济社会发展状况，对外政治、经济合作，内外政策、热点重大问题进行分析、探讨，并对事件和问题的发展趋势提出预测和建议。

以上两种刊物均为不定期的单篇刊物，即文章一完稿，立即单篇刊登，长期保持及时、新颖的特点。至今一直为内部刊物。

3.《欧亚社会发展研究》杂志（年刊）：1995年创刊，到2012年共出版发行了18期。专为研究所免费对内、对外公开交流创办的杂志。

正如时任国务院发展研究中心主任孙尚清同志于1995年7月1日对《欧亚社会发展研究》杂志（年刊）问世的贺词中所强调的那样，欧亚社会发展研究所是国务院发展研究中心所属的一个研究机构。自1989年成立以来，取得了较好的成绩。在这5年里，苏联和东欧地区发生了巨大的变化。然而，目前出现的这些情况，并没有降低这一地区的重要性，继续加强这一地区的研究，仍然十分必要。创办《欧亚社会发展研究》杂志（年刊），发表他们的研究成果，以便于与同行们共同交流、共同推进对这一地区的研究。希望搞好研究、办好刊物，多出高质量的成果。

从2013年开始，《欧亚社会发展研究》杂志（年刊）改为由中国发展出版社正式公开出版的年底形势研究报告集。主要介绍和分析俄罗斯、中亚和其他独联体国家、中东欧和巴尔干地区国家前一年期间的形势发展特点、发展趋势及其对我国的影响，以及对欧亚地区重大和热点问题的研究成果。所选文章主要由参加每年年会的专家、学者提供，部分文章由其他特约知名专家、学者撰写。2018年9月1日前已出版了6集（2013—2018）。

4.《欧亚形势与展望》文集：文集是研究所于前一年举行的年会研究成果的集中反映。目的是将年会的成果与有关部门和单位共享，以扩大与有关学术研究机构的内部交流，也是对《欧亚社会发展研究》杂志（年刊）的一种补充。文集从2004年至2018年已出版了13集。此文集为内部发行。

5. 白皮书：不定期的专供中央有关领导参阅的论文。主要内容是对欧亚地区国家发生的热点、重大问题进行研究分析，并提出处置意见和建议，部分受到中央领导的重视和批阅。

五　学术活动

1. 年会。每年11月举行，邀请外交部、商务部、社会科学院、各大院校研究人员与我所研究员共同总结一年来欧亚地区形势发展、前瞻未来地区热点，研讨我国与欧亚地区国家关系的发展。

2. 接待外国政要、议会党团和学术机构代表团来访，以及驻华使领馆官员来访。例如，2017年10月我所接待了乌兹别克斯坦总统战略研究所前所长塞弗林来访并座谈。2017年12月，白俄罗斯驻华大使鲁德·基里尔来访并座谈。2018年8月，亚美尼亚和平基金会会长来访并座谈。

六　科研成果

近一年来公开出版发行的主要科研成果是《欧亚社会发展研究2018》，于2018年3月出版。其主要内容为：2017年俄罗斯、中亚、中东欧等欧亚地区国家的内政和外交形势发展特点,上海合作组织的发展状况,"一带一路"建设在欧亚地区取得的进展和面临的挑战等。

中国国际问题研究院
欧亚研究所

一 概况

中国国际问题研究院是中国外交部直属专业研究机构，其前身为创设于1956年的"中国科学院国际关系研究所"。1986年更名为"中国国际问题研究所"。2014年6月，"中国国际问题研究所"更名为"中国国际问题研究院"，其组成单位欧亚研究室也更名为欧亚研究所。

欧亚研究所的主要工作任务和研究方向是跟踪和研究俄罗斯、中亚等欧亚各国内外政策的变化；中国与欧亚国家的关系；"一带一路"发展状况以及上海合作组织发展现状、前景和面临的挑战等问题，并提出相关政策建议，以供决策参考。

欧亚研究所现有研究人员9人，正高级职称1人，副高级职称4人，中级职称4人。李自国担任研究所代理所长。

二 科研工作

2017—2018年度，欧亚所科研人员共发表19篇学术论文，其中 1 篇被俄文报纸转载；学术著作 1 部；时评 45 篇；进行国际会议主旨发言 5 人次；接受中央媒体采访 35 次；赴高校及相关研究机构举办"一带一路"、上海合作组织讲座 15 次。

具体公开研究成果如下：

1. 李自国：《"一带一路"：成果、问题与思路》，《欧亚经济》2017 年第 4 期。

2. 李自国：《大欧亚伙伴关系与"一带一路"倡议》，《海外投资与出口信贷》2017 年第 5 期。

3. 李自国：《进口替代有助经济复苏但难扛振兴大旗》，《欧亚经济》2018 年第 1 期。

Import substitution alone can't fix Russia's economy,《Global Times》, July 22, 2018.

4. 李自国：《扩员背景下对上合组织的再认识》，《俄罗斯学刊》2018 年第 2 期；ШОС：перемышление концепций в контексте расширения,《远东经贸导报》；Revisiting the SCO in the Context of Its Enlargement,《国际问题研究》英文第 70 期（2018 年 5/6 月）。

5. 李自国：《中国与中亚关系：稳健、务实》，载《国际形势和中国外交蓝皮书（2018）》，世界知识出版社 2018 年版。

6. 李自国、赵臻：《俄罗斯形势：经济重回增长 外交西冷东热》，载《国际形势和中国外交蓝皮书（2018）》，世界知识出版社 2018 年版。

7. 李自国：《乌兹别克斯坦》，载《中亚发展报告黄皮书（2018）》，社会科学文献出版社 2018 年版。

8. 李自国：《上合组织面临的四大变化和四个需要解答的问题》，《世界知识》2018 年第 11 期。

9. 邓浩：《中亚和外高加索地区形势的演变及其走向》，《俄罗斯东欧中亚研究》2017年第6期。

10. 邓浩：《新时期上海合作组织面临的形势和任务》，载《当代世界》2018年第6期。

11. 邓浩：《"丝绸之路经济带"与中国的中亚外交》，《欧亚社会发展研究（2018）》，中国发展出版社2018年版。

12. 韩璐：《白俄罗斯经济发展现状及前景》，《欧亚经济》2018年第3期。

13. 韩璐：《深化上海合作组织经济合作：机遇、障碍与努力方向》，《国际问题研究》2018年第3期。

14. 韩璐：《乌克兰危机后白俄罗斯外交评析》，《俄罗斯研究》2018年第4期。

15. 杨莉：《吉尔吉斯斯坦：实行议会制后的政局走向》，《当代世界》2018年第8期。

16. 白联磊：《上海合作组织扩员：新发展机遇与挑战》，《国际问题研究》2018年第6期。

17. 康杰：《外部知识对部门利益的重塑——防务智库与当代美国军事决策》，《国际关系研究》2017年第6期。

此外，2017—2018年度，中国国际问题研究院作为高端智库培育单位在智库建设方面取得较好成绩，欧亚所对此也贡献了自己的力量，完成了8篇内部报告，其中3篇得到中办、中宣部、外交部的转发和批示，收到了较好的建言献策效果。

三 学术活动

1. 开展国际调研。2018年3月，由主管欧亚所的徐坚副院长带队、李自国、赵臻为代表团成员，赴乌兹别克斯坦、塔吉克斯坦、土库曼斯坦进行国情调研，在积极宣传中国共产党十九大精神、"一带一路"倡议的同时，对上述三国国内外形势最新发展进行了积极调研，并在此基础上形成了有针对性、可操作性强的政策报告，受到外交部政策司的表扬。

2. 接待外国政要、驻华使馆官员及学术机构代表团来访。2017—2018年，欧亚所接待了乌兹别克斯坦驻华大使赛义多夫、俄罗斯驻华大使馆公使热洛霍伟茨夫、俄罗斯外交部代表团、哈萨克斯坦"一带一路"专家代表团、吉尔吉斯斯坦议会代表团、格鲁吉亚议会代表团、格鲁吉亚战略与国际研究基金会代表团来访并座谈，就双边问题、上海合作组织、"一带一路"等问题进行了交流和讨论。

3. 举办"亚信非政府论坛网络安全圆桌会议""俄罗斯政治经济发展前景及中俄关系"等国内学术研讨会。

中国现代国际关系研究院
欧亚研究所

一 历史沿革

中国现代国际关系研究院欧亚研究所简称现代院欧亚所。1980年，根据中央关于建立一批国际问题研究机构的指示，现代国际关系研究所正式成立。2003年，现代国际关系研究所升格为中国现代国际关系研究院，同时成立了俄罗斯研究所和中亚研究室，2018年成立欧亚研究所。

二 研究方向

现代院欧亚所是国内研究俄罗斯、中亚和独联体问题的重要机构之一，主要从事欧亚地区国家地缘政治、经济发展、内政外交以及欧亚地区事务等领域的研究，定期向党中央、国务院和相关部委提供研究报告，长期承担各类重大专项研究任务。主要研究方向包括：(1) 俄罗斯，跟踪研判俄罗斯外交、内政、经济、安全问题。(2) 中亚，跟踪研判中亚各国社会经济发展、政局走向、国家间关系、外交和安全形势。(3) 独联体，跟踪研判欧亚地区其他国家的社会经济发展、外交和安全形势。(4) 欧亚地区国家治理，研究苏联兴亡的历史教训及欧亚地区国家独立以来的社会政治发展。

三　研究人员

现代院欧亚所现有研究人员十余人，多拥有博士、硕士学位和高、中级研究职称，有在欧亚地区国家留学、工作、进修经历。现任所长为丁晓星研究员。

四　学术活动

现代院欧亚所在国内欧亚问题研究界有较强影响力，与相关研究机构联系密切，研究人员常参加国内重要学术会议。国际上，现代院欧亚所亦有一定知名度，与俄罗斯战略研究所、俄罗斯科学院远东研究所有定期互访机制，与其他欧亚国家、欧洲、美国、日本等地知名智库也经常性开展合作。近期主要学术活动包括：

2017年10月，现代院冯仲平副院长率欧亚所研究人员访问乌克兰、格鲁吉亚，与乌克兰国防与安全委员会、乌克兰科学院经济与预测研究所、拉祖姆科夫中心、乌克兰战略所、乌克兰汉学家学会、基辅大学国际关系学院、格鲁吉亚战略与国际关系基金会、格鲁吉亚外交部、格鲁吉亚政治研究中心、格鲁吉亚经济研究中心等单位的专家进行了座谈与交流。在乌克兰期间，代表团与乌方学者就乌克兰形势的未来走向、乌欧关系前景、乌俄关系走向、乌中关系等进行了深入交流。在格鲁吉亚期间，与格方学者就格鲁吉亚内政形势、反腐情况、格俄关系、格中关系等问题交换了看法。此次访问取得了很好的调研效果，对乌格两国的形势有了更加客观、全面、深刻的认识。

2017年11月，现代院院长季志业、欧亚所执行所长丁晓星访问乌兹别克斯坦、哈萨克斯坦。在乌兹别克斯坦期间，季院长、丁所长参加了在撒马尔罕召开的"中亚：相同的历史与未来——为共同的安全与繁荣的合作"国际研讨会，来自各国的一百多名官员和代表与会，中亚五国外长悉数到会。会上，乌兹别克斯坦总统米尔济约耶夫发表讲话，他提出了推动中亚地区共同发展与安全的六大建议，包括召开中亚领导人会议，建立中亚各国地方领导人论坛，共同打击恐怖、极端主义，扩大各国之间的经贸合作与贸易往来，推动地区互联互通等。在哈萨克斯坦期间，现代院代表团出席了"阿斯塔纳俱乐部"会议，来自全球的70多名专家学者齐聚阿斯塔纳，讨论中亚地区发展，哈萨克斯坦总统纳扎尔巴耶夫亲自与会并发表讲话。

2017年12月，应现代院欧亚所邀请，俄罗斯战略研究所亚太研究中心主任、前第一副所长科卡列夫率团来华访问，与季志业院长、欧亚所专家就中俄关系、务实合作、俄远东地区发展等问题交换意见。代表团还拜访了京内其他研究机构，并赴黑龙江省哈尔滨市参观访问。

2018年4月，应俄罗斯战略研究所邀请，冯仲平副院长率欧亚所研究人员访问俄罗斯，与俄罗斯前总理、对外情报局局长、现任战略所所长弗拉德科夫，俄罗斯科学院美加所所长加尔布佐夫，俄罗斯科学院欧洲所所长葛罗米柯等政要、专家座谈，就俄罗斯总统大选形势、大国关系、朝核及上合组织发展等问题交换意见。

2018年5月，应吉尔吉斯斯坦国家战略研究所邀请，丁晓星所长赴吉尔吉斯斯坦参加第二届"吉尔吉斯斯坦—中国智库专家对话"论坛，并会见了吉政府官员。

2018年6月，丁晓星所长赴乌兹别克斯坦参加由欧安组织与乌议会共同举办的"青年在抵御恐怖主义中作用"国际研讨会，并赴哈萨克斯坦参加由哈国家战略研究所主办的"国家战略现代化：成就与前景"学术研讨会。

2018年9月，应现代院欧亚所邀请，俄罗斯科学院远东研究所所长卢贾宁率团来华访问，与现代院高级顾问季志业、欧亚所及现代院其他研究方向专家就中俄关系、大国关系、朝核问题等交换意见。代表团还拜访了京内其他研究机构，并赴北戴河参观访问。

2018年9月，现代院欧亚所与美国所联合组团赴俄罗斯、美国调研，拜访俄罗斯科学院世界经济与国际关系研究所、远东研究所、美国和加拿大研究所、俄罗斯国际事务委员会、美国国务院、外交政策全国委员会、和平研究所、外交关系协会、海军分析中心等机构，并与俄罗斯科学院远东研究所所长卢贾宁，美加所所长加尔布佐夫，美国国务院俄罗斯事务办公室主任伯利纳，外交政策全国委员会主席、美国前驻塔吉克斯坦大使埃利奥特，和平所执行副所长、美国前驻乌克兰大使泰勒，前美国国安会高级主任、国务卿特别助理、无任所大使塞斯塔诺维奇等人座谈，就中美俄关系、朝核问题、乌克兰问题等交换意见。

五　近期研究成果

(一) 论文

1. 现代院欧亚所俄罗斯课题组：《俄罗斯：直面挑战　稳中有为》，载《国际战略与安全形势评估 (2017—2018)》，时事出版社2018年版。

2. 现代院欧亚所中亚课题组：《中亚：发展向好　合作求稳》，载《国际战略与安全形势评估 (2017—2018)》，时事出版社2018年版。

3. 丁晓星、王世达：《阿富汗形势对中亚地区安全形势的影响》，载《中亚黄皮书：中亚国家发展报告 (2018)》，社会科学文献出版社 2018 年版。

4. 王聪：《哈萨克斯坦上院议长托卡耶夫》，《国际研究参考》2018 年第 1 期。

5. 王聪：《哈萨克斯坦国家安全委员会主席马西莫夫》，《国际研究参考》2018 年第 3 期。

6. 王明昌：《土耳其与中亚国家关系的现状及前景》，《国际研究参考》2018 年第 5 期。

7. 尚月：《新一轮远东开发与中俄合作》，《现代国际关系》2018 年第 7 期。

8. 陈宇：《中俄多、双边合作："一带一路"大国关系的基石》，载《"一带一路"沿线地区发展及上海作用：中国青年学者"一带一路"纵横谈》，社会科学文献出版社 2017 年版。

9. 孙成昊、陈宇：《特朗普执政后的美俄关系：态势与前景》，《当代美国评论》2017 年第 2 期。

10. 陈宇：《中俄合作与"一带一路"建设》，《中国战略观察》2018 年第 6 期。

（二）评论

1. 丁晓星：《普京新任期，中俄关系将更进一步》，《环球时报》2018 年 3 月 24 日。

2. 丁晓星：《俄罗斯与西方步入"新冷战"?》，《半月谈》2018 年 4 月 12 日。

3. 丁晓星：《上合组织五年成就斐然》，《瞭望》2018 年 6 月 7 日。

4. 丁晓星：《上合组织推动构建人类命运共同体》，《光明日报》2018 年 6 月 8 日。

5. 丁晓星：《中俄经贸合作相互给力》，《半月谈》2018 年 6

月13日。

6. 丁晓星：《世界杯给俄罗斯带来什么》，《瞭望》2018年7月14日。

7. 丁晓星：《中俄地方合作迎来新的历史性机遇》，《光明日报》2018年9月15日。

8. 王明昌：《乌兹别克斯坦：迎来全面发展新时期》，《光明日报》2018年6月6日。

9. 尚月：《中俄远东合作深耕厚植行稳致远》，《瞭望》2018年第38期。

10. 韩奕琛：《俄罗斯经济已走出"寒冬"?》，《大众日报》2017年12月5日。

11. 韩奕琛：《普京再选总统——悬念小、压力大》，《大众日报》2017年12月11日。

12. 韩奕琛：《"中毒"事件让俄西关系再添阴影》，《大众日报》2018年3月30日。

13. 陈宇：《俄美"媒体战"争夺国际舆论话语权》，《人民周刊》2017年第23期。

14. 陈宇：《"真假反对派"：普京的大选布局与隐忧》，《世界知识》2017年第23期。

15. 陈宇：《从叙利亚"凯旋"后，俄罗斯的中东战略将走向何方》，《世界知识》2018年第1期。

16. 陈宇：《普京新任期的执政重点与挑战》，《世界知识》2018年第7期。

17. 陈宇：《俄罗斯"向东转"有多真实?》，《中国投资》2018年第11期。

18. 陈宇：《"里海公约"签署，"湖海之争"结束》，《世界知识》2018年第18期。

中国上海合作组织研究中心

一 成立时间

经国务院批准，中国上海合作组织研究中心（以下简称中心）于 2006 年 3 月 30 日在北京成立，拥有上海合作组织国家研究中心的地位。

二 组织架构和人员情况

中心主要由国内权威学术机构的著名专家学者组成，同时邀请外交部、商务部、教育部、文化部、中联部等职能部门的官员参与。

中心的组织架构包括核心组、理事会、秘书处。中心领导和常务理事代表组成的核心组为中心的最高决策机构。

中心设主任 1 名，执行主任 3 名，秘书长 1 名，同时聘请高级顾问和常务理事、理事若干名。中心主任原则上由中国国际问题研究院院长担任。现任主任是国研院院长戚振宏，执行主任为国务院发展研究中心欧亚社会发展研究所所长李凤林、中国现代国际关系研究院前院长季志业和中国社会科学院俄罗斯东欧中亚研究所所长孙壮志，秘书长是中国国际问题研究院研究员邓浩。秘书处为中心的常设机构，设立秘书长 1 名以及联络员若干名。常务理事和高级顾问主要由来自国内政府机构、国内高端智库、科研等单位的负责人或代表以及阅历丰富和具有一定研究成果的权威专家担任。中心自 2017 年开始增设理事会，以适应上合组织不断发展的需要。理事会主要由来自国内高端智库、科研等单位的负责人或代表以及业绩突出、年富力强的资深专家构成。

中心的日常工作由中国国际问题研究院上海合作组织研究中心负责。

三　主要宗旨

中心的主要宗旨是：以中心为平台整合国内智力资源，加强对上合组织的理论、战略、对策与动态研究。主要任务是同上海合作组织其他成员国相应的国家研究中心一道，组成上海合作组织论坛，并通过论坛携手各成员国专家学者，开展有关上海合作组织的学术研究和理论探讨，加强上海合作组织的国际影响和地位，发挥上海合作组织智囊团的作用。

中心秉承共建、共享、共赢原则，吸纳国内权威学术机构的著名专家学者，同时聘请部分政府官员参加，打造中国与其他上合组织国家智库之间的"二轨"交流平台，也为促进中国与其他上合组织国家关系的全面发展提供智力支持，共同促进上合组织研究。

四　主要功能与运作方式

中心依托中国国际问题研究院，并充分利用国研院与国内外学术智库交流密切的优势，搭建机制化平台，推动国内相关智库之间及其与上合组织国家智库的交流与合作。通过智库对话、实地调研等方式，充分发挥中心的统筹功能，以"二轨"形式推进上合组织国家在各个领域的务实合作。

具体包括：

参加或主办上合组织论坛会议。上海合作组织论坛会议每年召开1次，由上合组织各成员国的国家研究中心轮流主办。会上各国知名学者专家就上合组织自身发展、地区形势等问题进行交流和讨论。按照惯例，每次论坛会议在元首峰会前的1—2个月举行，会后就讨论成果形成备忘录，呈报上合组织峰会元首理事会。中国上海合作组织研究中心是该论坛的中方代表。论坛会议相关事宜由中国国际问题研究院具体负责。

召开中心内部研讨会，及时向上级有关部门报送新情况和最新研究成果。每年上合组织论坛会议召开之前，中心都要召开内部年会，就涉及上合组织发展、欧亚地区形势的重大问题进行探讨，为论坛会议做准备。每年年末，中心举办内部年终地区形势研讨会，对当年的地区形势进行总结。此外，中心还不定期召开针对热点问题、突发问题的核心组专家会议。

举办国际研讨会，与国外相关研究机构进行交流。探讨上合组织及中亚地区面临的问题也是中心作为"二轨"外交平台的一项重要工作。

此外，利用上合组织秘书处位于北京这一有利条件，中心不定期邀请上合组织秘书处官员、上合组织国家驻华使馆代表参加活动，共同支持上合组织发展。

五　年度学术活动

2017年9月25日，中心主办"《上海合作组织成员国长期睦邻友好合作条约》签署10周年和生效5周年"国际研讨会。此次研讨会是中方接任上合组织轮值主席国以来举行的首场大型学术研讨会，得到中国外交部的高度重视。受中国外交部李惠来部长助理委托，欧亚司领导朴扬帆参赞代读了李部助的主旨报告。上合组织秘书长阿利莫夫出席大会并致辞。创始成员国外交官代表、专家代表先后在会上发言。

2017年9月25日，中心举办了"上海合作组织扩员：机遇与挑战"国际研讨会。

2017年11月17—18日，中心举办内部年终地区形势研讨会。就扩员后上合组织面临的新形势新任务、中亚地区形势与上合组织安全合作的优先任务、中亚地缘政治格局新态势等议题进行探讨并提出政策建议。

2018年2月8日，中心邀请外交部欧亚司综合处副处长杨勍就上合组织地区的最新形势做报告。

2018年3月24日，中心在京召开年会，就新时代上合组织面临的形势和任务、印度和巴基斯坦的中亚政策及其对上合组织的影响展开讨论，并就上合组织青岛峰会提出工作建议。

2018年5月4—5日，中心组团赴阿斯塔纳参加上海合作组织论坛第十三次会议。

2018年6月26日，中心邀请中国政府上合组织事务特别代表、上合组织中方协调员孙立杰大使就上合组织青岛峰会相关情况做报告。

2018年8月14日，中心就当前上合组织面临的新形势、新问题召开研讨会。

六　中心（国研院成员）公开发表的有关上合组织的主要成果

1. 李自国：《扩员背景下对上合组织的再认识》，《俄罗斯学刊》2018 年第 2 期；（俄文）《ШОС: перемышление концепций в контексте расширения》，《远东经贸导报》转载，2018 年 7 月；（英文）《Revisiting the SCO in the Context of Its Enlargement》，《国际问题研究》转载，英文第 70 期（2018 年 5/6 月）。

2. 李自国：《上合组织面临的四大变化和四个需要解答的问题》，《世界知识》2018 年第 11 期。

3. 李自国：《传播"上海精神"，开启媒体合作新时代》，《中国报道》2018 年第 4 期。

4. 李自国：《上合组织——构建区域命运共同体的有力实践者》，2018 年 6 月 4 日（哈萨克斯坦通讯社转发），新华网。

5. 李自国：《"上海精神"与中国特色大国外交》，《光明日报》2018 年 6 月 8 日。

6. 李自国：《A Vision for Common Development》，《Beijing Review》，June 21，2018。

7. 李自国：《Road to Change》，《Beijing Review》，June 7，2018。

8. 邓浩：《新时期上海合作组织面临的形势和任务》，《当代世界》2018 年第 6 期。

9. 邓浩：《五大观念和五大建议——构建上合组织命运共同体的基本遵循和方向路径》，《光明日报》2018 年 6 月 13 日。

10. 邓浩：《"上海精神"不愧为维系上合组织的"定海神针"》，2018 年 6 月 1 日，新华网。

11. 赵鸣文：《Shanghai Cooperation Organization: A New Stage, New Chanllenges and A New Journey》，《Foreign Affairs Journal》，Summer 2018。

12. 白联磊：《上海合作组织扩员：新发展机遇与挑战》，《国际问题研究》2018 年第 6 期。

13. 韩璐：《深化上海合作组织经济合作：机遇、障碍与努力方向》,《国际问题研究》2018 年第 3 期。

14. 韩璐:《专家解读上合峰会青岛宣言四大亮点:上海精神的新领航》,2018 年 9 月 12 日,澎湃网。

中国人民大学—圣彼得堡国立大学俄罗斯研究中心

一 中心简介

为贯彻落实《〈中俄睦邻友好合作条约〉实施纲要（2013—2016）》，进一步夯实中俄全面战略协作伙伴关系，全面推进中俄人文交流对话机制，进一步加强中俄两国在教育、文化和科技等方面的深入交流，作为中俄两国政府间合作项目，中国人民大学和圣彼得堡国立大学联合发起创立了综合性学术机构——中国人民大学—圣彼得堡国立大学俄罗斯研究中心（以下简称俄罗斯研究中心）。

2015年9月2日，俄罗斯研究中心在中国人民大学隆重揭牌成立。时任中国国务院副总理刘延东和俄罗斯副总理奥尔加·尤里耶夫娜·戈洛杰茨出席仪式，为中心成立揭牌并致辞。2017年7月，俄罗斯研究中心被我国教育部批准备案为教育部国别和区域研究中心。

为贯彻落实刘延东副总理提出的工作要求，在学校领导的指导下，俄罗斯研究中心立足夯实基础、凝聚力量、辐射欧亚、资政助企的工作愿景，结合学科优势，依托国内外和校内外各界支持力量，着力做好人员往来、文化交流、智库合作"三大板块"的工作，努力将俄罗斯研究中心建设成为高规格民间外交平台、中国企业"走出去"高水平智库和中俄交流高层次人才培养基地。

俄罗斯研究中心干在实处、稳扎稳打，做实事、求实效，研究体系和工作机制不断完善，以高规格、高密度、高水平的学术交流与合作为促进俄罗斯研究和中俄关系发展贡献了力量。

俄罗斯研究中心自2015年成立以来，努力营造国际合作新格局，与圣彼得堡国立大学、圣彼得堡国立经济大学、莫斯科大学、白俄罗斯国立大学、哈萨克斯坦欧亚大学等俄罗斯、中亚及独联体国家的高校建立并保持了良好的合作关系，开展了多项丰富务实的国际学术交流及联合研究项目，合作机制不断完善，合作根基越加牢固。

据不完全统计，2017年9月至2018年8月，俄罗斯研究中心举办和参与各类活动70余场，其中大型国际会议8场，赴俄参会及联合办会8场，与俄方及中亚国家高校开展工作会谈6次，接待俄方代表来访4次，撰写并出版《俄罗斯经济发展研究》（2017）年度系列报告，翻译出版了《普京政治经济学》（俄文版）、《上海合作组织的创建、发展和前景》（中文版），承接国家课题4个，向上级部门报送内参多篇。通过中国人民大学、中国人民大学国家发展与战略研究院、俄罗斯研究中心的网站和公众号推送中心中俄文新闻、研究员智库文章等200余篇。宣传报道中心的中外媒体共计40余家，媒体新闻报道量达400余篇。

二 智库合作

（一）《普京政治经济学》（俄文版）

1. 著作简介

《普京政治经济学》（俄文版）是俄罗斯研究中心主任、中国人民大学经济学院党委书记兼常务副院长关雪凌教授的著作，中文版于 2015 年 9 月由中国人民大学出版社出版发行；2017 年，俄文版由俄罗斯圣彼得堡国立大学团队翻译，由圣彼得堡国立大学出版社出版。

该书是以普京思想和俄罗斯实践为对象、系统阐述现实主义政治经济学体系的一次尝试，以俄罗斯为案例梳理了全球化时代背景下大国发展道路上亟待关注的若干重要问题，以及现实主义政治经济学的经济发展理论，对比了现实主义政治经济学与主流经济学的明显差异。在世界格局剧烈变动的背景下，这一研究对包括中国在内的新兴经济体具有重要的理论意义和现实意义。

2. 发布情况

2018 年 4 月 19 日，《普京政治经济学》（俄文版）新书发布会在圣彼得堡国立大学举行，来自中国、俄罗斯、日本、英国、法国、西班牙、意大利、白俄罗斯、立陶宛等国 200 余位专家学者参加了会议。普京刚刚蝉联总统，首发式的举行适逢其时。

3. 重要专家点评

圣彼得堡国立大学第一副校长叶莲娜·切尔诺娃教授在发布会上高度评价《普京政治经济学》（俄文版）。她说："读过这本书的人一定能认同这部作品的魅力所在：这是一部充满力量的书，中国学者能理性、辩证、客观地分析我国发展道路的独特性，多么令人心潮澎湃！参与翻译工作的学者也在每一句话的处理上做到了极致的严谨。"

切尔诺娃副校长对作者的研究方法及视角表示赞赏，她表示，外国学者写这样一本书来研究一位世界级领导人的历史经验，明确表达出理解普京在各个领域所做的决策，这在世界上是十分罕见的，是对俄罗斯研究的重要促进。与此同时，《普京政治经济学》（俄文版）呈现给读者的研究材料都是最有价值的，可以成为严肃科学研究的催化剂。此外，切尔诺娃副校长还强调了作品的多学科性质："无论是对经济学家、历史学家、心理学家、社会学家、政治学家，还是国际关系专家来说，该书都值得翻阅。"

圣彼得堡国立大学经济系经济理论教研室主任维克多·梁赞诺夫教授专门为《普京政治经济学》（俄文版）撰写书评，并于2018年7月发表于《圣彼得堡国立大学学报》。梁赞诺夫教授指出，目前世界范围内对俄罗斯问题研究中，时常表现出一种相当偏执、有时甚至是不怀好意和缺乏客观态度的倾向，这种态度通常表现在一些西方作者的论著中。但是这本由中国学者撰写的关于俄罗斯的书却具有非同寻常的意义。该书不是普京的传记，而是试图对俄罗斯现象进行认真的、有理有据又充满友善的思考。该书审视了当代俄罗斯社会改革的重要结果，揭示了当代俄罗斯经济政策的特点和内涵，内容翔实，立意深刻，甚至可以说是真正深入俄罗斯问题之中进行的细致思考，对外国学者的俄罗斯研究做出了重要贡献。

另外，梁赞诺夫教授还指出本书的另一个优点，就是该书的俄文版翻译水平很高，具有与原书相应的科学编辑水准。这使得译著能够清晰地反映作者的立场，展现作者研究的风格特点和微妙之处，而现在并非所有科学译著都能够获得这样的水准。

俄罗斯CUSTIS公司创始人、首席IT架构师和分析师马克西姆·采普科夫先生参加了《普京政治经济学》（俄文版）首发式，随即在个人网站中发表书评说："《普京政治经济学》对我来说意义非凡，因为书中新的经济模型更适合实际经济情况，使我颇受启发，而作者的精彩演讲更激发了我写书评的热情。"在书评中，他还分析了关雪凌教授的研究方法和独特视角，同意作者"经济与政治辩证统一"的观点，认为书中所提出的概念将成为观察现代世界的重要观点之一。相对以往学界对俄罗斯经济研究着重既有理论探究，该书作者更密切地关注实践：研究普京总统在俄罗斯实行的经济管理实践。恰恰是在研究实践的过程中,作者受到启发,提供给世界一个全新独特的视角,而这对中国甚至其他国家经济管理都很有帮助。

4. 媒体点评

《普京政治经济学》(俄文版)的出版发行在俄获得了很大反响,俄罗斯多家主流媒体竞相报道且高度评价。俄新社报道称,这既不是一部有关普京的传记,也不是对俄罗斯经济发展的总体描述,用作品中的话来说,"普京现象"是一个全球学术界和政治圈都试图澄清的问题。中国学者的作品不仅普及了俄罗斯总统的政治经济思路大纲,而且为全球化背景下的政治经济道路提供了理论框架。此外,该书从外国学者的独特视角进行分析,将普京总统政治智慧呈现得淋漓尽致。这有助于加深人们对俄罗斯的理解,推动俄中全面战略协作伙伴关系的发展。

(二)《上海合作组织的创建、发展和前景》(中文版)

1. 著作简介

《上海合作组织的创建、发展和前景》(中文版)一书由上海合作组织秘书长阿利莫夫撰写,详细阐述了上海合作组织创建以来的发展历程及现状,介绍了成员国主要合作方向及成就,梳理了组织架构、主要机构及职权范围,论证了上海合作组织作为世界上最具影响力之一的新型区域性国际组织的独一无二性。

自2017年1月始,由俄罗斯研究中心组织该书的翻译工作:俄罗斯研究中心副主任王宪举研究员,中共中央联络部六局副局长、中国驻俄罗斯使馆参赞胡昊,国务院发展研究中心欧亚社会发展研究所中亚问题研究室主任许涛研究员等分工协作,于2018年1月翻译完稿,2018年5月由人民出版社出版发行。此书的翻译、出版发行工作被纳入上海合作组织青岛峰会系列活动。

2. 发布情况

2018年5月13日,《上海合作组织的创建、发展和前景》(中文版)首发式暨上海合作组织发展研讨会在中国人民大学举行。上海合作组织秘书长、本书作者拉希德·阿利莫夫先生,中国人民大学党委书记靳诺教授、人民出版社副社长李春生、中国人民大学副校长兼经济学院院长刘元春教授、上海合作组织副秘书长王开文和苏巴阔热耶娃、中国外交部欧亚司参赞罗世雄等重要嘉宾出席。中央电视台、北京电视台、中央人民广播电台、《中国社会科学报》、俄罗斯卫星通讯社、人民网、《中国经济导报》、《环球时报》等国内外诸多媒体代表、学术机构和高等院校代表也参加了活动。

3. 重要专家点评

中国人民大学党委书记靳诺教授表示,该书的出版发行必将推动上合组织的相关研究,增进世界对上合组织的了解、认同。她期望人民大学借助本次首发式和研讨会的契机,能够与上合组织及其成员国深化良好合作关系,加强人文交流,促进文化繁荣,开展智库合作,扩大留学生交流规模,大力培养人才。

上海合作组织秘书长阿利莫夫对俄罗斯研究中心翻译团队高水平的翻译工作表示由衷感谢。他指出,本书在即将举行的上合组织青岛峰会前夕出版发行,具有非常深刻的意义,是中国人民大学对峰会做出的重要贡献,也是编辑和翻译团队对峰会做出的重要贡献。

人民出版社副社长李春生点评道,该著作对上合组织的描述和分析具有系统性、全面性、创新性、权威性和普读性,而书中的30张稀有图片更能帮助读者理解上合组织的发展历程。

外交部欧亚司罗世雄参赞谈道,本书全面回顾了上合组织的发展历程,总结了成功经验,畅想了光明前景,不仅展示了作者宝贵的外交智慧,更凝结了作者对上合组织的一份沉甸甸的爱,相信这一著作必将成为上合组织重要的精神财富。

中国社会科学院俄罗斯东欧中亚研究所所长孙壮志研究员谈道，该书非常系统地回顾了上合组织成立17年来取得的成就，介绍了上合组织在国际上特有的地位、重要性，以及在经济、安全、人文各个领域合作所取得的巨大成就。读者可通过本书对上合组织有更多更全面的认识，因此这本书是学术著作，也是非常重要的历史文献，有极大的学术和纪念价值。

本书译者之一、俄罗斯研究中心副主任王宪举指出，该著作因系统性、全面性、客观性、可读性的特征而具有学术和实践意义，是一部研究上合组织的百科全书式的著作。

（三）《俄罗斯经济发展研究》（2017）年度系列报告

1. 著作简介

为持续推进中俄高级别人文对话交流机制、加强中俄两国在高端智库研究中的深度合作、积极落实刘延东副总理对俄罗斯研究中心发展提出的要求，俄罗斯研究中心每年组织中俄双方在经济领域的权威专家和知名学者，针对本年度中俄经济形势及中俄关系，凝练主题、科学规划，撰写一批内容扎实、观点明确、见解独到的论文并编译出版。

《俄罗斯经济发展研究》（2017）系列报告是目前国内最为经典的中俄联合研究报告之一，全面聚焦了经济问题，凝聚了中俄两国专家学者的智慧，为积极推动中俄学者学术思想交流与合作研究提供了广阔平台。此外，该系列报告也是政策导向性的研究，对决策者具有宝贵的参考价值，是中心具有重大社会影响力的标志性成果。

《俄罗斯经济发展研究》（2017）主题涉及俄罗斯经济产业结构、石油工业、国防工业、贸易政策、资本流动、数字经济、货币和预算政策、劳动力市场以及中俄贸易等，并对普京第三个总统任期的经济发展前景做了预测。该报告由15篇文章组成，其中5篇由莫斯科大学经济系、圣彼得堡国立经济大学经济系的俄罗斯专家撰写，10篇文章的作者来自中国社会科学院、中国人民大学、中央财经大学、河南财经政法大学。为力求精准完整地表达俄方教授的观点，5篇俄文报告由中央编译局的资深翻译专家翻译。

2. 发布情况

2018年5月13日，《俄罗斯经济发展研究》(2017) 在中国人民大学发布。中国国务院发展研究中心欧亚社会发展研究所所长、前驻俄罗斯大使李凤林，圣彼得堡国立大学经济系经济理论教研室主任维克多·梁赞诺夫教授，圣彼得堡国立大学荣誉教授列昂尼德·希罗科拉德，中央党史和文献研究院研究员、《国外理论动态》杂志主编徐向梅，中国社会科学院世界经济与政治研究所研究员欧阳向英，中国国际问题研究院欧亚研究所副研究员韩璐等专家出席发布会并点评报告。

3. 重要专家点评

中国国务院发展研究中心欧亚社会发展研究所所长、前驻俄罗斯大使李凤林对报告给予高度评价。他指出，《俄罗斯经济发展研究》(2017) 系列报告创新独特、特点鲜明：第一，全面聚焦俄罗斯经济问题。目前，我国各个机构林林总总出版了许多国别研究的报告，基本以国别为单位，比如俄罗斯白皮书，金砖国家、上海合作组织的白皮书等，涉及相关国家或组织的政治、经济、外交、国际关系各个方面的形势研究。但众所周知，所有国际关系中经济是基础，特别是对于中国和俄罗斯而言，在美国对俄罗斯实行经济制裁，又对中国发起贸易战的情况下，中俄美之间的"三国演义"发生了诸多微妙变化，中俄之间经贸关系的重要性越发凸显。该系列报告聚焦经济就抓住了重点。第二，体现中俄学者双方观点。该系列报告是中俄两国学者联合研究的成果。在科研条件方面，俄罗斯研究中心发挥了两国高校人才密集的天然优势，促进跨地区的优化组合，不断提高创新活力，拓展国际视野。报告作者均为两国俄罗斯研究专家，为报告的完成奠定了良好的理论基础及现实经验。此外，该报告还具有很强的专业性和理论性，对全球治理、俄罗斯外交战略、外贸与地缘政治关系等问题，不乏有新意、有创见、有深度的观点。

圣彼得堡国立大学经济系经济理论教研室主任维克多·梁赞诺夫教授一直参与该系列报告的联合研究与撰写工作，他在发布会上对报告进行了详细分析与点评。他说，该报告积极发挥了两国高校人才密集的天然优势，促进跨地区的优化组合，具有创新活力和国际视野。梁赞诺夫教授指出，当前国际政治主要特征是政治关系的经济化和经济关系的政治化，也就是说，在国际交往中，各国都把财富的获得作为重要目标，经济因素成为国家政治关系的主要内容。由此可见，当前背景下要做好国别研究，就需做好经济研究。俄罗斯研究中心要发挥高校作为中国特色新型智库的智力优势，将系列年度报告做精做透、资政助企、献计献策。只有这样，文教才能与政企结成共同体，软硬实力互为保驾。

中央党史和文献研究院研究员、《国外理论动态》杂志主编徐向梅对报告进行了详细点评，她认为，报告汇集了中俄学者有关俄罗斯经济重要问题的文章，如经济不稳定不平衡、经济结构、贸易、金融、资金流动、税收、货币预算、军工、劳动力市场等，并进行了深入细致的探讨，因此颇具学术价值。

中国社会科学院世界经济与政治研究所研究员欧阳向英称赞《俄罗斯经济发展研究》（2017）是高质量的学术著作。第一，该报告立意高远，以实证方式、带有反思和预测的性质为俄罗斯经济把脉，客观准确地把握俄罗斯在当今世界经济中的历史方位，力图找到一条适合俄罗斯的发展道路。只有站在这个高度，才能充分理解本书编者和作者们的苦心。第二，该报告理论性很强，超越了人们常见的现象描述。也胜过用复杂模型分析得出一个显而易见的道理，提出了很多发人深省的见解和结论。这些见解和结论可能并不一致，但正因如此，才反映了思维的活跃性和包容性；正是多元视角和多元观察，更有助于我们展开讨论，将研究推向深化。此外，谈到理论性，该报告对于研究马克思主义国际政治经济学的学者来说很有启发，书中很多文章，如梁赞诺夫教授、关雪凌教授和徐坡岭教授的文章都有很深的马克思主义理论功底，而将马克思主义立场、观点和方法，与国际经济结合起来，正是继承和发展马克思主义理论经济学最佳的理论创新点。这几位教授的文章既在观点方面有详细的数据支撑，而且逻辑推理也十分严密，对制度反思充满批判精神。这正是我们理想中将西方经济学的一般方法与马克思主义批判精神相结合的典范。第三，该报告作为中外合作的成果，比一般的国内著作多了中俄关系的视角，许多观点由双方共同研讨和论证，读来格外有趣，也更有现实意义。

中国国际问题研究院欧亚研究所副研究员韩璐认为，报告从历史、理论、时政角度分析了俄罗斯宏观经济发展现状和走势，以及中俄贸易关系发展前景等问题，还对影响俄罗斯经济发展的重点领域进行了深入分析，内容翔实、论证清晰、观点鲜明、思路开阔，是多角度思考研究俄罗斯经济的重要著作，为读者了解俄罗斯经济现状、研究俄罗斯经济走势，提供了见解，扩展了思路。

三　人才交流合作

（一）俄罗斯研究人才交流与培养的现实意义

目前，世界政治经济格局云谲波诡、形势多变，全球治理进入攻坚时期，这为中国有效推进"一带一路"倡议，实现民族复兴和大国崛起带来更大的机遇和挑战。俄罗斯是政治大国、军事强国，也是"一带一路"中的关键国家。因此，俄罗斯研究和中俄关系的重要性尤为关键。

首先，中俄全面战略协作伙伴关系保持高水平运转要求在各个层面深入推进中俄交流与合作。中俄关系是世界和平和稳定的压舱石，在中俄美战略平衡中发挥着关键作用。美国特朗普政府上台以来，对外政策复杂多变。美欧日签署零关税贸易协议、试图重建世界经济秩序，更使得保持中俄关系独立和牢固至关重要。中俄战略互信需要在各个层面不断增添新的积极因素，克服各种临时性消极因素的干扰。

其次，在对俄罗斯研究和交流重要性不断提高的同时，从事相关领域研究的人才却相对不足。国内外政治经济形势的变化将对俄罗斯及其周边国家的研究和交流的重要性推上一个新高点，但是，国内对这一区域的研究和交流相对不足和滞后，特别是俄罗斯研究和交流人才严重不足。一方面，从事中俄政治、经贸往来相关理论政策研究的人才相对不足；另一方面，相关领域研究人才后备梯队青黄不接。习近平总书记在2018年6月上合组织青岛峰会上指出，要"拉近人文交流合作的共同纽带"、扎实推进相关领域的交流合作。中国人民大学同俄罗斯教学与研究源远流长、底蕴深厚，俄罗斯研究中心将抓紧机遇，大力促进俄罗斯研究和交流人才的培养。

（二）人才交流模式多样

1. 高端人才交流

俄罗斯研究中心致力于与世界一流高校建立访问学者交流计划，鼓励中青年学者走出去，开展中短期交流合作。每年与俄方及中亚国家高校开展工作会谈多场、多次接待俄方高规格代表团、组织人民大学专家团队赴俄学习、参会及考察。

为推动中心科研团队建设迈上新台阶，2017年俄罗斯研究中心与圣彼得堡国立大学达成基于《俄罗斯经济发展研究》系列报告的联合研究合作意向，支持两校专家学者互访交流。2018年5月该项目开始实施，俄罗斯研究中心邀请了圣彼得堡国立大学经济系经济理论教研室主任维克多·梁赞诺夫教授和圣彼得堡国立大学经济系荣誉教授列昂尼德·希罗科拉德到人大访学一个月。

(1) 教授简介

维克多·梁赞诺夫（Виктор Тимофеевич Рязанов），圣彼得堡国立大学经济系经济理论教研室主任，经济学博士，教授。主要科研领域为：经济方法论，政治经济学，俄罗斯经济思想史，俄罗斯经济结构等，拥有250余项科研成果，8本专著。1999年获"圣彼得堡政府科学成就"一等奖，"俄罗斯联邦高等教育荣誉工作者"称号；2003年被授予俄罗斯自然科学院荣誉勋章；2011年获俄罗斯联邦国家友谊勋章。

列昂尼德·希罗科拉德（Леонид Дмитриевич Широкорад），圣彼得堡国立大学经济系经济理论教研室教授，经济学博士。主要科研领域为：俄罗斯经济思想史，俄罗斯经济史，经济理论方法论研究等，拥有120余项科研成果，15本专著。1999年获"俄罗斯联邦高等教育荣誉工作者"称号，2009年被评为圣彼得堡国立大学荣誉教授。

(2) 交流情况

访学期间，梁赞诺夫教授、希罗科拉德教授面向中国人民大学师生进行了10余场学术讲座，参加了由中国社会科学院、中国人民大学、北京大学等高校或科研机构举办的8场学术会议并发表演讲。此外，通过专家咨询会、选题会等，两位教授与其他专家反复沟通，最终助力完成了俄罗斯研究中心2018年《俄罗斯经济发展研究》的选题策划。2018年5月11日,梁赞诺夫教授、希罗科拉德教授在中国人民大学"世纪经英论坛"发表演讲。"世纪经英论坛"是由中国人民大学经济学院主办的系列学术讲座,旨在扩大和增强学院在国内外的学术影响力。论坛主要邀请国内外一流的经济学家和知名学者做主题演讲,追踪学科国际前沿,掌握学术发展动态,同时开展青年学者论坛、博士生论坛等系列学术活动,促进学院师生与国际名家间的学术交流。

梁赞诺夫教授做了"俄罗斯经济:问题和前景"专题学术报告,他分析了现代俄罗斯经济发展的特点及其在世界经济中的地位,阐述了西方2014年发起的对俄经济制裁的影响,最后探讨了俄罗斯经济发展的前景及局限性。希罗科拉德教授发表了题为"《资本论》在俄国十月革命前和苏联时期的经济思想"的演讲。教授简要讲述了十月革命爆发前后,俄国对《资本论》的讨论与理解,并分析了苏联时期经济思想的发展特点。

讲座持续近2小时,会场气氛热烈,百余位师生积极发言提问,均得到了教授们的认真解答,学术交流取得了良好效果。

2018年5月13日,梁赞诺夫教授、希罗科拉德教授参加了俄罗斯研究中心的系列活动——《上海合作组织的创建、发展和前景》(中文版)首发式暨上海合作组织发展研讨会及《俄罗斯经济发展研究》(2017)发布会,发表精彩演讲。

2018年5月17日,《俄罗斯经济发展研究》(2018)专家咨询会召开,梁赞诺夫教授、希罗科拉德教授作为年度报告作者参加。两位教授认为专家咨询对于确定新一期年度报告的战略定位、选题规划十分重要,并对下阶段年度报告工作提出了专业性与创新性兼备的几点建议。

经过多次沟通,反复打磨,两位教授坚持"大视野、抓特色、出精品"的方针,提出了2018年年度报告的具体选题。首先,合作形式进一步优化，促成中俄双方学者在同一问题上进行联合研究。中俄关系的问题，更需要中俄两国不同的视角来解读，而在学者们相互交流的过程中会发现新的问题，碰撞出新的火花，这些新问题又可为未来的深入研究提供命题。其次，选题策划再度升级。报告延续"聚焦经济"的传统，但将选题规划为两大部分：第一部分为俄罗斯经济研究，围绕俄罗斯的宏观经济、宏观调控、对外经济联络的情况等议题展开；第二部分则集中于"中俄合作"。当前，中俄全面战略协作伙伴关系已在高水平运行，需要通过创新合作领域、合作方式等获得持续发展的新动力。该部分将力求客观、准确地揭示出中俄关系的全貌、实质和内在的发展规律，并在此基础上理性地总结两国关系的发展经验，积极探索两国在合作理念、合作模式、合作机制方面对接的有效途径，进一步释放中俄之间独特的地缘和经济互补优势，为两国关系的可持续发展助力，增添新的亮点。

2018年5月19日至20日，"中国《资本论》研究会第20次学术研讨会——纪念马克思诞辰200周年暨中国改革开放40周年"在中国人民大学隆重举行。希罗科拉德教授和梁赞诺夫教授应邀出席并发表主旨演讲。希罗科拉德教授介绍了俄罗斯关于马克思著作和马克思理论研究的情况，他指出，马克思主义的研究工作覆盖了俄罗斯整个漫长历史的阶段和时期，在十月革命之前学者们就开始研究马克思主义理论。同时，他还就马克思是如何影响苏联社会主义时期的经济思想进行了介绍。

梁赞诺夫教授就马克思主义适用性问题进行解读。他指出，当前资本主义仍然是带有自身矛盾的资本主义，同时又发生了一系列新的变化，要将马克思主义理论在实践运用中与时俱进。他认为，马克思主义的理论是具有活力的，也会一直保持活力。

两位教授的精彩演讲激起与会者的深入思考和阵阵掌声，会场气氛自由而热烈。

2018年5月23日,"欧亚大讲堂"第十期在中国人民大学举行。梁赞诺夫教授和希罗科拉德教授发表主旨演讲(详见下文"欧亚大讲堂"板块)。

2018年5月24日,希罗科拉德教授和梁赞诺夫教授应邀出席由中国社会科学院举办的"俄罗斯经济前景与发展道路"国际学术研讨会,并做了专题报告。梁赞诺夫教授用最新数据深入浅出地向与会者阐释了俄罗斯经济的最新形势:2017年以来,俄罗斯经济逐渐摆脱危机,出现稳定向好趋势。他还指出了俄罗斯经济面临的挑战,提出为实现经济可持续发展的真知灼见。希罗科拉德教授则以"现代俄罗斯的社会不平等问题及其应对措施"为主题发表演讲,从历史角度切入,对苏联时期到现今的俄罗斯社会问题做了概要分析。

报告引起了与会者的广泛兴趣与热烈讨论,两位教授与嘉宾们交流学术观点,体现了崇尚学术自由的求真精神。

2. 学生交换

俄罗斯研究中心协助中国人民大学做好与圣彼得堡国立大学的法学本科生交换项目、硕士联合培养项目、经济学硕士联合培养项目的常规工作。

2017年俄罗斯研究中心协助中国人民大学与圣彼得堡国立经济大学签订了远程硕士培养网络课程协议,续签了本科生短期交换协议;与圣彼得堡国立大学、圣彼得堡国立经济大学达成了"中国经济硕士"项目和"'一带一路'国际商务硕士"项目的合作意向,并于2018年开始招生;与白俄罗斯使馆、哈萨克斯坦纳扎尔巴耶夫大学等初步达成了中白、中哈"中国经济"硕士项目和"'一带一路'国际商务硕士"项目的合作意向。

2017年10月,由中心选派的中国人民大学学生代表团赴俄参加"第七届圣彼得堡国际天然气论坛"青年日活动并获团体三等奖。2018年5月，遴选了3名优秀学生拟于10月赴俄参加新一届"圣彼得堡国际天然气论坛"。

四　品牌活动

（一）"欧亚大讲堂"——打造国际社会认可的高规格"民间外交平台'

"欧亚大讲堂"是俄罗斯研究中心的品牌活动之一，立足于更好地发挥中心"民间外交平台"的作用，增进中国与欧亚国家间的了解和互信。中心邀请"一带一路"沿线国家驻华大使及中国驻外大使，国际组织及有影响力的社会组织负责人，中国及"一带一路"国家知名专家学者、政要、艺术家等来校发表演讲，提升学校和中心的国际影响力、社会美誉度，助力推进"一带一路"建设。

2017年11月16日，白俄罗斯驻华大使基里尔·鲁德访问中国人民大学并在"欧亚大讲堂"发表题为"白俄罗斯和中国合作新时代"的演讲。鲁德大使介绍了白俄罗斯经济状况、外交政策，并针对中白工业园的最新优惠政策、遇到的困难、解决方案以及中白两国人文交流和教育合作等问题与现场师生积极互动。鲁德大使深厚的学术造诣、渊博的外交知识、幽默风趣的风格令人印象深刻，与会者一致认为这是一场前沿务实，颇有裨益的讲座。

2017年12月，原国务委员，中俄友好、和平与发展委员会中方主席戴秉国在该委员会2017年中方全体会议上多次询问和肯定了"欧亚大讲堂"活动并做出重要指示。他指出，"欧亚大讲堂"对于促进中俄人文交流具有重大意义，应继续扩大其社会影响力、打造品牌效应、提高国际声誉，尤其要加强与俄方相关机构合作，充分发挥"民间外交平台"的作用。

2018年5月23日，"欧亚大讲堂"第十期在中国人民大学举行。俄罗斯著名经济学家——圣彼得堡国立大学荣誉教授、经济系教授列昂尼德·希罗科拉德和圣彼得堡国立大学经济系经济理论教研室主任维克多·梁赞诺夫教授应邀出席活动并发表主旨演讲。

维克多·梁赞诺夫教授发表了题为"俄罗斯经济4.0时代：从萧条到高质量增长"的演讲，他将近20年来俄罗斯经济发展分为四个阶段：1999—2007年为俄罗斯经济恢复性增长阶段，即为1.0版；2008—2009年为世界经济危机阶段，俄罗斯经济大幅下滑，即为2.0版；2010—2014年为经济增长不稳定期，由于西方制裁、国际油价低迷等因素，2015—2016年为新的危机期，其统称为3.0版；2017年以来，俄罗斯经济逐渐摆脱危机，出现稳定向好趋势，即为4.0版。梁赞诺夫教授认为，未来俄罗斯经济要实现可持续发展，必须着力改变经济政策，促进经济结构改革，加强科技创新对经济增长的驱动作用，在市场经济环境下建立有效机制，推动军用技术向民用领域转移。这是创新发展的潜力所在。

列昂尼德·希罗科拉德教授以"现代俄罗斯的社会不平等问题及其应对措施"为主题发表了演讲，他从历史角度切入，对苏联时期到现今的俄罗斯社会问题做了概要分析。他指出，20世纪80年代起，俄罗斯开始进行市场经济转型。1991年底苏联解体后，俄罗斯经济迅速下滑，苏联时期积累的国家财富被市场经济下的资本家肆意掠夺甚至转移到国外。普京2000年首任总统后最大的功绩在于极大地限制了这种掠夺，并把建立市场机制与国家管理体系有机结合，克服了戈尔巴乔夫和叶利钦统治时期巨大的社会不公平，加速了俄罗斯的经济社会发展，使苏联解体后遗留的巨大社会问题逐步得到解决。

两位教授的演讲主题新颖，逻辑清晰，分析深入，语言幽默睿智，引起与会专家学者的浓厚兴趣，他们先后就俄罗斯经济前景与发展道路、俄罗斯受西方制裁后的应对措施、如何实现普京总统的

"进入世界经济第五"的目标、如何进行结构性改革等问题与两位俄罗斯教授积极互动、进行了深入探讨。

2017年9月至今，共有来自中国人民大学、北京大学、清华大学、北京外国语大学等高校180余位师生，中国社会科学院、中国现代国际关系研究院等单位30余位专家学者，新华社、中央电视台俄语频道等40余家媒体参加了"欧亚大讲堂"活动。

（二）"中亚沙龙"——聚焦中亚、权威评论、资政发声

俄罗斯研究中心紧密跟踪中亚地区的重大事件和经济文化现象，不定期邀请俄罗斯、中亚等国家的关键人士、重要专家，中国驻中亚地区国家的大使、知名学者等来校参加形势政策圆桌研讨会，打造了中心又一个品牌活动——"中亚沙龙"。

2017年9月以来俄罗斯研究中心举办了4期"中亚沙龙"，分别围绕吉尔吉斯斯坦总统选举前的政治社会形势、"一带一路"与中亚见闻感受、中亚国家首脑会晤和上合组织发展趋势等主题展开研讨。研讨会以闭门研讨为主要形式，通过中国人民大学国家发展与战略研究院上报内参，就加强中国与俄罗斯、中亚国家的合作关系建言献策。

五　教育理事会

中俄友好、和平与发展委员会教育理事会（以下简称教育理事会）于2016年11月23日在中国人民大学成立。教育理事会旨在通过开展高等教育领域学术交流活动，增进两国教育界的了解和友谊，促进中俄两国人文交流与教育合作，为中俄全面战略协作伙伴关系高水平运转做出贡献。该理事会由中国人民大学、北京大学、清华大学、北京理工大学、黑龙江大学、河南大学、哈尔滨工业大

学、北京外国语大学、上海外国语大学、四川外国语大学、西安外国语大学、天津外国语大学（2018年加入）共12家单位构成，中方主席为中国人民大学副校长杜鹏教授。秘书处是教育理事会的常设办事机构，设在中国人民大学国际交流处，其中，秘书长由中国人民大学国际交流处处长时延安教授担任，副秘书长由俄罗斯研究中心主任关雪凌教授担任。俄罗斯研究中心协助教育理事会做好日常工作。

教育理事会是十余所高校团结一致、携手奋斗的结晶。在委员会的框架下，教育理事会需要打造两国教科事业的新标签，构筑两国文化交流的新结构。成立一年多的时间里，教育理事会的工作从无到有、从小到大，干在实处、积极创新。在人员往来方面，一方面，通过实行国内外、校内外，专职和兼职相结合的方式，广聚贤才，推动中俄两国专家学者开展联合研究和访学交流。另一方面，创新人才培养模式，积极推进"一带一路"人才联合培养等项目；在文化交流方面，打造大型学术品牌活动项目和推进人文交流活动并重，学术活动规格高端、成果丰硕、影响广泛，人文交流形式多样、参与广泛、深入人心；在智库合作方面，采取"产学研"相结合的研究方式，夯实理论、积极创新，推出了一系列高质量的智库成果，发挥了良好的咨政助企、服务社会的作用。总的来看，教育理事会在深化拓展中俄教育合作关系方面做了许多基础性、开创性的工作，初步形成了一定的规模，取得了一定的社会影响力和国际声誉，为构建中俄新型大国关系、促进"一带一路"国际合作巩固基础、添砖加瓦。

2018年5月13日，教育理事会第二次全体会议在中国人民大学举行。11家单位代表均出席会议，会上正式吸纳新晋理事单位——"天津外国语大学"入会。与会嘉宾围绕组织机构长效机制建设、发展规划等问题深入探讨交流，对教育理事会的年度工作计划、宣传机制、信息报送制度、会议制度、与俄合作等具体工作提出了有价值的意见和建议。

本次会议富有成效，为进一步加强成员单位间的联系与合作，建立健全理事会成员单位内部的沟通机制，发挥各成员单位的不同特色、不同优势，实现"1+1>2"的效果奠定了坚实基础。

六　俄罗斯研究中心主任关雪凌教授应聘担任圣国大经济与商业科学委员会及学报编委会成员

俄罗斯研究中心主任关雪凌教授从事苏联和俄罗斯问题研究30余年，撰写了大量关于俄罗斯经济的学术论文，在推动中俄交流及合作中做了大量工作。尤其是俄罗斯研究中心成立以来，她努力工作，深入研究，为加强中国人民大学与圣彼得堡国立大学的合作做出了积极贡献，更得到了圣彼得堡国立大学的高度认可。2018年8月15日，关雪凌教授应聘担任《圣彼得堡国立大学学报—经济刊》编委会委员。

《圣彼得堡国立大学学报—经济刊》是由圣彼得堡国立大学主办的经济学科学术性期刊，前身为综合类学术期刊《列宁格勒大学学报》的经济版，1985年独立创刊并出版发行，是俄罗斯最古老、最有权威的经济学期刊之一。

该刊为学术季刊，涵盖经济学的所有学科领域，主要刊登俄罗斯经济领域的研究成果、综述和评论性文章，尤其关注全球化趋势下对新兴经济体发展前景深入分析、评估的重大研究成果。该刊立足圣彼得堡国立大学，面向俄罗斯国内外学术界，致力于基础理论研究与现实问题研究的结合，力争准确地反映经济学领域前沿问题和热点问题研究的最新成果。

在全球化、现代化发展的今天，国际化的标准成为学术期刊发展的重要取向。为提高《圣彼得堡国立大学学报—经济刊》的国际化水平，提升国际影响力和竞争力，促进学科建设与发展，2018年7月，《圣彼得堡国立大学学报—经济刊》对编委会进行了重组。学报从世界范围内招贤纳士，聘任了一批包括关雪凌教授在内的俄罗斯经济研究领域顶尖专家加入，大幅增加了编委会中外国专家的比重，减少了本校学者的占比，坚持编辑队伍、论文稿源和研究视野的国际化。

在此之前，早在2017年6月30日，关雪凌教授就应聘成为圣彼得堡国立大学经济与商业科学委员会唯一一位外国专家。圣彼得堡国立大学经济与商业科学委员会旨在鼓励专家学者开展更有针对性和更为有效的研究，为俄罗斯国家战略提供更多有深度、有见解的智库支持。同时积极开展国际学术合作及联合研究，全面提高学校科研水平及社会影响力，努力推出高水准理论成果和政策主张，逐步建成俄罗斯国内外具有重要影响力的经济学科研究基地。

七　结语

"不积跬步，无以至千里，不积小流，无以成江海。"俄罗斯研究中心在各方的大力支持和全体同仁的竭诚努力下，已集流成溪。

过去一年，我们共同见证了俄罗斯研究中心的努力和能力，未来，这将转化为我们深化工作、完善职能的动力。在下一步的工作中，俄罗斯研究中心将继续在学校领导的指导下，结合学科优势，总结经验与不足，进一步补短板、抓亮点，强基础、扬特色，求实效、扩影响，稳步做好各项工作。我们将继续不忘初心、砥砺前行，为中俄友好和平发展伟大事业做出更大的贡献！

（撰稿人：张若涵，审稿人：关雪凌、王宪举）

北京师范大学
俄罗斯研究中心

一 重要沿革

教育部区域和国别研究培育基地北京师范大学俄罗斯研究中心自2012年6月成立以来，整合校内外优势资源，开拓进取，锐意创新，积极服务国家内政外交，在科学研究、人才培养、社会服务、国际交流与合作等方面开展了大量的工作，取得了令人瞩目的成绩。

2017年北京师范大学俄罗斯研究中心结束4年的培育基地阶段，在教育部正式备案为"区域和国别研究基地俄罗斯研究基地"。成为教育部所设"区域和国别研究培育基地"中第一批转为"区域和国别研究基地"的研究中心。俄罗斯研究中心不辱使命，在2017—2018年度不断为国家提供关于俄罗斯及周边区域的研究支持，持续推进"俄罗斯学"研究向纵深方向发展，服务国家战略；培养跨学科俄语人才，为"俄罗斯学"研究不断输送新鲜血液；为科研事业贡献力量，始终坚持走在科研最前沿。

教育部区域和国别研究基地俄罗斯研究中心作为新型高校智库，2017—2018年持续为国家各大部委机关提供高质量咨政报告和咨询服务，服务国家战略，推进"一带一路"倡议，助力中俄人文合作。报告涵盖了"萨德"事件、"金砖峰会""十月革命一百年纪念""'一带一路'建设与欧亚经济联盟对接"等年度热点问题，为教育部、外交部、中央外事办公室、北京外国问题研究所、区域和国别研究基地等各级党政机关制定相关政策和应对措施提供了有力的依据和可行性建议。

俄罗斯研究中心始终把培养熟练掌握外语、具备丰富区域和国别知识和科研实践能力的复合型国际化区域和国别人才作为己任。特别是在如何发挥区域国别研究基地优势、最大限度地发挥自己的纽带和整合作用方面，进行了深入的实践。中心充分调动各位成员的积极性，利用大家的学科优势，中心利用跨专业、跨学科的优势，在人才培养方面进行大胆尝试，一方面，充分支持中心成员独立培养各自的学生、传授本专业基础知识和基本理论；另一方面，整合优势力量，统筹中心资源，有计划、有针对性地进行区域国别课程体系建设，构建区域国别人才培养模式，发挥成员学科特长，联合培养来自9个院部的研究生。2017年11月俄罗斯研究中心的复合型国际化区域国别人才培养模式获得了"北京师范大学教学成果奖"一等奖。

俄罗斯研究中心积极开展基地信息化建设，与时俱进。2017年10月俄罗斯研究中心上线了"北师大俄罗斯研究中心"微信公众号，定时对俄罗斯中心新闻进行报道，推出俄罗斯学专家系列专访和新书推介。在俄罗斯学专业学生中已有不小的影响力，关注人数已有上千人。

俄罗斯研究中心重视基地建设工作。本年度中心共举行六次基地工作会议。中心学术委员会制定了严格的规章制度，由李兴教授担任学术委员会主任，中心的科研项目审批、科研经费使用，中心学术成果的评定都更加标准化、体系化。2018年6月学术委员会完成了对2017年研究生专项课题的结项审核，制订2018—2019年度中心大型学术活动计划及主题，对日常研究、学术工作进行指导。

二 研究方向

1. 国际关系与国际政治；
2. 俄语语言文学；
3. 俄罗斯史学；
4. 俄罗斯哲学；
5. 俄罗斯教育学、比较教育学；
6. 俄罗斯法学；
7. 俄罗斯文艺学；
8. 俄罗斯电影与大众文化；
9. 俄罗斯戏剧；
10. 俄罗斯艺术学；
11. 对外汉语教学；
12. 基于交叉学科研究的俄罗斯学。

三 人员情况

北京师范大学俄罗斯研究中心主任：刘娟（2012 年至今）

北京师范大学俄罗斯研究中心学术委员会主席：李兴（2012 年至今）

科研团队：

1. 刘娟：博士（后） 教授、博导 俄罗斯语言文学及俄罗斯文化

2. 李兴：博士（后） 教授、博导 国际关系与中国外交

3. 肖甦：博士 教授、博导 苏俄教育理论、教育制度研究

4. 张建华：博士 教授、博导 俄国（苏联）思想文化史、

俄国（苏联）外交史、中俄关系史与俄国汉学史

5. 张百春：博士　教授、博导　俄罗斯哲学、宗教学

6. 贾放：博士　教授、博导　对外汉语教学及中国文化教学、民俗文化学，俄罗斯民间文化

7. 张冰：博士　教授、博导　俄罗斯文学批评

8. 夏忠宪：博士　教授、博导　俄罗斯语言文学

9. 李正荣：博士　教授、博导　俄罗斯文学

10. 杨衍春：博士　教授、硕导　俄罗斯语言文学

11. 古棕：博士　教授　俄罗斯视觉艺术、油画人物技法、油画静物技法

12. 穆新华：硕士　副教授、硕导　俄罗斯语言文学

13. 吴萍：博士　副教授、硕导　俄罗斯语言文学

14. 赵路：博士　副教授、硕导　俄罗斯法律、比较刑法

15. 张晓东：博士（后）　副编审　俄罗斯文学、电影学

16. 刘溪：博士（后）　讲师　俄罗斯文学、戏剧

17. 张时雨：硕士　助理研究员　俄罗斯语言与文化、比较媒体

四　主办刊物简介

《俄罗斯文艺》创刊于 1980 年，是国家教育部主管、北京师范大学主办的全国中文核心学术期刊，前身是为中央提供参考的内部刊物《苏联文学研究资料》。1979 年，经教育部批准，定名为《苏联文学》，由茅盾先生题写刊名，巴金、戈宝权、汝龙等大师是第一批作者。后来根据时代需要，更名为《俄罗斯文艺》，由启功先生题名。

创刊以来，《俄罗斯文艺》秉承为教育、科研服务的原则，在

学术界一直享有较高声誉，是经过全国三大期刊评价体系，即南京大学中国社会科学研究评价中心、北京大学图书馆、中国社会科学院期刊评价中心评价认定的 CSSCI 来源期刊、全国中文核心期刊，根据《中国人民大学报刊复印资料》提供的数据，《俄罗斯文艺》在全国外国文学类刊物中转载率名列第 6 位。

《俄罗斯文艺》也是中俄文化交流的重要桥梁。它是俄罗斯境外唯一一种以译介研究俄罗斯文学艺术为宗旨的专业学术期刊。苏联时期，作家、艺术家代表团来访交流频繁，新时期，历任俄罗斯联邦驻华大使：罗高寿、拉佐夫、杰尼索夫都对《俄罗斯文艺》做出高度评价，并欣然题词。《俄罗斯文艺》前主编曾获得俄罗斯联邦政府授予的"普希金奖章"，杂志获得中国对外友协授予的"中俄友谊纪念奖章"，并先后有两位作者由于在中俄交流方面的重大贡献，得到普京总统的接见并授奖。就像罗高寿所说的，《俄罗斯文艺》在增进俄中两国人民相互了解与友谊的事业中做出了重要贡献。

五　学术活动简介

1. "'一带一路'国家青年的文化互视与互识"——第六届"俄罗斯学"研究生国际学术论坛

2017 年 10 月 14—15 日，由教育部区域和国别研究基地北京师范大学俄罗斯研究中心、教育部外国语言文学类专业教学指导委员会俄语教学指导分委会、中国俄语教学研究会共同主办的"俄罗斯学"研究生国际学术论坛在北京师范大学成功举办。这是北师大俄罗斯研究中心为培养"俄罗斯学"复合型人才而举办的国际青年学术论坛，在青年学子中具有一定的知名度，今年已经是第六届。来自北京师范大学、北京大学、北京外国语大学、北京航空航天大学、圣彼得堡国立大学、北京第二外国语学院、江西师范大学、哈尔滨师范大学等十余所国内外知名高校的青年学者参加了本次论坛。

本次论坛以"'一带一路'国家青年的文化互视与互识"为主题。莫斯科国立师范大学 С. Колесникова 教授、吉尔吉斯斯坦总统战略研究所 А. Чалбаева 研究员、中国社会科学院俄罗斯东欧中亚研究所所长李永全研究员、北京外国语大学俄语学院院长黄玫教授、首都师范大学外国语学院副院长隋然教授、外交学院俄罗斯中心主任谭继军教授、江西师范大学美术学院国际教育中心主任廖正定教授以及北京师范大学俄罗斯研究中心的各位专家们出席了此次论坛并担任评委。

论坛由李永全研究员和北京师范大学外国语言文学学院分党委书记、俄罗斯研究中心主任刘娟教授致开幕词。李永全研究员指出，本届论坛主题"'一带一路'国家青年的文化互视与互识"体现了三个关键点："一带一路"、青年与文化。"一带一路"建设框架下，应加强务实合作，着重培养综合性人才，保持民族文化特色，求同存异，共谋发展。

刘娟教授在致辞中强调，俄罗斯研究中心自 2012 年建立以来，各位专家着力培养综合性、战略化的区域国别人才，在各领域取得了丰厚的研究成果。此系列论坛已经举办到第六届，将来还要继续举办下去。在此过程中论坛的学术影响力不断增强，并且具有较强的学术延续性。同时还指出"一带一路"文化的互视与互识主要在于青年学者，民族文化在发展过程中要始终保持自信。

本届学术论坛宣读论文共计 30 余篇，横跨社会学、历史学、语言学、文学、哲学、教育学、艺术学、新闻学、国际关系学等多个学科，充分体现了论坛培养复合型人才的宗旨。来自 10 所高校、9 个学科的青年学者分别就"一带一路"国家青年的文化互视与互识、"一带一路"国家青年的文化公共空间、"一带一路"国家青年与国家形象、"一带一路"倡议与文化动力等议题展开了探讨。

闭幕式上,北师大俄罗斯研究中心学术委员会主席李兴教授对此次论坛做了总结。他高度评价参会青年学者的发言,并鼓励青年学者继续前行,深入研究,并宣布今年俄罗斯中心四个研究项目主题,欢迎青年学者自主申报。经专家研究,本届研讨会评选出最佳论文奖和优秀论文奖,江西师范大学美术学院荣获"最佳组织奖"。与会专家为获奖人员颁发了获奖证书。

2. 第三届"奔向莫斯科"2018 俄语奥林匹克竞赛

2018 年 4 月 7—8 日,由北京师范大学和莫斯科国立师范大学联合主办,教育部区域和国别研究基地俄罗斯研究中心与北京师范大学外文学院俄文系联合承办,北京师范大学国际交流与合作处协办的第三届"奔向莫斯科"2018 俄语奥林匹克竞赛在北京师范大学成功举办。

北京师范大学副校长周作宇教授、莫斯科国立师范大学校长 A. Lubkov 教授及其代表团成员、北京师范大学俄罗斯研究中心专家出席了本次竞赛开幕式。北京师范大学外国语言文学学院党委书记、俄罗斯研究中心主任刘娟教授主持竞赛开幕式,热烈欢迎专程来访的莫斯科国立师范大学的校长代表团,以及来自全国 16 所师范院校的参赛选手们。

北京师范大学周作宇副校长在开幕式的致辞中表示,北京师范大学和莫斯科国立师范大学作为中俄教育类高校联盟的牵头学校,不断推进联盟的发展,不断为促进中俄人文交流贡献力量。北京师范大学俄罗斯研究中心成立以来,形成了鲜明的跨学科研究特色,成为推动北京师范大学对俄人文合作与交流的重要平台。而连续三年举办的"奔向莫斯科"俄语奥林匹克竞赛更是北京师范大学与莫斯科国立师范大学合作与交流走向纵深的见证。俄罗斯莫斯科国立师范大学校长 A. 卢博科夫教授表示，俄语与汉语是两国沟通的重要桥梁，现今两国学习对方语言的学生数量不断增加，为两国之间的合作打下了坚实的基础。感谢北京师范大学的同人们倾心准备这场俄语界盛事。

经过笔试和面试的层层角逐，共有 20 名学生获得奖项，其中三名毕业生组优胜者最终获得了赴莫斯科国立师范大学公费攻读研究生的资格。北京俄罗斯文化中心主任 O. Melnikova 出席了闭幕式，并为获奖学生颁奖。她表示，对每一个参赛选手来说，参加本次竞赛本身就是最好的奖励。

本次竞赛筹备工作历时数月。为了办好本次比赛，我院俄文系师生和俄罗斯研究中心全体总动员。在刘娟书记的领导下，俄文系主任穆新华老师和俄罗斯研究中心张时雨老师的组织下，俄文系师生通力协作，共同保障了比赛的成功举行。

"奔向莫斯科"俄语奥林匹克竞赛是对中俄教育类高校联盟框架下合作与交流模式的成功探索，为联盟学校招收优秀留学生拓宽了渠道，为全国师范院校俄语专业的学生提供了展示自我、学习交流的平台。两校领导表示将把该竞赛机制化、常规化，并将为在莫斯科国立师范大学开展"奔向北京"中文奥林匹克竞赛做出积极努力。

3. "新时代、新视野：人类命运共同体愿景与'一带一路'建设"国际工作坊

2018 年 4 月 21—22 日，教育部区域和国别研究基地北京师范大学俄罗斯研究中心举办了"俄罗斯学"系列国际工作坊，主题为"新时代、新视野：人类命运共同体愿景与'一带一路'建设"。俄罗斯科学院 А. В. Смирнов 院士，俄罗斯联邦驻华大使馆一等秘书、俄罗斯教育与科学部驻华代表 И. А. Поздняков，圣彼得堡大学孔子学院 Ю. С. Мыльникова 院长，圣彼得堡大学东方学院汉语

系副主任 А. Г. Сторожук 教授，俄罗斯国立人文大学东方学院 И. С. Смирнов 院长，俄罗斯国立人文大学孔子学院 Т. В. Ивченко 院长，中国俄罗斯东欧中亚学会会长李永全，北京大学李明滨教授，南开大学阎国栋教授，天津师范大学李逸津教授，山东大学李建刚教授，中国国际问题研究院研究员石泽，中国石油大学庞昌伟教授及俄罗斯研究中心的各位专家们参加了本年度国际工作坊。И. А. Поздняков 先生及李永全会长致开幕词，北京师范大学外国语言文学学院分党委书记、俄罗斯研究中心主任刘娟教授担任主持人。

本年度工作坊以发言、讨论两个环节为主。共有 16 位国内外知名专家、学者从哲学、历史、文学、政治、法律、教育、翻译、电影、戏剧等角度出发对新时期下"人类命运共同体"愿景及"一带一路"建设进行探讨。

李兴教授在工作坊结束时表示，本工作坊让老中青三代中俄学者齐聚一堂，按照不同侧重点进行探讨、求同存异，并将科研成果与社会服务相结合，为"一带一路"建设及人类命运共同体群策群力。刘娟教授也在工作坊后表示俄罗斯研究中心今后会将"汉学"纳入重点研究范畴，充分发挥中心优势，继续推进中心工作。

22 日，工作坊下设的两个分论坛主题分别为"'一带一路'与人类命运共同体：多学科视角"及"21 世纪俄罗斯汉学研究"。分论坛"'一带一路'与人类命运共同体：多学科视角"由北京师范大学俄罗斯研究中心专家李兴教授主持，在该分论坛上中国国际问题研究所石泽研究员向大家阐释了"一带一路"建设与"人类命运共同体"之间的联系并且指出，全面深化中俄全面战略协作伙伴关系需要大家的共同努力。中国石油大学庞昌伟教授则将构建"人类命运共同体"这一概念具体化，指出建设"海洋、生态命运共同体""冰上丝绸之路"的重要性。在这之后，两位专家一一解答了其他专家及青年学者们的问题。

分论坛"21世纪俄罗斯汉学研究"由北京师范大学俄罗斯研究中心李正荣教授主持,该分论坛主要探讨俄罗斯的汉学研究,从国内、国外等不同角度分析了我国文学著作在俄罗斯的翻译和传播情况。在工作坊举办期间,专家们围绕工作坊主题讨论了多个热点问题并得出相应结论。至此,2018年度"俄罗斯学"工作坊圆满落幕。

4. "一带一路"人文合作对话:中俄人文社科领域合作:前沿、前景、前瞻

2018年5月9日下午,由教育部区域和国别研究基地北京师范大学俄罗斯研究中心举办的"'一带一路'人文合作对话:中俄人文社科领域合作:前沿、前景、前瞻"顺利举行。该活动由俄罗斯新马克思主义流派奠基人 А. В. Бузгалин 教授、莫斯科大学哲学系教授 Л. А. Булавка－Бузгалина 担任嘉宾,俄罗斯研究中心主任刘娟主持。俄罗斯研究中心的专家以及北京大学、北京航空航天大学、中国社会科学院、中共中央对外联络部等单位的同行参加了对话活动。

Л. А. Булавка－Бузгалина 教授和 А. В. Бузгалин 教授分别做了题为"丝绸之路经济带的社会文化合作潜力"和"中俄合作的经验与前景"的报告。Л. А. Булавка－Бузгалина 教授在报告中指出,中国所提出的"一带一路"不仅是经济合作之路,还是一条文化之路;"一带一路"倡议不但为中俄两国的发展创造了巨大的机遇,而且为两国文化的交流提供了良好的平台。А. В. Бузгалин 教授梳理了近几十年来中俄两国关系的发展历程并指出,中俄两国在经济方面具有很强的互补性,两国应抓住历史机遇,借助合作来弥补对方在发展过程中存在的不足。他认为,中俄两国不仅在经济方面,而且在其他各个领域也同样有深厚的合作基础和广阔的合作前景。

报告进行过程中，中俄专家就两国在人文领域的合作、俄罗斯与西方的经济摩擦、丝绸之路经济带与欧亚经济联盟的对接、普京政府最新对外经济政策等问题展开了深入交流与沟通。对话活动在热烈的氛围中圆满结束。

5. 俄罗斯学系列讲座

（1）Olga Zalesskaya：留俄中国留学生现状趣谈

2017年10月16日，俄罗斯联邦阿穆尔州布拉戈维申斯克国立师范大学国际系主任，历史学博士扎列斯卡娅·奥丽娅（Olga Zalesskaya）教授为俄罗斯研究中心师生做了题为"留俄中国留学生现状趣谈"的讲座。

扎列斯卡娅教授在讲座中梳理了从20世纪中叶在中俄远东边境的民间交流到现在的中俄战略友好合作关系以及"一带一路"倡议背景下的国家间、地区间、人民间的各层级合作，并指出在两国合作不断加强的大背景下，留学生层面的交流愈加频繁，中国留俄学生的数量也逐年飞速增长。扎列斯卡娅教授以布拉戈维申斯克国立师范大学国际系的中国留学生为例，多角度、全面地讲述了在俄留学生的生活以及学习现状。

（2）А. Чалбаева：中国与吉尔吉斯斯坦建交二十五周年的合作与发展

2017年10月16日、17日吉尔吉斯斯坦总统战略研究所研究员恰尔巴耶娃（А. Чалбаева）为俄罗斯研究中心师生做了题为"中国与吉尔吉斯斯坦建交二十五周年的合作与发展"的系列讲座。俄罗斯研究中心主任刘娟教授，中心专家张建华教授、穆新华教授、杨衍春教授及俄文系、历史学院的学生参加了本次专题讲座。

恰尔巴耶娃研究员首先向师生们介绍了吉尔吉斯斯坦的基本国情、历史、名胜古迹、民族特色等，其次讲述了吉尔吉斯斯坦总统战略研究所的基本情况、发展历史以及工作的主要内容，最后从吉尔吉斯斯坦人眼中的中国及中国人眼中的吉尔吉斯斯坦两个方面分析了两国人民之间存在的一些误解，使各位师生对吉尔吉斯斯坦有了更加准确、更深入的认识。最后，恰尔巴耶娃研究员梳理了中国与吉尔吉斯斯坦建交以来的重大事件，剖析了中吉两国关系发展中存在的问题及前景。

（3）张建华：前进！达瓦里希——从帝俄到苏俄到俄罗斯：国家形象的变迁

11月7日北京师范大学历史学院教授张建华老师举办了主题为"前进！达瓦里希——从帝俄到苏俄到俄罗斯：国家形象的变迁"的讲座。

张建华教授以"1917—2017十月革命100周年"为切入点，从自视与他视两个角度讲解帝国、苏俄以及现代俄罗斯三个时期的国家形象，为大家揭开大国俄罗斯的神秘面纱。

首先，张建华教授结合影像史学（historiophoty）的知识给大家简单介绍了西方"形象"（image）与俄罗斯本土形象（образ）的异同，他指出image这个词更加宽泛，给人以无限的想象，于是当代俄罗斯也更倾向于把国家形象翻译成舶来语имидж государства，而不是本土的образ государства。

其次，张建华教授依次为我们讲解了俄罗斯帝国、苏联以及现代俄罗斯三个时期的自视与他视角度下的国家形象。在讲座过程中，张建华教授简单阐述了俄罗斯的历史进程，通过对比俄罗斯国内外的影像资料、纪实报道、宣传内容，剖析了国家形象在不同时期的具体变化。

（4）张晓东：梅杜萨之筏：解码索科洛夫电影《德军占领的卢浮宫》

11月23日晚，由教育部区域和国别研究基地北京师范大学俄罗斯研究中心主办的俄罗斯学系列讲座"梅杜萨之筏：解码索科洛夫电影《德军占领的卢浮宫》"成功举办。讲座由俄罗斯研究中心主任刘娟老师主持，俄罗斯研究中心专家张晓东老师主讲。

张晓东老师向大家解释了电影名称"FRANCOFONIA"的含义。《梅杜萨之筏》(*The Raft of the Medusa*) 是法国艺术家泰奥多尔·席里柯于1819年创作的油画，在电影中反复出现。张晓东老师介绍了这幅画作的历史背景，该画作的思想在当今社会的映射及其与电影的内在联系。

张晓东老师指出，当镜头由法国卢浮宫转换到俄罗斯艾尔米塔什博物馆时，电影的真正意图才得以凸显，即电影不是仅仅在讲述战争，而是表达了对欧洲自由、平等、博爱等人文主义理想的追求与渴望，以及对俄罗斯未来命运的担忧。

（5）张冰：二元对立系统与俄国文化

2017年12月6日俄罗斯研究中心专家张冰教授举办了主题为"二元对立系统与俄国文化"的公开讲座。

张冰教授从不同的角度解读了俄罗斯文化中存在的二元对立现象。首先，张冰教授指出二元对立充斥着俄罗斯的文化。列举了中国的阴阳鱼和俄罗斯的双头鹰，在内涵层面对二者进行了比较。纵观俄罗斯的历史，自彼得大帝时代以来，圣彼得堡和莫斯科成为俄罗斯文化的两极，两座城市的风格大相径庭，圣彼得堡的保守和莫斯科的开放形成了鲜明的对比，直到白银时代有所缓和。

其次，俄罗斯文化包含"隐形的十字架"。"俄罗斯属于东方还是西方"这个问题仍然没有明确的答案。历史上彼得大帝实行"西化的改革"，蒙古国多年的统治又衍生了东方专制主义。因此俄罗斯融合了东西方文化，是东西方文化的碰撞，创造力十分旺盛。张冰教授还阐述了俄罗斯人的心性问题，从劳动等方面分析了俄罗斯人民是高度的理性和非理性的结合体。通过列举陀思妥耶夫斯基等人的作品说明了俄罗斯人矛盾的性格。

（6） А. Г. Сторожук：中国古典诗歌俄译的理论与实践

2018年4月20日上午，由教育部区域和国别研究基地北京师范大学俄罗斯研究中心主办的俄罗斯学系列讲座"中国古典诗歌俄译的理论和实践"顺利举行。讲座由俄罗斯研究中心张冰教授主持，圣彼得堡大学东方学院汉语系副主任 А. Г. Сторожук 教授主讲。

А. Г. Сторожук 教授从中国古典哲学思想入手，强调了诗歌的重要性，它不仅是一种人们在日常生活抒发情感的手段，还构成了民族文化的基础。教授还以几个谜语为例，阐释了不同民族形象思维和意向思维间存在的差异，一种事物在不同文化中所蕴含的诗意也不同，诗歌本身也体现着一个民族对周围世界的看法。

随后，А. Г. Сторожук 教授谈到了诗律问题。他指出，音律是诗歌中最难表达的东西，也是诗歌翻译的难点。恰当地传达音律，会使翻译中的美学追求迈上一个更高的台阶。在现场，教授向大家展示了自己翻译的中国古典诗歌《山居秋暝》的俄文版，还跟大家分享了一些优秀的俄罗斯汉学家的译文选段并指出，优秀的译文既能够使中文原著获得第二次生命，又能够引起群众对中国文化的兴趣，促进中华文化的传播。

（7）赵路：危险情境与防卫救助

2018年5月31日晚俄罗斯研究中心法学专家赵路老师举办了以"危险情境与防卫救助"为主题的讲座。赵路老师分别从犯罪情境、被害预防、防卫救助和相关的法律规定这四个方面对讲座的主题进行了解读。

首先，赵路老师向大家介绍了构成犯罪情境的要件，并结合引起社会热议的重大案件和热点问题将这一概念具体化。其次，赵路老师从多个角度为大家讲述了预防犯罪侵害的方法，并结合一些真实的案例，阐述了暴力侵害情境中不同情况的防卫及救助方法。同时她指出，防卫救助最重要的是提高自身的警惕性和观察力。赵路老师还向大家展示了一些关于正当防卫的法律规定，并为大家普及了很多常识和实用的危险预防及解决方法，使大家获益匪浅。

（8）张冰：屠格涅夫创作的经典性与时代性

2018年6月7日，由教育部区域和国别研究基地北京师范大学俄罗斯研究中心主办的俄罗斯学系列讲座"屠格涅夫创作的经典性与时代性"成功举办。俄罗斯研究中心专家张冰教授担任本次讲座主讲人。

张冰教授表示，作品能否成为经典并不是由作者个人意志决定的，经典作品必须要经过读者的检验和岁月的沉淀。屠格涅夫之所以被大家推崇和喜爱是因为其作品具有很高的美学价值，对后世现实主义文坛也产生了巨大的影响。

张冰教授向在座师生介绍了许多屠格涅夫的经典名作，并阐释了这些作品在景物、人物心理活动和社会现状描写方面对俄罗斯乃至整个世界文坛的发展都起到了重要的推动作用。

六　科研成果

（一）著作

1. 刘娟：《叙事学视角下的柳·彼特鲁舍夫斯卡娅作品研究》，北京大学出版社2017年版。

内容摘要："当代俄罗斯女性文学的语言学视角研究"系列丛书选择当代俄罗斯女性文学的代表性作家，如柳·乌利茨卡娅、彼特鲁舍夫斯卡娅、维·托卡列娃的作品为研究对象，揭示了当代女性文学作品在语言手段、叙事风格及语用策略方面的典型特点。研究内容既包括对当代俄罗斯女性文学整体风貌的描述，也涵盖对不同作家独特风格的深入挖掘。该丛书的价值在于，它是一部从语言学视角对当代俄罗斯女性文学展开系统研究的丛书，为文学研究与语言学研究的有机结合起到一定的示范作用。

2. 刘娟：《文学修辞学视角下的柳·乌利茨卡娅作品研究》，北京大学出版社 2017 年版。

内容摘要：柳·乌利茨卡娅作为俄语布克文学奖得主、诺贝尔文学奖候选人，长期以来是俄罗斯当代女性文学的领军人物。当代俄罗斯女性文学是当代世界文学中很特别的存在，它以独特的方式解构了传统所谓"女性文学"的刻板印象，是一场大规模的对当代女性的重新隐喻和象征。这些创新都直接反映在语言描述、内容结构和时空叙述上表现出的跳跃与无序，给读者和研究者正确解读作品内涵造成很大障碍。20 世纪人文研究的"语言学转向"赋予文学的语言学研究以极大的空间。然而由于种种学术壁垒的存在，语言学研究和文学研究的长期分离，本系列专著从语言学视角对当代俄罗斯女性文学展开系统研究，从文学修辞学视角出发，通过文本分析对乌利茨卡娅小说的辞章面貌和作品的整个艺术表达体系进行了整体把握与考察。

3. 刘娟：《Социально－экономические векторы развития России и Китая》（《中国和俄罗斯的社会经济发展方向》），ИЗДАТЕЛЬСТВО 《МГИМО－УНИВЕРСИТЕТ》, 2017。

内容摘要：В сборнике представлены материалы российско－китайского круглого стола, проводившегося в МГИМО МИД России в рамках V международного форума 《Сотрудничество государства и бизнеса для решения социальных проблем》, посвященные основным тенденциям социально－экономического развития России и Китая, а также динамике двусторонних российско－китайских отношений. Для широкого круга читателей, интересующихся Китаем, вопросами социальной политики и российско－

китайскими отношениями。

4. 李兴：《"一带一路"与欧亚联盟对接合作研究》，红旗出版社 2018 年版。

内容摘要：本书致力于在中国特色的大国外交和"一带一路"建设的大框架下，对丝绸之路经济带建设和欧亚经济联盟建设（简称"一带一盟"）的前因后果，特点机制、对接合作进行系统、综合的专题研究和比较分析。全书分"历史与理论""实践与比较""思考与对策"三部分。首先从历史理论的宏观视角梳理丝绸之路经济带与亚欧古丝绸之路、欧亚主义思潮的渊源，剖析互联互通与亚欧发展共同体的关系，其次把丝路经济带与俄罗斯主导的欧亚经济联盟、美国倡导的"新丝绸之路"、东盟引领的"10+8"机制进行全面比较，认为中俄印—亚欧金砖国家虽不无矛盾，但其团结合作和共同发展在亚欧区域一体化发展中发挥着引领作用。地跨欧亚的俄罗斯地位和作用举足轻重。中亚国家特别是哈萨克斯坦是一个关键因素。最后在中共十九大党章写入推进"一带一路"建设、构建人类命运共同体的背景下，本书对"一带一盟"为何对接合作，能否对接合作，如何对接合作，亚欧区域互联互通，中俄美三角关系，以及未来的国际格局和发展大势做出了独到的分析和判断，提出了应对之策和经营方略。

5. 杨衍春、穆新华、张勃诺：《俄罗斯国情概览》，北京出版社 2018 年版。

内容摘要：目前，国家和社会对俄语人才的需求十分旺盛，这为俄语专业教学提供了良好的发展机遇，也需要更多相关的优秀教材。本书的编写不同于已有的俄罗斯概况教材，编著者以俄语教学大纲为主线，根据学生的知识架构，突出俄罗斯国情的概况和要点，紧跟俄罗斯发展步伐，全面反映出俄罗斯的时代变化。此外，编著者还提供了重要知识点和术语的俄语表示法，可以让学生在阅读的同时扩大其俄语词汇量。

6. 古谢因诺夫：《哲学伦理问题》，张百春译，STANDARD PUBLICATIONS INC（美国），2018年。

内容摘要：古谢因诺夫（А. А. Гусейнов）曾任俄罗斯科学院哲学研究所所长，是俄罗斯科学院哲学领域四大院士之一，世界著名伦理学家，俄罗斯非暴力伦理学创始人，代表作有《道德的社会本质》《道德的黄金法则》《否定伦理学》《语言与良心》《哲学：道德与政治》《哲学：思想与行为》等。在中文版的《哲学伦理问题》一书里，古谢因诺夫从《斯书亚希卡训导》《论语》《法句经》《圣经》等不同文化和宗教的经典出发，梳理出不同文化中同时出现的"己所不欲，勿施于人"的伦理学"黄金规则"，并认为这是全人类视野中普世价值之基础性（элементарность）内容。古谢因诺夫院士是在苏联时期最早开始研究伦理学中的黄金规则的学者。

7. 丘马科夫：《从哲学观点看全球世界》，张百春译，STANDARD PUBLICATIONS INC（美国），2018年。

内容摘要：丘马科夫（А. Н. Чумаков）是当今俄罗斯著名哲学家，俄罗斯科学院哲学研究所研究员，俄罗斯哲学协会第一副会长，国际跨学科百科全书《全球学》主编之一，主要研究环境哲学及全球化问题，代表作有《全球问题的哲学》《全球化：完整世界的轮廓》《全球化的形而上学：文化文明背景》等。在《从哲学观点看全球世界》里，丘马科夫主要从文化与文明的角度纵向梳理全球环境演化史，并以系统论为方法论，立足人学基础，凝练出自己的全球化观点。其中，他特别提到了哲学对于全球化问题的世界观和方法论意义，一是哲学能够提供普遍的全球世界观，二是哲学整体的系统的方法论对于全球化问题最有实效。

8. 列克托尔斯基：《科学哲学与当代俄罗斯哲学》，张百春译，STANDARD PUBLICATIONS INC（美国），2018年。

内容摘要：列克托尔斯基（В. А. Лекеторский）是俄罗斯科学院院士，也是哲学领域的四位院士之一，他还是国际哲学研究院院士（巴黎），也是中国社会科学院荣誉研究员（北京），长期担任俄罗斯最重要的哲学杂志《哲学问题》主编（1987—2009），主编大型丛书《20 世纪下半叶的俄罗斯哲学》。在《科学哲学与当代俄罗斯哲学》中，他既阐述了自己长期致力于的科学哲学以及科学认识论的研究内容，更重要的是总结了当代俄罗斯马克思主义哲学的最新成果。长期以来，列克托尔斯基利用自己在俄罗斯哲学界的地位，特别是《哲学问题》主编这一职务，坚毅地为马克思主义辩护，本着为往圣继绝学的坚毅，号召引导哲学家继续深入研究马克思主义哲学，于是"马克思主义死了吗？"就变成"回到真正马克思主义"的问题。当然，他自身就是在继承马克思主义的过程中返本开新，提出立足实践活动的科学认识论，这是当今世界哲学界科学认识论的重要成果。此外，他在书中特别详尽且深入地分析了巴赫金（М. Бахтин）、谢苗诺夫（В. С. Семёнов）、奥伊则尔曼（Т. И. Ойзерман）等马克思主义背景下的苏联哲学家及其重要的理论贡献，以及苏联解体后马克思主义理论家们的历史反思。

9. 霍鲁日：《作为新人学基础的灵修》，张百春译，Russo - Chinese Orthodox Mission of ROCOR in Australia Sydney，2017。

内容摘要：发表在本书中的系列讲座是霍鲁日与中国哲学界同事们长期富有成效合作的结果。本次系列讲座描述的是关于人学立场的新观念的基础——协同人学。霍鲁日 2009 年曾在北京师范大学的讲座上详细地描绘了协同人学发展的开端阶段，它与俄罗斯哲学传统的联系，与欧洲哲学和人学观念的关系，以及它是如何在对静修主义新解释的基础上形成的。静修主义是东正教古老的灵修传统。最近几年，协同人学取得了非常积极的发展，今天它呈现为一个由很多部分构成的内容丰富的理论体系。本书可以为中国读者提供霍鲁日关于人学立场的充分的、概括性的观念。

10. 普鲁日宁、谢德琳娜：《认识论与俄罗斯哲学》，张百春译，安徽大学出版社 2017 年版。

内容摘要：《认识论与俄罗斯哲学》是"当代俄罗斯哲学译丛"之一。本书首先论述了现代俄罗斯认识论的主要方向，以及科学哲学与科学方法论的现实问题，并结合今天的科学与伪科学进行分析。其次指出俄罗斯认识论的特点，以俄罗斯哲学家施佩特为例阐述现代人文认识的哲学，并提出了人文知识的方法论战略。

11. 尼克利斯基：《俄罗斯文学的哲学阐释》，张百春译，安徽大学出版社 2017 年版。

内容摘要：尼克利斯基的《俄罗斯文学的哲学阐释》是"当代俄罗斯哲学译丛"之一。本书对俄罗斯文学中的哲学问题进行了详细的梳理和深层次的解读，既是对文学的一种全新角度的赏析，又拓展了俄罗斯的哲学研究层面，使读者可以更为深切地感受到俄罗斯文学与哲学之间密不可分的联系。

12. 波鲁斯：《俄罗斯哲学与欧洲文化的危机》，张百春译，安徽大学出版社 2017 年版。

内容摘要：波鲁斯的《俄罗斯哲学与欧洲文化的危机》是"当代俄罗斯哲学译丛"之一。本书对哲学的悲剧和悲剧的哲学进行了论述，并以索洛维约夫、弗兰、别尔嘉也夫以及弗洛连斯基为例，具体阐释了俄罗斯哲学与俄罗斯文化的关系，在欧洲文化危机的语境下，对俄罗斯哲学进行了解读，契合当下的社会现实，能引发读者很深的思考。

13. V. 厄利希：《俄国形式主义历史与学说》，张冰译，商务印书馆 2017 年版。

内容摘要：本书是对文学理论中的俄国形式主义理论进行历史分析和概念分析的名著，旨在概述俄国形式主义的历史发展过程和评价其批评学说的得失，在文论等领域影响巨大。

14. 维克多·尼古拉耶维奇·乌索夫：《中国末代皇帝溥仪》，张晓东译，群众出版社 2017 年版。

内容摘要：本书是俄罗斯著名汉学家维克多·乌索夫博士撰写的首部中国末代皇帝溥仪全传，是与《我的前半生》不一样的溥仪完整传记。它首度利用俄罗斯解密档案资料，披露溥仪伪满称帝内幕及其在远东国际军事法庭的原始证词和真实心路历程。本书内容基于溥仪本人及其妻子、近臣的回忆录。书中使用了很多已解密的苏联史实资料，尤为翔实地描述了溥仪在苏联监狱和中国的经历，展示出溥仪由大清最高统治者逐步转变为普通百姓的历程。

15. 安德烈·沃龙佐夫：《请叫我先知》，吴萍译，群众出版社 2018 年版。

内容摘要：《请叫我先知》的主人公伊利亚·耶尼谢耶夫生来便具有一种预知未来的超能力，他敏锐地嗅出阿富汗战争硝烟的味道，准确地预测了在大选中的胜利，细腻地察觉到了季莫申科的失败……一次出神入化的预测让他坚信自己与众不同，肩负着某种神圣的使命，同时又让他陷入了深深的困惑与迷茫：为什么要有预言的能力？我们随着主人公的反思慢慢走入这部深刻的文学作品，感受其中蕴含的俄罗斯文学的传统：对社会责任的担当，对人道主义的传承，对生死命运的拷问……

（二）论文

1. 刘娟：《语言文化学——当代俄罗斯女性文学研究新视角》，《俄罗斯文艺》2018 年第 3 期。

内容摘要：本文论述了当代俄罗斯女性文学的典型特点、研究现状、现有的研究方法，阐明了当代俄罗斯女性文学的语言文化学研究理据，并基于俄罗斯语言文化学理论，提出语言文化学视角下当代俄罗斯女性文学研究的方法、路径和内容。

2. 李兴：《论"一带一路"框架下互联互通与实现亚欧发展共同体建设》，《东北亚论坛》2017年第6期。

内容摘要：本文提出了"亚欧发展共同体"的概念，认为全球化时代世界是联通的，"一带一路"框架下的互联互通貌似最低端，实际上最接地气，最有人气，最有现实和理论意义，是实现亚欧发展共同体的关键。互联互通是"一带一路"建设的基础、核心领域和优先方向，是亚欧金砖大国（中国—俄罗斯—印度）践行亚欧合作的抓手，也是"一带一路"与欧亚经济联盟、"区域全面经济伙伴关系"对接合作的切入口，是实现亚欧共同发展的手段和保障。互联互通也是处于实践过程中的"习近平发展模式"的基础、依据和重要内容。中国是亚欧大国，"一带一路"以亚欧区域为核心，中国经济和技术实力为亚欧互联互通建设提供了强大支撑。当前世界经济政治重心在向亚太方向转移，亚欧大陆将成为全球国际政治的中心舞台。崛起的中国应对世界发展和人类进步有更多担当。

3. 李兴：《信息泄露给国际政治增添哪些新变革》，《人民论坛》2017年第7期。

内容摘要：信息泄露受影响最大的领域仍然是与大国有关的国际政治。从信息泄露情况来看，信息的机密程度越高，数量越大，其对国际政治的影响越大。而这样的信息主要是来自大国，信息泄露对国际政治的影响与该国对国际政治的影响是成正比的。

4. 李兴：《从地缘安全视角分析俄罗斯周边环境与中俄关系》，《北京教育学院学报》2017年第9期。

内容摘要：从地缘安全视角分析俄罗斯地跨欧亚的地缘环境的长项与短板、俄罗斯"转向东方"的历史与现实、中俄安全关系的合作与竞争。认为在传统安全领域，中俄逐渐形成了"头靠头""背靠背"的安全互靠关系。在非传统安全领域，中俄形成了"手拉手""肩并肩"的安全互助关系。以地缘安全观看,东北亚对中国的意义和影响要大于俄罗斯。中俄要努力实现"一带一路"与欧亚经济联盟对接合作,在东北亚方向涉及国家领土安全和主权问题上坚定地相互支持,捍卫"二战"的胜利果实,维护战后的国际秩序,从而达到和平、共同发展,合作共赢,实现两国利益、责任和命运共同体的战略理念。

5. 李兴:《丝绸之路经济带:"五通"进程与未来展望》,《贵州省委党校学报》2017 年第 8 期。

内容摘要:政策沟通、设施联通、贸易畅通、资金融通、民心相通,简称"五通"或互联互通,既是建设丝绸之路经济带的路径和目标,也是检验丝绸之路经济带建设成效的重要指标。近四年来,丝绸之路经济带"五通"建设取得的进展超过了预期,也出现了一些问题。倡导"五通"是中国之德。天下"大通"是人类之幸。展望未来,前景看好,也存在一定的风险。"五通"之间是相互联系、相辅相成的关系。"五通"的实现在不同国家和地区注定有先后之分,难易之别。真正要实现"五通"需要持久的共同努力和砥砺奋进,贵在坚持。

6. 李兴:《特朗普时代中美俄关系大趋势思考》,《人民论坛·学术前沿》2017 年第 10 期。

内容摘要:中国与美俄之间是最重要的两组大国关系。中美关系斗而不破仍是基本格局。中俄关系"准同盟"基本面不会发生变化。俄美关系会有限度地改善。美联俄制华未能实现,联华制俄也不可能。中国应当对俄美实行双线同盟战略,即在经济、金融、科技、教育、文化、社会等所谓低级政治领域,注重发展同美国的关系。在战略、安全、军事、政治、外交等所谓高级政治领域,注重发展同俄罗斯的关系。同时,实行双向弥补不足策略,即加强同美国的高级政治关系,夯实同俄罗斯的低级政治关系，目的是实行三角框架下我国外交的主动和我国利益的最大化。

7. 李兴：《中国外交彰显大国担当》，《人民论坛》2017年第10期。

内容摘要：在全球治理的大框架下，中国对自身的角色进行了再定位，外交工作展现出新格局。中国不是独唱、独奏，唱独角戏，建后花园；而是合唱、合奏，群策群力，共商大计，建百花园。不干涉，不输出，不强加于人，中国是倡导者、实践者、引领者，体现大国担当和全球责任，但不追求主导者、领导者地位。

8. 李兴：《2030年的国际格局前瞻：变数与不变》，《学术前沿》2017年第8期。

内容摘要：2030年的大国关系将处于不确定、不稳定、不安全的重组状态，并向多极化、扁平化的方向发展。美国仍然是超级强国，中国的崛起不可阻挡。至于中国是不是超级大国，可能会存在争议，但至少"准超级大国"地位是可以确定的。俄罗斯尽管有短板，但仍将是一支举足轻重的地缘战略力量。欧盟和日本的地位可能下降，但绝不意味从此甘心自动退出，没有东山再起的机会和努力。作为金砖国家，印度地位会上升，但能否成为一极，还是未定之天。巴西可能成为美国在拉美的主要竞争对手。从大国关系来看，2030年，比起中美关系，中俄关系相对确定；比起中日关系，中欧关系相对确定；比起美俄关系，美欧关系相对确定。

9. 李兴：《关于中俄关系的若干思考》，《国际观察》2018年第1期。

内容摘要：中俄关系常谈常新。当前两国关系处于历史上最正常也是最好的时期，是战略协作"准同盟"关系，"一带一路"共同发展伙伴。应该以新视角、新理论、新方法、新实践、新议题来拓展、突破、提升中俄关系研究，创造性地比较研究中俄关系的特点，正确认识经济因素、历史因素、领导人因素以及美国因素对中俄关系的影响。对于中俄关系，既要有立体的多学科、交叉学科综合研究，又要有具体领域的微观和个案剖析，既要重视高级政治关系并发挥其引领作用，也要关注、提高低级政治关系的功能。"一带一盟"对接合作、共同发展是中俄关系新的增长点。对于中俄关系中的问题，特别是4"In"、8"互"和3"Д"问题，本文提出要以"一纲两目"为指南，以3"对"、3"不对"、5"Li"、2"C"之策应对之。

10. 李兴：《中俄关系视域下的黑龙江：从争议之边到合作之界》，《俄罗斯东欧中亚研究》2018年第2期。

内容摘要：跨界河流日益成为影响流域国家之间关系的重要因素。黑龙江（阿穆尔河）是中俄东段边界的主要组成部分，在中俄关系的历史长河中发挥着风向标和晴雨表的作用，见证了中俄关系的曲折变化。自17世纪始，黑龙江（阿穆尔河）从中俄两国争议、冲突之边演变成为当今双方互利共赢的合作之界。两国也从历史上的"恶邻"转而成为现实中的"睦邻"。在当前中国实施"一带一路"和俄罗斯"转向东方"的战略背景下，黑龙江（阿穆尔河）合作将为中俄关系进一步深化发展提供推动力。虽然跨界河流问题属于低级政治范畴，在国际政治中未必能起到决定性的作用，但以中俄界河—黑龙江（阿穆尔河）为切入点为研究中俄关系提供了一个独特的新视角。

11. 李兴：《"冰上丝绸之路"："一带一盟"对接合作的新亮点》，《贵州省委党校学报》2018年第8期。

内容摘要：中国是近北极国家和北极利益攸关方。因此，要从中国大外交视角看"一带一路"建设，从"一带一路"和中俄关系框架下看"一带一盟"对接合作。"冰上丝绸之路"是"一带一路"的补充和延伸，是"一带一盟"对接合作的创新和亮点，是中俄关系新的契合点、增长点和出彩点。亚马尔能源合作项目在"一带一盟"对接、"冰上丝绸之路"共建过程中起到了巨大的带头作用和示范效应。尽管存在着不少困难和障碍因素,但由于"冰上丝绸之路"是基于中俄两国共同发展、互利合作的大战略、大格局、大趋势决定的,具有充足的必要性、完全的可行性和可操作性,前期成果明显,名声远播,其他沿线国家也会获利。在巨大的经济利益背后也不可能完全没有地缘政治的考量。因此"冰上丝绸之路"必定前景广阔,大有可为,影响深远。

12. 李正荣:《〈战争与和平〉创作动机"索隐"》,《文汇报》2017年第10期。

内容摘要:托尔斯泰的创作生涯中,显性文献很少与莫斯科基督救世主大教堂有什么直接的关联。但是"索隐"托尔斯泰的生命历程,他的《战争与和平》事实上不断地与大教堂交错。列夫·托尔斯泰的《战争与和平》作为世界文学的艺术高峰,对其研究,无论是在俄罗斯境内,还是在全世界,都极为充分了,任何一点创见性突破都是极艰难、极富挑战性,同时又极其隆重的。

13. 肖甦:《俄罗斯国家青年政策的发展特点》,《中国青年社会科学》2017年第6期。

内容摘要:进入21世纪以来,俄罗斯政府更加关注青年发展,在统一的国家青年政策支持下,政府以颁布连续的"五年规划"的方式打造青年政策体系,探索青年政策有效实施机制,着力解决两方面问题:一方面是青年发展的文化性问题,即树立青年的价值观,解决青年成长中的价值困惑;另一方面是青年发展的结构性问题,即青年的教育、就业、家庭、健康、社会流动和社会参与等方面的机制问题。在这一长远规划下,21世纪俄罗斯的青年政策形成了连贯性、系统性的特点,进一步促进了青年的个人自我实现融入国家发展整体战略,这对我国青年政策的完善具有一定的借鉴意义。

14. 肖甦：《21 世纪以来美国英才教育的发展与趋势——基于对 NCLB 以及 ESSA 的分析》，《外国教育研究》2017 年第 7 期。

内容摘要：自 2002 年《不让一个孩子掉队》法案颁布实施以来，美国基础教育政策逐渐加强对教育公平的追求，英才教育缓慢发展；面对在国际性测试中的落后，美国在 2015 年新颁布的《让每个学生成功法案》中重新恢复对英才教育的关注与支持，公平与卓越并举。21 世纪以来美国英才教育的政策与实践，给了我们以下启示：为英才学生提供追求卓越的机会，注重英才学生的才能发展以及英才师资的培养。

15. 肖甦：《西方家庭教养方式研究的路径方法述评》，《外国教育研究》2017 年第 10 期。

内容摘要：近现代的西方家庭教养方式研究在源头上植根于心理学基础，近年来也重视从社会学的角度展开论证，相应地，也可归纳为社会学取向的解释路径和心理学取向的相关路径。现有路径未能充分论证形塑不同阶层教养方式的机制，方法上，量化取向的相关分析亦有不足。此外，现有的研究也表明既有家庭教养方式在不同文化情境中的应用有待进一步的探索。

16. 肖甦：《澳大利亚新南威尔士州英才教育政策与实践》，《比较教育研究》2018 年第 1 期。

内容摘要：澳大利亚新南威尔士州的现代英才教育开始于 20 世纪 70 年代，目前已经形成了较为完善的英才学生教育培养体系。在英才学生的甄别方面，新南威尔士州建立了包容、公平的选拔政策与流程。对于英才学生的教育培养，新南威尔士州形成了以普通学校为主，以选拔性中学和机会课堂为辅的学校体系。与此同时，英才教育教师的培养问题在近年来不断凸显，如何完善英才教育教师的职前教育与在职培训，成为新南威尔士州英才教育发展面临的重要问题。此外，社会民众对英才教育公平性问题的质疑仍然存在。

17. 肖甦：《把心灵献给孩子——顾明远先生对话 O. B. 苏霍姆林斯卡娅女士》，《比较教育研究》2018 年第 2 期。

内容摘要：苏霍姆林斯基是中国教师熟知的一位享誉世界的苏联教育家，他的《给教师的一百条建议》和《巴甫雷什中学》是深受广大一线教师喜爱的教育经典著作。2017 年 11 月 25 日，由北京明远教育书院主办的 2017 年明远教育论坛在北京大学附属小学举行。在论坛上，来自乌克兰教育科学院院士、苏霍姆林斯基之女 O. B. 苏霍姆林斯卡娅女士与北京师范大学资深教授顾明远先生进行了一场高端对话，为教师们奉上了一场思想盛宴。肖甦担任本次对话翻译。

18. 肖甦：《美国密歇根大学教师薪酬管理体系及发展特点》，《现代教育管理》2018 年第 5 期。

内容摘要：美国密歇根大学具有完备的教师薪酬管理体系。其教师薪酬管理具有双重主体，实行以工资为主、福利为辅的全面薪酬管理，教师薪酬水平具有市场导向性。在财务紧缩时期，密歇根大学人员薪酬总额增速放缓，教师工资的外部竞争力下降。大学着力保持教授级高级人才工资的竞争力，教师间工资差距逐渐拉大。密歇根大学在控制成本的同时，努力提供有竞争力的福利项目，以提升其教师薪酬的市场竞争力。

19. 肖甦：《跨越时空的教育思想宝库》，《中国德育》2018 年第 7 期。

内容摘要：B. A. 苏霍姆林斯基是苏联著名教育家，也是享誉世界的教育家，更是中国基础教育界知名度最高的外国教育家。他的教育思想全面、教育实践丰富、教育著作等身，他逝世时虽年仅 52 岁，但留下了 50 多部教育专著、600 多篇论文和 1500 多篇寓言故事。他的重要著作被翻译成世界 30 多种文字出版，而被翻译成中文出版的著作已超过了 40 种。就外国教育家汉译名著在我国的出版发行而言，苏霍姆林斯基的教育译著无论是从翻译种类还是发行数量上都无可争议地占据首位。

20. 张晓东：《梅杜萨之筏：评〈德军占领的卢浮宫〉》，《俄罗斯文艺》2017 年第 10 期。

内容摘要：亚历山大·索科洛夫电影《德军占领的卢浮宫》讲述了"二战"期间卢浮宫艺术品的命运，但电影中的卢浮宫更像是俄罗斯的镜像，是电影作者吟诵的一阕挽歌：这是传统的俄罗斯知识分子为旧世界的欧罗巴吟诵的挽歌，影片从一个俄罗斯知识分子的视角，通过"艺术品与权力"等命题的思考，表达了作者对人文主义、人道主义理想在当代世界所遭遇危机的深度焦虑，对欧共体理想的深度思考，并与欧盟、俄罗斯的"当下文本"产生了很多耐人寻味的思想碰撞。

21. 张晓东：《〈青年马克思〉：一本重新打开的青春读物》，《文艺报》2018 年第 5 期。

内容摘要：本论文为电影《青年马克思》的影评，论文认为《青年马克思》对于中国青年观众来说是一部及时的电影，有助于观众理解国际共产主义运动背景，产生对青年马克思思想的共鸣，这部电影可以让很多青年人重新翻开马克思著作，感受年纪相仿的马克思当年的深度思考，当然，我们今天的思考也包括其时代与个人的局限。

22. 张晓东：《当代俄罗斯众生镜像——2018 年中国俄罗斯电影节述评》，《文艺报》2018 年第 8 期。

内容摘要："中国俄罗斯电影节"起始于 2006 年，限于宣传力度等多方面元素，并不为大众所熟知。虽然每一次的影展都不乏可圈可点之处，放映却可以用"门可罗雀"来形容。一方面，很多潜在的观众并不知道这个信息；另一方面，也凸显出大众对当代俄罗斯电影的陌生与刻板印象，当代俄罗斯电影在中国的传播还需要进一步升级市场化策略，而不能仅仅停留在宣传文字中。值得注意的是，虽然每一届影展的影片都可以说可圈可点，在"叫好"与"叫座"方面做平衡，今年的选展影片则明显向"叫座"做出倾斜，在远离中国观众的视线多年之后，俄罗斯电影又重新开始走向中国观众。

23. 古棕：《传承与探索——第二代留俄艺术家群体的现状分析》，《美术研究》2018年第1期。

内容摘要：新中国成立后，中俄在美术领域的交流与合作主要有两个阶段：一是20世纪50年代向苏联大规模派出留学人员，二是80年代以来中俄在美术教育领域展开的交流与合作。50年代中国政府先后派遣赴苏联高等美术学府学习美术的留学生30余人，他们分别在雕塑、油画、版画、舞美设计和美术史与理论等领域学习。回国后他们带回的留学期间的作品和研究成果，成为比较优秀的范本，他们与马克西莫夫训练班的人员共同作用，形成了一个"苏派"的中国绘画创作与教学体系。

24. 张建华：《俄罗斯国家形象的塑造》，《同舟共进》2018年第1期。

内容摘要：自18世纪初开始，世界的目光已习惯于聚焦克里姆林宫和红场，因为它已经成为这个国家（从俄罗斯帝国到苏联，再到今日的俄罗斯联邦）的政治中心和权力象征。正如苏联剧作家兼诗人瓦西里耶娃形容的，"俄国生活上下起伏的舒张和收缩，集中在这个石砌的宫墙的乐声里。上升—下降—上升—下降"。300多年间，在这块土地上，其国家形象几经变幻，迷离斑驳，云霭雾遮，让世界惊诧。

25. 张建华：《20世纪五六十年代的留苏中国学人及其视野中的"苏联形象"》，《华侨华人历史研究》2018年第1期。

内容摘要：西学东渐，留洋采薇，是鸦片战争后中国人"睁眼看世界"的大潮流。继留学日本、欧美之后，留学苏联是这一浪潮的延续。与前两者不同，留苏学人除认同苏联在科学教育方面的先进性之外，还认同苏联所代表的政治制度和社会生活的先进性。关于中国人留学苏联的历史，国内外学界已有相当研究，但涉及20世纪二三十年代留苏的论著明显多于关于五六十年代留苏的题材；研究重点一般放在国共两党与苏共和共产国际关系、留学生与中国革命、两国政府间留学政策等方面。50年代至60年代，有8000余名中国留学生在苏联的莫斯科、列宁格勒、基辅、明斯克等城市学习和生活，这是中苏两国历史上最正式、最规范和持续性最长的文化交流行为。笔者认为，留苏学人在沟通中苏民间关系中扮演着极其重要和特殊的角色，这一规模庞大的群体将其对苏联的亲身感受直观地传递到国内，成为中国人了解苏联的重要途径，由此构成一种通过特殊渠道形成的"苏联形象"。

26. 张建华：《狐狸对刺猬的敬意：以赛亚·伯林的赫尔岑》，《上海书评》2018年第4期。

内容摘要：以赛亚·伯林是20世纪著名的思想家，在欧美学界享有大师级的盛誉。一生惜墨如金并述多著少是以赛亚·伯林鲜明的个人风格，而他专门论及俄国题材的著作也仅有两部。一部是他在1945年、1956年和1987年苏联历史的关键时刻以不同身份访苏，在不同时期留下的演说、谈话和评论，后由伯林著作的专属编辑亨利·哈代（Henry Hardy）将其合集的《苏联的心灵：共产主义时代的俄国文化》。而另一部即是他最为倾注心力的《俄国思想家》。在《俄国思想家》中，19世纪俄国最著名并具传奇经历的思想家赫尔岑显然是伯林最为倾心的传主。伯林分别在《赫尔岑与巴枯宁论个人自由》和《赫尔岑》中以较大篇幅论及自己心目中的这位思想英雄和"政治天才"。

27. 张建华：《苏联科里亚金事件始末》，《当代世界社会主义问题》2018 年第 1 期。

内容摘要：20 世纪 80 年代，苏联精神科医生科里亚金因揭露苏联政府迫害持不同政见者而致入冤狱。这一事件迅速受到国际社会和国际医学组织的关注，从而积极呼吁苏联政府释放科里亚金。科里亚金事件历经勃列日涅夫、安德罗波夫、契尔年科、戈尔巴乔夫执政时期，事件的进展与苏联的内政和外交形势的变化都有着密切联系。

28. 张建华：《给帝国史学披一件新装》，《解放日报》（读书周刊）2018 年第 5 期。

内容摘要：纵观人类几千年的文明史，绝大部分民族在绝大部分时间内都生活在帝国的统治之下。帝国作为一种统治形式，深刻地塑造了我们今天的世界。近年来，对于帝国的研究悄然勃兴。美国历史学家简·伯班克与弗雷德里克·库珀的《世界帝国史：权力与差异政治》一书便是这一研究潮流中的突出成果。该书全面地梳理了自秦汉—罗马至 20 世纪去殖民化时期结束的世界各主要帝国兴衰史，甫一出版，便引起巨大反响，并且斩获 2011 年美国世界史协会图书奖。曾任美国历史学会会长、专注于中华帝国晚期研究的著名汉学家彭慕兰称之为"这是我所能想到的阐述帝国与民族关系的一部上乘之作"。

29. 张建华：《北京"老莫餐厅"：公共空间的苏联形象与中苏关系变迁的映像》，《俄罗斯学刊》2018 年第 4 期。

内容摘要：莫斯科餐厅始建于 1954 年，是北京历史的重要符号，也是中苏关系的重要象征。开业至今，经历了由"政治符号"向"文化符号"的转变，其牵涉的不仅仅是这一家餐厅的历史，还有中国现代史和北京城市史以及中苏关系史。莫斯科餐厅落成后，得到中苏两国领导人的高度重视，最初其接待对象主要是苏联和东欧社会主义国家官员、国家领导人、苏联专家、中国政治与文化精英等。"文化大革命"后，莫斯科餐厅开始褪下政治外衣，进入普通市民的生活。现在莫斯科餐厅正逐渐淡出人们的视野，但它见证了半个世纪以来中苏关系的变迁，见证了当代中国社会的变化以及北京人私人领域和个人情感的变化，其作为一个常见又特殊的"公共空间"，在曾经的中苏交往和政治活动中起了重要作用。

（撰稿人：张时雨，审稿人：张晓东）

中央财经大学
俄罗斯东欧中亚研究中心

一　重要沿革

中央财经大学于 1988 年成立苏联东欧研究中心，2000 年更名为俄罗斯东欧中亚研究中心。俄罗斯东欧中亚政治经济研究一直是中央财经大学优势学科领域。自 20 世纪 60 年代起，在姜维壮教授等一批知名留苏学者的带领下，中央财经大学在苏联政治经济领域开展了大量教学与科学研究活动，为新中国培育了大批专门人才，向有关部门提交了大量关于苏联政治经济研究方面的报告，对新中国财政经济方针的制定做出了卓越贡献，获得了政府有关部门及学术界的高度好评。

为延续和发展这一教学与科研优势，中央财经大学于 1988 年成立苏联东欧研究中心（后改名为俄罗斯东欧中亚研究中心）。该中心以服务国家战略为目标，以俄罗斯东欧中亚国家政治经济理论研究和人才培养为核心，以扩大国际影响和对外交流为方向，凭借自身在政治、经济、财政、金融等领域拥有的雄厚科研实力和独特的学科优势，开展了大量工作，发布了一大批在国内具有领先水平的高质量研究成果，为国家培养了一批高素质人才，同时，还为我国的各级立法机构，各级各类政府部门、银行、企事业单位和各类投资者提供了大量政策咨询与技术保障服务，对我国政治经济社会发展和对外开放做出了应有的贡献。

在几代人的努力和积累基础上，中央财经大学俄罗斯东欧中亚研究中心已成为一个以多学科为依托，充分吸收国内外、校内外高水平专家组成的开放式流动研究基地。研究中心现有专职、兼职研究人员 9 名，其中，高级职称 6 名，中级职称 2 名，所有研究人员均具有博士学位和海外留学背景。

鉴于该中心出色的教学与科研工作，俄罗斯东欧中亚研究中心于 2009 年获得硕士研究生招生资格，负责招收与培养俄罗斯东欧中亚政治经济研究方向的硕士研究生。2011 年，在中央财经大学拥有理论经济学博士学位授予权后，俄罗斯东欧中亚财经专业成为校内第一批获得批准的新增博士研究生培养方向。

为凝练学科方向，服务于国家、服务于社会，提高人才培养质量，提升科学研究水平，中央财经大学东欧中亚研究中心将教学与科研工作的重心集中于以下几个方面：（1）以俄罗斯东欧中亚国家政治经济理论为核心，开展系列研究；（2）加强国际合作与交流，提升学术声誉，扩大国际影响；（3）为政府机关、企事业单位、高等院校及科研机构培养合格的专业人才；（4）为政府部门、银行、企业提供政策及投资咨询，服务于国家外交战略及社会经济发展需要。

围绕上述领域，俄罗斯东欧中亚研究中心开展了大量工作，并取得了较好成绩：一是学术研究成果丰硕，标志性成果突出。自 2001 年开始，俄罗斯东欧中亚研究中心每年推出《俄罗斯财经研究报告》，分专题对俄罗斯公共财政、政府预算、国家税收、银行与资本市场、对外贸易、企业管理、社会保险等领域的改革热点问题进行研究。《俄罗斯财经研究报告》已连续出版多年，成为俄罗斯财经研究领域较为深入和系统的研究成果。二是不断拓展社会服务领域与范围。俄罗斯东欧中亚研究中心积极参与国内各级各部门的决策活动，围绕国民经济和社会发展重大课题提供多项决策咨询报告。三是研究成果日益国际化，国际影响不断扩大。俄罗斯东欧中亚研究中心已与多所俄罗斯东欧中亚高校建立了稳定的学术关系，通过人员互派、科研合作、联合培养、进修访学、举办学术会议等形式，建立了多途径的学术交流平台，营造了良好的学术氛围，并取得了数十项国际科研合作成果。

2017年6月，中央财经大学俄罗斯东欧中亚研究中心获得教育部批准，成为教育部国别和区域研究中心。国别与区域研究中心的建立，使俄罗斯东欧中亚研究中心能够更加充分地利用教育部及学校大力支持的优势，以学科建设和人才培养为依托，以资政服务为宗旨，更好地服务于国家对外战略的需求。

二 研究方向

第一，俄罗斯东欧中亚财政理论与政策；
第二，俄罗斯东欧中亚金融、投资与贸易；
第三，俄罗斯东欧中亚能源安全与贸易等。

三 人员情况

（一）前任领导

姜维壮，教授，经济学博士（苏联），任职时间为1998—2007年，研究方向为苏联财政理论与政策，中国财政理论与政策，财政理论国际比较。2017年获得中国财政学理论终身成就奖。

罗永志，副教授，任职时间为2008—2010年，研究方向为苏联和俄罗斯财政理论与政策。

（二）现任领导

童伟，研究员，经济学博士，任职时间为 2011 年至今，研究方向为俄罗斯财政理论与政策，中国财政理论与政策，绩效预算管理与评价，财政投融资，入选"教育部新世纪优秀人才支持计划"，受邀担任俄罗斯教育部认定核心期刊《财经大学学报》和《经济、税收、法律》国际编委。

（三）主要科研团队

张晓涛，教授，经济学博士，中央财经大学经研究院院长，主要研究方向为国际投资与贸易，俄罗斯投资与贸易。

王文素，教授，经济学博士，主要研究方向为财政史，社会保障，俄罗斯社会保障。

汪昊，教授，经济学博士，中央财经大学财税学院院长助理，主要研究方向为国际税收制度，俄罗斯财政税收。

伍晓光，助理研究员，经济学博士，主要研究方向为世界经济，国际贸易。

四 主办刊物

自 2001 年开始，中央财经大学俄罗斯东欧中亚研究中心每年发布研究报告《俄罗斯财经研究报告》。

《俄罗斯财经研究报告》每年选取一个核心内容进行中俄比较研究。至今，《俄罗斯财经研究报告》已连续出版多年。俄罗斯东欧中亚研究中心对每一期《俄罗斯财经研究报告》的研究内容都进行了精心编排，已分别对俄罗斯的公共财政、政府预算、国家税收、银行与资本市场、对外贸易、企业管理、社会保险等领域进行了较为深入的系统研究。

五　学术活动

1. 与俄罗斯圣彼得堡国立经济大学合作，举办"第九届国际经济发展研究论坛"。

该论坛每年举办一届，在国际经济研究领域具有一定影响。每届论坛都吸引了来自俄罗斯、中国、德国、法国、英国、美国等国家财政、金融、风险投资领域的专家和学者广泛参与。

2. 与圣彼得堡国立经济大学合作举办第六届国际学术科研会议"国家与市场：全球竞争加剧情况下的欧洲一体化"。

该论坛针对"'一带一路'倡议与欧亚经济联盟对接"问题进行了全方位探讨。有来自俄罗斯、中国、哈萨克斯坦、乌兹别克斯坦、吉尔吉斯斯坦、白俄罗斯等国学者在论坛上发言。

3. 应教育部委托，开展中国与白俄罗斯经济社会发展规划战略对接研究。

对于中国和白俄罗斯来说，其社会经济发展规划在很多领域的关注点高度一致，但也还有不少地方存在一定的差异，要实现中国和白俄罗斯社会经济发展规划的战略对接，还需要着重关注中国和白俄罗斯社会经济发展规划战略差异点，以及白俄罗斯未能得到国家财政预算重点支撑的领域。

4. 举办"从贸易大国迈向贸易强国"研讨会。

基于国际贸易问题不再是简单的贸易自身问题，更是一个国家经济发展的重要开放背景和影响变量，既对许多经济领域产生影响，也对许多学科问题研究产生影响，举办"从贸易大国迈向贸易强国"研讨会。研讨会针对贸易强国的标志性影响因素，探讨了中国实现从贸易大国向贸易强国迈进面临的国内外环境变化，并从

"影响力、关键技术、定价权以及价值链和国际经贸规则主导能力"等多个方面进行论证。

5. 举办"基于中国实践的财政分权理论"研讨会。

改革开放40年,中国经济高速增长的动力源泉与经验教训还需要一个较完整的理论体系加以支撑,需要构建中国财政分权理论基本框架体系。研讨会从对1994年分税制改革前后两种政府行为模式("低收低支"与"高支高收")和分权模式(财政承包制与分税制)的分析入手,对中国财政分权理论的逻辑体系进行了探讨。

六　科研成果

(一) 著作

1.《俄罗斯税收制度》,经济科学出版社2018年版。

内容摘要:俄罗斯以降低税负、简化税制为核心,开展了一系列税制改革。经过20余年的改革与实践,俄罗斯已逐步建立起相对完善的现代税收制度。该书从俄罗斯税收制度建立及其历史演变、税收法律框架、主要税种及课征模式,当前面临的主要问题及未来改革发展趋势等方面,对俄罗斯税收制度进行了全面剖析。

2.《中国与"一带一路"沿线国家经贸合作国别报告(东亚、中亚与西亚篇)》,经济科学出版社2017年版。

内容摘要:报告以东亚、中亚与西亚经济现状与产业结构为逻辑起点,通过丰富翔实的数据,采用科学有效的方法,深入剖析"一带一路"东亚、中亚与西亚国家具有靠前竞争优势产业、外商投资政策及战略规划、双边经贸合作成果等问题,系统梳理"一带一路"倡议实施以来双边高层交流及其成果,客观阐释中国企业投资的机会与风险。

3.《中国与"一带一路"沿线国家经贸合作国别报告（中东欧篇）》，经济科学出版社 2018 年版。

内容摘要：该书为《中国与"一带一路"沿线国家经贸合作国别报告》系列成果，针对中国与阿尔巴尼亚经贸合作、中国与爱沙尼亚经贸合作、中国与白俄罗斯经贸合作、中国与保加利亚经贸合作、中国与波黑经贸合作、中国与波兰经贸合作、中国与俄罗斯经贸合作、中国与黑山经贸合作、中国与捷克经贸合作、中国与克罗地亚经贸合作等进行了专题研究。

（二）论文

1.《财政困境下的俄罗斯矿产资源开采税及政企博弈》，《俄罗斯东欧中亚研究》2017 年第 10 期。

内容摘要：自乌克兰危机以来，西方国家持续不断的制裁、国际油价的连续下跌、卢布汇率的大幅贬值，使以能源为主要来源的俄罗斯财政收入急剧下降，国家财政日渐窘迫。为保障国家财政收支稳定，俄政府一方面裁员减支，另一方面不断寻找与开拓新的财源，提高矿产资源开采税税率即是俄政府尝试扩大财政收入来源的一项举措。然而，提高矿产资源开采税税率势必增加石油开采成本，尤其在油价暴跌的情况下，提高税率不仅会增加俄石油企业的税收负担，还会使其在国际竞争中处于更加不利的地位。由此，该政策设想一经披露便遭到俄罗斯石油企业的一致反对，俄政府不得不在税率调整方面做出妥协。由于矿产资源开采税收入的变动不仅关系到俄罗斯的财政收入状况，也关乎俄罗斯国家能源经济的发展，本文即选取这一问题进行专题研究。

2.《加强海外产业园区建设　为"一带一路"命运共同体贡献中国智慧》，《国家治理》2018 年第 7 期。

内容摘要：在国际经济新格局深刻变革、全球新一轮产业转移以及中国对外投资地位演变的大背景下，我国先后提出了"一带一路"倡议和国际产能合作构想。国际产能合作是我国深化与有关国家互利合作和共同发展的重要内容，也是推进"一带一路"等重大经济和外交倡议的重要抓手。境外合作园区正在成为我国实现产业结构调整和全球产业布局的重要承接平台，这不仅有助于更好地落实"一带一路"倡议，更是国际产能合作的重要载体。在中国企业对接"一带一路"沿线各国的战略与规划过程中，顺利寻求市场和发展平台至关重要，境外园区建设便起到了先行示范的作用。2014年以来，我国一直非常重视海外工业园区建设，不但在国家间战略对话中多次提到加强园区建设，而且在出访期间，参观其重要的园区几乎成为惯例。从全球贸易和投资的角度来看，作为一种重要的国际投资模式，境外产业园区建设将成为中国向"一带一路"国家经济发展和命运共同体建设贡献中国智慧、中国方案的重要组成部分。

3.《加强国际财税政策　协调推进"一带一路"战略》，《财政监督》2017 年第 16 期。

内容摘要："一带一路"沿线国家众多，税制复杂，协调难度高；部分国家政局复杂、民族宗教问题突出，社会环境不稳，财税政策协调困难。在此基础上，提出与"一带一路"沿线有关国家进行发展战略的协调，宏观经济政策的协调，企业所得税政策协调，关税、反补贴税、反倾销税政策协调，以及我国与国际社会的财税政策协调，以修改或签订国际税收协定、投资保护协定，解决我国与"一带一路"国家在投资和贸易活动中的重复课税、税收优惠、税收争议处理等问题，促进投资贸易的自由化、便利化等政策建议。

4.《中国企业对外投资面临的国家安全审查风险与对策》，《海外投资与出口信贷》2018 年第 2 期。

内容摘要：准入审查风险是阻碍我国企业对外投资的重要风

险。美国国家安全审查包含两大要素：一是关键技术，二是外资来源国是否抵制以色列或不取缔恐怖组织。分析发现，外资进入美国的行业即使涉及"关键技术"，但不涉及"敏感技术"，同时满足外资不受母国政府控制、信息公开透明、遵守美国法律、投资对象不是美国行业龙头等条件，那么该项投资通过美国国家安全审查的概率就较大。

5. 《绿色金融支持"一带一路"建设与发展的路径研究》，《环境保护》2017年第7期。

内容摘要：通过借鉴绿色基础设施投融资实践的国际经验，分析了绿色金融如何支持"一带一路"的建设与发展，认为各国政府首先要建立和完善绿色金融的顶层设计；拓宽"一带一路"框架下绿色资金的投融资渠道；建立多元化、多层次的投融资工具体系；"一带一路"绿色投融资的落脚点要放在绿色产业"走出去"和绿色基础设施建设上；做好"一带一路"建设与发展中绿色投融资的环境风险管理；培养绿色意识和责任投资者，形成绿色金融支持"一带一路"建设与发展的持久源泉和动力。

6. 《面对国际投资规则的新趋势中国积极打造全方位对外贸易开放格局》，《中国对外贸易》2018年第3期。

内容摘要：不断深化的全球经济网络需要更加复杂与细化的国际投资规则处理资本的跨境流动。2008年国际金融危机以来，美欧等发达国家以推动先进制造业为核心的再工业化战略，对外积极推动构建投资新规则，力图从战略制高点上主导国际投资发展方向。中国经济发展进入新常态，国际投资市场身份发生变化，由对外净资本输入国向资本净输出国转变，未来将长期兼具输入、输出大国双重身份，全球投资规则的变化毋庸置疑会对中国产生深远影响。

7.《人口老龄化与房价波动对居民部门债务风险的影响研究》，《财经论丛》2018 年第 1 期。

内容摘要：本文基于人口老龄化、房价波动与我国居民部门资产债务结构的基本事实及相关文献研究，探讨人口老龄化与房价波动对居民部门债务潜在风险的影响，并以世代交叠模型为基础，论证人口老龄化对房价及其居民杠杆率的影响机制，最后通过构建相关变量与误差修正模型等进一步考察了三者之间的动态相关性关系。

8.《部门整体支出事前绩效评估方法及路径探讨》，《地方财政研究》2018 年第 1 期。

内容摘要：部门整体支出事前绩效评估是对预算部门（单位）的战略规划拟定、绩效目标设置、预算资金决策、产出成果预期、投入风险测度等在预算编制阶段进行的评估与审查。依据事前绩效评估的程序、要求和方法，围绕部门整体支出绩效评价"部门战略目标明确性、部门职能设定准确性、资源配置与部门职能匹配性、资金安排对部门目标支撑性"等核心内容，本文对部门整体支出事前评估的基本概念、评估范围、评估主体、评估内容等进行界定，并对部门整体支出事前评估过程中可能遇到的重点及难点问题进行系统探讨。

9.《完善结果应用激励机制建设提高预算资金使用效益》，《经济研究参考》2018 年第 5 期。

内容摘要：在规范开展的绩效管理与评价的实践中，很多部门对绩效评价过程的重视远超出对评价结果应用的重视，错误地以手段代替了目标，评价结论与意见较少得到实际应用，使绩效评价工作面临沦为形象工程的危险，其意义和价值大大降低。由此，如何进一步明确绩效评价的目的，强化绩效评价结果应用，让绩效评价结果在规范预算支出行为、改进预算支出决策、优化预算资金配置中发挥更大作用，还需共同关注。

10.《财政分权与地方公共卫生支出》，《中国卫生经济》2018年第 6 期。

内容摘要：基于财政分权视域对地方公共卫生支出的影响机制进行实证研究。研究发现，不同的财政分权指标对公共卫生支出产生不同影响，地方政府拥有较大的财政自主收入权，能够有效地增加公共卫生支出。由此需要进一步合理划分中央和地方的财政事权，明晰中央与地方政府的支出责任边界，同时建立中央和地方公共卫生支出的硬约束机制，提高地方政府提供非生产性公共产品的积极性。

11.《基于熵权模糊物元模型的创新型企业价值评估》，《技术经济》2017 年第 9 期。

内容摘要：以国家级创新型企业为研究对象，结合创新型企业价值评估理论基础，构建了包含企业创新能力指标的企业价值评估体系，并运用熵权模糊物元综合评价方法和 PB/PE 估值法评估创新型企业价值。结果显示，创新能力指标在创新型企业价值评估中的权重高于其他指标，显示了创新能力对创新型企业价值评估的重要性；PB/PE 估值法能够降低创新型企业的行业/企业间差异，避免企业创新驱动下的增长不确定性引起的市场价值偏离，其估值结果更接近于创新型企业的实际价值。

（撰稿人：童伟）

中国石油大学（北京）
俄罗斯中亚研究中心

2017年3月，根据《教育部办公厅关于做好2017年度国别和区域研究有关工作的通知》（教外厅函〔2017〕8号），科学技术处牵头整合校内相关院系中心的软科学和国际问题研究资源与成果组织申报，于3月20日向教育部上报了国际石油政治研究中心（欧亚区域能源战略与外交研究）国别和区域研究中心备案材料。2017年6月26日，教育部下发函件《关于公布2017年度国别和区域研究中心备案名单的通知》（教外司综〔2017〕1377号），中国石油大学（北京）创新平台国际石油政治研究中心（2009年设立）申报的"俄罗斯中亚研究中心"〔英文名称：The Center for Russian & Central Asia of China University of Petroleum（Beijing），以下简称中心〕经过教育部国际司组织专家审核予以备案，备案有效期为3年。中心研究的地理范围覆盖俄罗斯、中亚五国和外高加索地区三国等九国。教育部文件要求，各备案研究中心将进一步加强制度建设和管理，不断推进内涵建设，以学科建设和人才培养为依托，以咨政服务为宗旨，全面服务国家和地方对外战略需求。

一 中心的地位、建设目标、人才培养及科学研究

国别和区域研究中心是高校整合资源，对某一国家或者区域的政治、经济、文化、社会等开展全方位综合研究的实体性平台。中国石油大学（北京）在油气科学与技术研究领域处于国内外领先地位，学校历来重视国际交流合作以及能源软科学研究。学校通过实施国际化战略，国际交流与合作领域和范围不断拓宽，国际影响不断扩大。本次申报成功，得益于近五年来软科学（国际问题）研究成果的前期积累。

（一）中心地位

中心是学校获批的首个教育部软科学学科建设平台，统筹校内国际问题人才资源，按照教育部文件精神，学校给予实体地位，待2020年教育部验收合格后，成为教学科研实体单位。目前，中心挂靠马克思主义学院，积极利用《马院振兴计划》对中心的支持政策。

（二）中心建设目标

努力建成国家级智库和软科学平台。为进一步推进国别和区域研究建设，学校将整合现有软科学研究资源和力量，服务于国家"一带一路"建设重大需求，发挥研究特色和优势，给予政策和资金扶持。近期目标：把俄罗斯中亚研究中心建设成中俄油气硬软科学跨学科对接平台。

中心接受教育部国际司指导，注重基础研究，加强国际政治学科和区域学学科建设，培育新兴交叉学科，扎实做好人才培养工

作，造就大批满足国家重大政策研究需求的"国别通""领域通""区域通"三通人才；建立具有专业优势和重要影响的研究团队，推动形成高校科研工作新的增长点；更好地服务于国家能源安全战略与外交大局，努力提升研究质量，积极争取国家级和教育部课题，建成本领域高水平智库，成为我校国际问题研究和人才培养的平台。

中心践行"一带一路"精神，推进全球能源大学联盟建设。利用中石大克拉玛依校区资源，有效开展对中亚和俄罗斯以及外高加索地区的近距离研究，举办高水平国际会议。

（三）人才培养及科学研究

区域和国别研究的学科归属设立在政治学一级学科，政治学学科有助于为其他学科的发展确立正确的世界观和方法论，提供正确导向，是马克思主义理论学科的重要支撑学科，是教学科研有自身能源软科学特色的学科。加强国际政治硕士专业和马克思主义中国化博士点对外国留学生的培养。政治学硕士点注重"一带一路"人才培养。

"十三五"期间把教育部备案的"俄罗斯中亚研究中心"建设成为国内外专家学术交流、学科建设和组织研究生学术活动的平台。联合外国语学院中国国际能源舆情研究中心作为油气信息分析的重要平台。中心紧密围绕国家能源战略需求进行科研与人才培养工作，以"强优、拓新、入主流、求卓越"的学科建设指导思想，不断强化学科特色和优势，着力推进一流学科建设。苦练内功，与校内能源经济与管理以及外语学科的资源相结合，秉承我校国际化战略和特色强校发展战略，持续推进学科硕士点建设，提高专业学术知名度和科研竞争力，全方位提高研究生培养质量。

（四）中心团队建设、制度建设及学校的政策支持

1. 团队建设

加强团队建设，争取国家社科基金、教育部和北京市重大和面上课题。按照教育部文件要求，设置专职研究团队和人员。

核心人员：庞昌伟　刘乾　王鸣野　徐斌　韩英军　杨晓锋　吴建伟　甄小东　杨卫东　王倍倍（马院）。

"十三五"期间引进2—3名国际政治学博士或副高级职称区域、国别研究人才，根据需要邀请石油主干学科专家进入中心工作，负责与外方洽谈和承接外协项目。编制8—10人。

考核标准：工作量和学术论文发表，参考《学院振兴计划》教研岗位要求和标准。核心人员集中办公，属于中心固定编制。

外围人员：李宏宇　丁宁　薛红霞（外院）　王晓光（战略院）　王宝东（中石油）　柏锁柱（中石油）　何晓林（中石油）等。

设立主任1名：庞昌伟；常务副主任1名：刘乾；副主任：王鸣野等（2017年9月学校人事处已发文）。设立1名科研秘书岗位，负责日常科研报表、对外联络和财务。

2. 制度建设及学科支撑

（1）设立理事会、学术委员会制度：中心按照国家智库模式运行，由理事会聘请本领域一流专家担任委员，负责研究选题和课题论证。

（2）政治学一级学科硕士点归属中心指导。管理方式参照以往高等教育学硕点模式，即学生日常管理归马克思主义学院，学术和招生及培养归中心负责。每年招收5名学术型研究生可以按照"区域国别"人才模式培养，以满足国家"一带一路"建设急需的外语+国情国际政治经济与国际关系方向复合型"三通"人才需求。

（3）学校设立"俄罗斯中亚研究基金"，支持中心开展跨学科研究工作。

（4）马克思主义理论一级学科博士点马克思主义中国化"生态文明与能源安全"方向中外博士生参与中心科研工作。

（5）中心举办和承办校级和跨学科国际会议；积极参与配合"形势与政策"课程组，就国际政治经济、国际关系、能源安全、"一带一路"等热点问题录制教学音像。

（6）推出中心微信号，改造网站 www.iopi.net.cn。

（7）定期向区域国别研究秘书处上报《研究要报》并完成其他学校交办的外联任务。

二　学术活动

（一）"欧亚原子能和平利用与核安全"国际会议

2018年4月29日"欧亚原子能和平利用与核安全"国际会议成功举办。此次会议由中国石油大学（北京）马克思主义学院俄罗斯中亚研究中心主办，来自国内和俄罗斯的多位业内专家和本校师生20余人参加了此次会议。

中国石油大学（北京）副校长鲍志东在会议致辞中表示，目前正值朝鲜半岛局势发生重大转圜的重要关头，此次会议的举行具有非常重要的现实意义。他强调，中国石油大学（北京）始终重视软科学和能源战略政策的研究，此次会议有助于促进相关领域研究的深入开展。

俄罗斯能源与安全研究中心主任赫洛普科夫·安东做了"朝核问题及其解决路径分析"主旨发言。指出朝核问题关系到东北亚地区的地缘政治安全和和平稳定大局。中俄在解决朝鲜半岛无核化进程中将相互协作，维护国家利益和共同的安全利益。研究员德米特里·卡努霍夫就"伊朗—美国关系与伊朗核协议的前景"为题做主旨发言。他分析了特朗普政府对伊核协议的态度，美国退出伊核协议的可能性和影响因素。

本次会议由中国石油大学（北京）俄罗斯中亚研究中心主任庞昌伟教授主持。清华大学—卡内基基金会全球政策中心研究员赵通，火箭军装备研究院核军控研究室原主任、中国军控与裁军协会研究员段占元，中国石油大学（北京）俄罗斯中亚研究中心常务副主任刘乾和副主任王鸣野与到访的俄罗斯专家就朝核、伊核局势及其前景，中俄两国在解决朝核、伊核问题上的协作关系，以及核不扩散与军控问题进行了深入交流。

会议后，庞昌伟和赫洛普科夫分别代表中国石油大学（北京）俄罗斯中亚研究中心和俄罗斯能源与安全研究中心签署了战略合作协议。双方将在能源安全战略、中俄能源合作、地区安全形势等方面开展联合研究。

（二）"一带一路"能源安全与绿色发展国际学术论坛

2018年9月22日上午，中国石油大学（北京）65周年校庆系列活动之一——"一带一路"能源安全与绿色发展国际学术论坛在中石大召开。中国石油大学（北京）党委书记山红红、副校长鲍志东，俄罗斯石油天然气相关科研机构和高校以及中国石油经济技术研究院、中国石油勘探开发研究院的著名专家学者，中石大师生代表共50余人参加了论坛。论坛开幕式由中石大俄罗斯中亚研究中心主任、马克思主义学院教授庞昌伟主持。

山红红代表学校致开幕词，热烈欢迎来自国内外的专家学者，强调中国石油大学（北京）历来重视国际交流合作以及能源软科学研究，通过实施国际化战略，国际交流与合作领域和范围不断拓宽，国际影响不断扩大，特别是在教育部备案的石大首个国家级软科学平台——"俄罗斯中亚研究中心"以"国家战略、全球视野、决策咨询、舆论引导"为目标，致力于服务"一带一路"建设，对当前中国与世界面临的紧迫性能源安全与绿色发展问题进行政策与战略研究，此次学术论坛聚焦"一带一路"能源安全与绿色发展，希望与会专家学者畅所欲言，为能源创新发展贡献智慧方案。

俄罗斯科学院、俄罗斯自然科学院代表团对校庆和论坛召开表达了良好祝愿。俄罗斯自然科学院院士、油气学部主席、俄罗斯国立古勃金石油与天然气大学科研副校长穆拉朵夫与俄罗斯自然科学院油气学部科研秘书格罗莫娃为庞昌伟颁发了俄罗斯自然科学院外籍院士证书。穆拉朵夫院士表示，希望进一步加强与中国石油大学（北京）的学术交流，把中石大俄罗斯中亚研究中心建设成中俄油气硬软科学跨学科对接平台。

论坛第一部分，俄罗斯科学院院士沃洛帕伊，俄罗斯自然科学院院士格里高利耶夫，乌法石油技术大学管道建设与维护教研室主任穆斯塔菲，新华社世界问题研究中心、国务院发展研究中心欧亚社会发展研究所研究员盛世良，以及中石大教授庞昌伟，分别就东北亚电力系统联网问题、俄罗斯北极资源开发、中俄能源领域的全面战略协作关系、中俄构建生态命运共同体——从共同生态价值观走向共同发展之路等问题做主题报告。

论坛第二部分，中国石油勘探开发研究院研究员窦宏恩，华北电力大学能源金融研究所所长吴忠群，俄罗斯中亚研究中心常务副主任刘乾，俄罗斯自然科学院院士奥卡诺夫，俄罗斯科学院能源研究院副院长萨涅耶夫，分别就中国石油勘探开发现状、完善电价机制、新形势下中俄天然气合作、钻井技术创新等方面做主题报告。

论坛由中国石油大学（北京）国际合作与交流处、俄罗斯中亚研究中心联合举办，并受到科学技术处，马克思主义学院、机械与储运工程学院、地球科学学院等单位的支持，为促进中俄双方的学者交流与构建油气全产业链产学研对接合作发挥了积极作用。

（三）2017·"生态政治经济与能源安全"国际会议

2017年12月17日，由中国石油大学马克思主义学院主办，俄罗斯中亚研究中心和首都师范大学中南亚—中国新疆研究中心协办的2017·"生态政治经济与能源安全"国际会议在北京举行。

中国石油大学副校长李根生致辞并为俄罗斯中亚研究中心揭牌。李根生介绍了石大的发展历程、学科建设及能源安全研究领域取得的成果。他指出，能源问题是国际政治经济发展中的永恒主题，对能源安全问题和与之密切相关的地区性、全球性政治经济安全问题的研究已经构成了中国国际政治学界研究的焦点问题之一，此次会议的召开将对石大相关领域的研究起到积极的促进作用。

会上，来自美国哥伦比亚大学，哈萨克斯坦阿里—法拉比国立大学，中国人民大学、复旦大学、武汉大学、中国地质大学（武汉）、华北电力大学、首都师范大学、大连理工大学、中国社会科学院等国内外高校、企业、学术机构的专家学者、师生代表围绕"环境与能源安全""环境与能源安全治理""生态政治经济与能源安全治理""全球能源格局与动能转换""非洲的能源贫困与中非可再生能源合作""趋同性机制整合与共建利益共同体：兼谈冰上丝绸之路与能源资源开发"等议题进行了研讨。与会代表还就国内近期出现的"气荒"现象交换意见看法。

俄罗斯中亚研究中心整合了中国石油大学相关学院（研究院）的软科学和国际问题研究资源，将在既有研究成果的基础上，进一步深化对俄罗斯、中亚和外高加索等国家和地区能源战略与外交的研究，在服务"一带一路"建设中积极发挥行业特色高校的优势。

（四）俄罗斯专家学术报告

1.《"一带一路"背景下俄罗斯欧亚主义与大欧亚战略》的学术报告

2018年3月26日俄罗斯外交学院著名地缘政治学者帕纳林·伊戈尔（博士）应邀到我院俄罗斯中亚研究中心做了《"一带一路"背景下俄罗斯欧亚主义与大欧亚战略》的学术报告。他讲解了欧亚主义的起源和当代发展、中俄关系史中元代以来的历史交集、西方制裁和美国贸易战背景下俄中"一带一盟"对接的机遇和潜在的障碍。

整体来看，帕纳林对俄罗斯与西方关系的前景比较悲观，演讲中反映了俄罗斯人思想深处所固有的弥赛亚情结。面对最近几年来俄罗斯与北约之间愈演愈烈的困境，他对俄罗斯军事应对的能力倒是信心很足，令人忧虑。我院和本校师生、留学生20余人参加报告会并与俄专家进行了互动。

帕纳林教授是俄罗斯联邦军事科学院院士，独联体集体安全条约组织专家委员会成员，"俄罗斯之声"电台《世界政治》节目主持人，擅长研究俄美关系、国际地缘政治及独联体中亚地区安全等问题，出版有关国际问题专著20多部。新著《混合战：理论与实践》（2017，莫斯科）在学术界引起极大关注。

2.《"一带一路"构想与俄中战略协作》学术讲座

2017年3月21日国际石油政治研究中心在综合楼A1018会议室举办了《"一带一路"构想与俄中战略协作》的学术讲座，作为"欧亚区域能源安全与外交研究"系列讲座之一，此次活动邀请到俄罗斯著名伊斯兰问题专家拉马赞·达乌罗夫博士。拉马赞·达乌罗夫任俄罗斯科学院东方学研究所阿富汗研究室主任、高级研究员，莫斯科国际关系学院教授。拉马赞·达乌罗夫教授全程英语演讲，就目前"一带一路"构想的实施及"一带一盟"对接、中亚安全、中俄全面战略协作形势，以俄罗斯专家的视角进行了地缘政治经济分析和解读。

3.《Russia and China：common values and coordinated modernizations》

2017年7月1日俄罗斯教育科学院斯莫尔尼大学亚历山大·帕萨茨基博士在俄罗斯中亚研究中心做了《Russia and China：common values and coordinated modernizations》的学术报告。

三 国家社科基金项目、教育部和省部级课题、发表论文和专著、译著等情况

国家社会科学基金项目是目前我国唯一的国家级社会科学项目，也是国家哲学社会科学研究领域层次最高、权威性最强、竞争最为激烈的项目，被社科界视为衡量科研实力和科研组织能力的重要标志。继庞昌伟教授主持完成国家社科基金面上项目《俄罗斯能源战略与油气外交研究》（编号03BGJ023）之后，中心又获得两项资助。

（一）国家社科基金项目（国际问题）

王鸣野：《"中间地带"理论视角下的里海地区地缘政治研究》（18BGJ026）。

徐斌：《页岩气革命背景下中俄天然气合作战略机遇与治理》（13BGJ016）。

庞昌伟：《国家社科基金重大项目"国家海洋治理体系构建研究"》（17ZDA172）子课题一。

（二）教育部和省部级课题

庞昌伟：《欧亚经济联盟一体化政策研究》（2018 教育部国别区域研究课题）

庞昌伟：《欧亚核安全与原子能和平利用前景分析》（俄罗斯中亚研究基金外协课题）

刘乾：《欧亚经济联盟能源市场区域合作机制研究》（2018 教育部国别区域研究课题）

刘乾：《乌克兰危机下俄罗斯能源战略"转向"与中俄油气合作研究》（教育部人文社科青年基金，项目编号：15YJCGJW005）

徐斌：《基于"一带一路"倡议的天然气管道基础设施互联互通研究》（中石油软科学研究课题，项目编号：中油研 20180119）

（三）发表论文和专著、译著等情况

1. 论文

庞昌伟：А. Посадский：Россия и Китай：от общих ценностей к общему пути．Международная жизнь. 2018. 3. 1（中俄从共同价值观走向共同之路，提出构建中俄生态命运共同体）

庞昌伟：《2018 年国际油价预测：箱体波动 震荡上扬》，《欧亚经济》2018 年第 4 期。

庞昌伟：《"马六甲困局"之化解路径》，《新疆师范大学学报》2018 年第 5 期。

徐斌：《我国天然气交易中心与地区基准价格体系的构建——基于主成分分析法》，《价格月刊》2017 年第 10 期。

徐斌：《市场演进中的俄罗斯天然气欧亚战略发展》，《欧亚经济》2018 年第 3 期。

杨卫东、庞昌伟：《中国能源政策工具理性与价值理性目标协调的战略分析》,《学术前沿》2018 年第 4 期。

杨卫东、庞昌伟:《融合推进可再生能源开发与零排放城市建设》,《人民日报（理论版）》2017 年 12 月 13 日。

林英梅、庞昌伟:《俄罗斯生态治理的对策与措施》,《当代世界》2017 年第 3 期。

王福全、庞昌伟:《日本发展循环经济低碳社会的基本经验及其启示》,《当代世界》2017 年第 5 期。

刘乾:《俄罗斯—中亚地区油气政策走向及对华合作前》,《国际石油经济》2016 年第 2 期。

刘乾:《俄罗斯能源战略的转向和面临的挑战》,《欧亚经济》2018 年第 3 期。

2. 专著

王鸣野:《"中间地带"的博弈与困境》,科学出版社 2017 年版。

3. 译著

［美］杰夫 D. 迈克拉姆:《天然气管道——一个世纪的制度演进》,徐斌、黄诚译,石油工业出版社 2016 年版。

《"中间地带"的博弈与困境》简介。作者在书中首次提出了冷战后"中间地带"的地缘政治概念,以此为基础,作者发展了一套比较系统的"中间地带"理论体系。可以说,这是王鸣野老师对认识丝绸之路经济带地区的地缘政治特征做出的学术贡献。作者认为,在国际关系和地缘政治中,"中间地带"是指那些或在地理上,或在政治上,或者二者兼而有之地处在大国夹缝之中的国家或地区。在国际政治中,所谓大国之间的利益博弈,在很大程度上是对"中间地带"的争夺。大国为了实现自己的地区和全球战略需要在经济、政治和文化方面对"中间地带"国家实施渗透和控制,而"中间地带"国家为了摆脱被控制的命运,采取的主要战略就是将另外一个或几个大国纳入自己的内外发展战略之中，希望在大国之间的相互制衡中寻求本国的最大利益，结果却往往使自己要么成为大国博弈（一般包括政治、经济、军事、文化和意识形态的综合性博弈）的牺牲品，要么成为大国之间讨价还价的筹码。由此可以看出，"中间地带"的全部弱点基本上可以用一句话来概括，那就是这些地带的所有国家都不同程度地存在着自主性缺失的状况，这导致"中间地带"国家的内政外交长期处在一种无法摆脱的紊乱状态。冷战期间，美苏两个超级大国竞相对全球地缘政治中两块最大的"中间地带"非洲和拉丁美洲施加影响，从而使两个地区的内部紊乱成了一种持久性现象，与此相对照的是，欧亚大陆上的几个"中间地带"（如东欧、中亚高加索、东南亚和朝鲜半岛等）却由于处在美苏的严密控制之下而展现出了一种暂时的秩序。冷战结束之后，欧亚大陆的几个"中间地带"由于苏联的解体和俄罗斯力量的大幅度收缩而呈现出"中间地带"的真正特性，而其中由中东、中亚高加索和南亚之一部分所构成的亚欧"中间地带"已具备全球性地缘政治意义。

需要注意的是，本书虽然没有涉及中国和其周边的"中间地带国家"在冷战后的关系演变及特点，但不能不指出的是，近年来，中国和东南亚的少数国家围绕着南海岛礁的所有权的争端已经演变成超出地区范围的、具有全球性意义的大国博弈，以菲律宾为代表的"中间地带国家"正在积极引入美国的影响而逐渐将自己置于"中间地带化"的不利境地。可以说，冷战后中国快速发展为一个真正的全球性大国是东亚地区最具颠覆性的地缘政治和地缘经济变化，正是这一变化使得东南亚地区的"中间地带"特性表现得越来越明显。这是中国在处理与该地区国家关系的进程中必须重视的一点。

四 对外学术交流

2014年12月,中国石油大学(北京)校级创新平台——国际石油政治研究中心(2009—)倡议与大连理工上海合作组织经济学研究中心、华北电力大学能源金融研究所、中国地质大学(武汉)、广东省社会科学院财政金融研究所成立协同创新共同体。国际石油政治研究中心及俄罗斯中亚研究中心(2017—)与俄罗斯教育科学院、俄罗斯能源战略研究所、俄罗斯科学院能源研究所、俄罗斯科学院东方学研究所、俄罗斯科学院能源系统研究所、俄罗斯国立石油天然气大学、全俄石油勘探研究院、圣彼得堡工业大学、莫斯科动力学院、俄罗斯北极大学等机构建立了合作关系。与国内研究机构中国社会科学院马克思主义研究院、清华大学国际问题研究院、清华大学中俄战略合作研究所、中国人民大学、中国石油经济技术研究院、中国石化经济技术研究院、中国社会科学院俄罗斯东欧中亚研究所、世界史所、世界经济与政治研究所、中国国际问题研究院、上海国际问题研究院、中国地质大学(武汉)、北京大学国际关系学院、第一财经研究院、中国现代国际关系研究院、华东师范大学、吉林大学东北亚研究院、黑龙江大学、黑龙江社会科学院等研究机构建立了良好的协同合作关系。每年组织研究生赴俄罗斯著名大学参加上海合作组织大学等知名机构的国际学术会议和论坛。

(撰稿人:庞昌伟)

北京外国语大学
中东欧研究中心

一 概述

北京外国语大学（以下简称北外）中东欧研究中心（英文 Centre for Central and Eastern European Studies，Beijing Foreign Studies University，以下简称中心）是教育部国际合作与交流司于 2011 年 12 月批准设立的首批国别和区域研究培育基地之一。2017 年入选中国智库索引（CTTI）来源智库。

中心自成立以来，以"提高研究的战略性、前瞻性和针对性，增强决策咨询能力，成为具有专业优势和重要影响的智囊团和思想库"为目标，以"研究、咨询、育人、会通"为宗旨，依托北外多学科、多语种综合优势，以欧洲语言文化学院齐备的中东欧国家语言专业为基础，通过整合国内外资源，运用多种学术方法，对中东欧国别和地区情况开展专题或综合研究，不断深化对该区域各种问题的认识，紧紧围绕服务党和国家对外工作大局，促进中国—中东欧国家友好与合作关系的发展。

中心与欧洲语言文化学院形成人才培养、学术研究和社会服务的一体两翼。中心力求成为新型高校智库，侧重基础学术及转型发展，开展专题调研和资政服务，培养高水平专门人才。主要的工作方向为：中东欧国家和区域的语言文学研究、政治外交研究、历史文化研究、高等教育改革比较研究、区域经济社会研究。

从 2016 年 1 月开始，中心聘请中国—中东欧国家合作事务特别代表霍玉珍大使为高级顾问；聘请苗华寿、刘延风、马细谱、余志和、周东耀、王洪起等国内中东欧研究资深专家为特邀研究员；聘请校内有关院系学术骨干牛华勇、孙文莉、宋泽宁、李永辉、王明进、王文华、姚金菊、章晓英等老师为中心兼职研究员；另聘请部分中东欧语种专业的青年教师为中心兼职研究人员。工作语言覆盖中东欧全部 16 个国家，涉及的学科门类也从文学扩展到历史学、法学、经济学、教育学等。

中心的学术领导机构为学术委员会。2017—2018 年，中心主任和学术委员会主任由丁超教授担任，欧洲语言文化学院院长赵刚教授、副院长林温霜副教授兼任副主任。目前，中心为北外非实体研究机构，无正式编制，各项工作均由兼职人员承担。

二 年度学术活动

（一）申报并获批 2017 年度国家社会科学基金重大项目"中国与中东欧国家文化关系史研究"

2017 年 3 月，中心主任丁超向全国哲学社会科学规划办公室推荐 2017 年度国家社科基金重大项目选题"中国与中东欧国家文化关系史研究"。经相关领域专家学者匿名评审通过，被列入招标选题研究方向，7 月 9 日向社会公布。中心组织了以丁超为首席专家的研究团队，进行课题设计和论证，9 月提交投标书。11 月 15 日，全国哲学社会科学办公室下达立项通知书，"中国与中东欧国家文化关系史研究"被立为 2017 年度国家社会科学基金重大项目，项目批准号 17ZDA173，资助经费总额 60 万元。

2018年3月16日，项目开题研讨会在北外举办。北外校长彭龙、副校长孙有中，外交部中国—中东欧国家合作事务特别代表霍玉珍大使出席并致辞。他们充分肯定了该项目对北外欧洲语言文学学科，特别是中东欧语种专业的人才培养、科学研究、学科发展、师资队伍建设等方面的意义和作用，鼓励项目组成员积极开展课题研究工作，落实课题研究计划，确保课题研究质量，期待研究团队能够取得丰硕的成果。项目首席专家丁超对课题总体目标、整体规划、研究方法、具体实施和预期成果等进行了全面的汇报。北外校学术委员会主任、许国璋语言高等研究院院长文秋芳教授，王佐良外国文学高等研究院院长金莉教授，上海交通大学人文学院杨正润教授，四川大学文学与新闻学院王晓路教授，中国社会科学院俄罗斯东欧中亚研究所朱晓中研究员，北外"长青学者"张建华教授等就项目的设计和实施方案进行了评审和学术指导。

依托本项目策划的阶段性成果"中国与中东欧国家文化关系史文库"，由山东教育出版社申报"十三五"国家重点图书出版规划增补项目。7月20日，国家新闻出版署下达通知，公布国家重点出版物规划调整情况（国新出发〔2018〕7号），本项目正式获批。

（二）中心入选CTTI来源智库

经过全国各省市自治区哲学社会科学规划部门和高校社科管理部门推荐、业内专家评审、在线填报数据审核，北外中东欧研究中心符合中国智库索引来源智库的遴选标准，正式入选CTTI来源智库（2017年1月—2018年12月，编号T574）。2017年12月20日，在光明日报社、南京大学联合主办的"2017中国智库治理暨思想理论传播高峰论坛"上，公布了最新名录并颁发证书。

（三）徐坚大使做中国与中东欧国家关系专题报告

2018年5月16日下午，中心和欧洲语言文化学院邀请中国原驻波兰大使徐坚为师生做题为"亲历中国中东欧关系的变化与发展"报告，介绍中东欧国家的基本现状。徐大使结合他本人40多年的外交生涯，通过许多重大事件的回顾，对中国与中东欧国家关系的发展及其特点做了精辟的总结。

（四）社会科学文献出版社蓝皮书系列《中东欧国家发展报告（2016—2017）》发布会

6月25日由北外和社会科学文献出版社联合举办。北外校长彭龙、社会科学文献出版社社长谢寿光出席并分别致辞祝贺。会议由北外欧洲语言文化学院院长、中东欧研究中心副主任赵刚主持。外交部中国—中东欧合作事务特别代表霍玉珍大使，中国原驻匈牙利大使朱祖寿，原驻罗马尼亚、波兰大使徐坚，社会科学院俄罗斯东欧中亚研究所研究员朱晓中、高歌，社科院欧洲研究所中东欧研究室主任、"16+1"智库合作网络秘书处办公室主任刘作奎，北外国际关系学院院长、区域与全球治理高等研究院执行院长李永辉等分别发言。与会专家向蓝皮书的出版表示祝贺，对中东欧蓝皮书给予了很高的评价，并提出了一些中肯的建议和意见。

三　主要科研成果

（一）论文和文章

1. 董希骁：《语言政策研究对中东欧语种教育的启示——以摩尔多瓦共和国为例》，《语言政策与规划研究》（集刊）2017年10月。

近年来，我国的中东欧语种教育迎来了前所未有的发展契机，但由于对相关国家的语言政策了解不够深入，在设置新语种和确定人才培养模式时面临诸多困惑。摩尔多瓦在地缘、民族、语言上与中东欧地区紧密关联，其语言政策与很多中东欧国家存在共性。本文结合文献资料和实地调研结果，从显性和隐性两个层面分析了摩尔多瓦语言政策的特殊性和复杂性，进而为我国的中东欧非通用语种教育规划提出三点建议：（1）改革专业命名方式；（2）精确定位复语型人才培养模式；（3）将外语教育规划与国别区域研究紧密结合。

2. 董希骁：《对中国欧洲非通用语种人才培养的思考和建议》，《中法语言政策研究》（第三辑）2017年12月。

本文结合我国欧洲非通用语种教育60余年来的经验教训，对相关语种人才培养的现状进行简要梳理。通过对人才需求和师资队伍建设两方面问题的分析，提出在语种结构日趋完善的情况下，应将欧洲非通用语教育规划的重点从"做多"向"做强"转移，并给出了三点建议，即：厘清需求类型，确定培养规模和模式；强化师资队伍，建立人才储备机制；优化学科设置，提高资源使用效率。

3. 董希骁：《2016中国外语教育年度报告》（欧洲非通用语部分），2017年12月。

本卷概括介绍了2016年全国各高校欧洲非通用语种专业人才培养、科学研究以及学术交流状况。

4. 董希骁：《异化/归化视角下的汉语食品名称罗译研究》，载 *A Festschrift for Florentina Vișan*（《韦珊教授纪念文集》），布加勒斯特大学出版社2017年版。

饮食文化是中华文化的重要组成部分，食品名称则是文化交流过程中最易被别国民众接触到，并纳入自身语言的元素之一。本文以汉语饮食名称的罗马尼亚语翻译为对象，分析了影响（异化/归化）翻译策略选择的主要因素，并据此提出了三条建议，即确定文化符号、按需选择策略、注重地位对等。

5. 董希骁：《从新闻标题看罗马尼亚媒体对"一带一路"的态度》，《中国外语》（CSSCI）2018年第2期。

罗马尼亚媒体在报道"一带一路"时，一方面受西方舆论导向影响，另一方面又因这一倡议带来的实际利益备受鼓舞，立场和态度各异。本文基于系统功能语言学理论，从新闻标题中各类及物性过程的参与者入手，探究相关报道的态度差异及其原因，并针对目前我国对罗马尼亚的宣传工作提出两点建议：（1）了解受众的核心关切，着重报道"一带一路"框架下能够造福当地民众的具体项目；（2）注重标题语篇构建，使其既能体现中国立场，又符合罗马尼亚受众的阅读习惯。

6. 董希骁：《对"一带一路"背景下我国非通用语教育规划的思考》，载《语言产业研究》创刊号，首都师范大学出版社2018年版。

在"一带一路"沿线，绝大多数国家的官方语言和常用语言可被归入"非通用语"之列。随着我国与这些国家的交往日趋紧密，国家外语能力建设面临着新的挑战。科学制定非通用语教育规划，可确保相关专业健康、有序、可持续发展，从而提升人才培养水平、储备能力和使用效率。本文基于对新中国外语教育的回顾，针对非通用语教育面临的主要问题给出解决方案，旨在为国家制定非通用语教育规划提供参考和依据，使其更好地为"一带一路"倡议服务。

7. 林温霜：《一份特殊的礼物——中保两国历久弥新的情谊》，《人民日报》（海外版）2018年7月11日。

本文以中国人民全力搜救在中国境内攀登喜马拉雅山时失踪的保加利亚登山运动员博阳·彼得罗夫为线索，讲述了中保两国穿越时空，民心相通的典型事例。

8. 林温霜、刘佩琪、张婧妍：《用保文讲述〈红楼〉故事》，《人民日报》2017 年 11 月 5 日。

本文重点介绍保加利亚翻译家韩裴在中国文学经典传播中的经历的人和事。韩裴翻译出版过多部中国古代和近现代经典文学作品，包括《红楼梦》《七侠五义》、林语堂的《吾国与吾民》、莫言的《生死疲劳》等。其译作以还原度高、文化底蕴丰富为特点，受到当地文学爱好者的喜爱。

9. 林温霜：《航行在中保文化的两岸——〈红楼梦〉保加利亚文版译者韩裴访谈录》，《国际汉学》（CSSCI 来源期刊）2018 年第 1 期（总第 14 期）。

访谈从汉学家韩裴对《红楼梦》的翻译入手，结合《红楼梦》在欧洲的译介传播，分析《红楼梦》保文译本的翻译策略、翻译方法。通过访谈，挖掘和展示了译者在翻译过程中形成翻译方法——"激活古代语言"法，即在翻译中国经典的过程中，用文雅的古保加利亚语对译品的语汇加以丰富，以达成与原著更为接近的语言风格。此外，从译者的角度，考察《红楼梦》在保加利亚的接受，分析接受中面临的文化困境及解决之道。

10. 彭裕超：《淡极始知花更艳——贝尔格莱德国家剧院及〈茶花女〉中国纪行》，《新剧本》2017 年第 5 期。

本文以贝尔格莱德国家剧院的 2017 中国巡演为线索，对其发展历史和传统进行介绍。重点介绍了剧院在改写、编排、演绎《茶花女》这部经典之作的独到细节，以及本剧在中国的接受。

11. 彭裕超：《邂逅"君临城"——克罗地亚杜布罗夫尼克戏剧溯源》，《新剧本》2018 年第 2 期。

本文对杜布罗夫尼克戏剧的历史发展和名家名作进行了综合性梳理。杜布罗夫尼克戏剧是克罗地亚文艺复兴文学遗产中最重要的组成部分。杜布罗夫尼克戏剧广泛吸收了来自意大利、法国、英国和西班牙的戏剧元素。在文艺复兴时期，杜布罗夫尼克戏剧形式以田园戏剧和喜剧为主。在取材方面，田园戏剧带有明显的浪漫主义元素和神话元素，而喜剧则倾向于贴近人们生活的现实主义元素。

12. 李怡楠：《奥尔加·托卡尔丘克：神秘深邃的文学旅者》，《文艺报》2018年6月11日。

13. 李仲云：《〈中外文学交流史：中国—中东欧卷〉出版座谈会纪要》，载《跨文化对话》（CSSCI来源集刊）第37辑，2017年9月。

14. 丁超：《纪念奥维德，开辟中罗人文交流的新天地——在康斯坦察"奥维德"大学名誉博士授予仪式上的讲话》，载《跨文化对话》（CSSCI来源集刊）第37辑，2017年9月。

15. 丁超：《寄身于翰墨，见意于篇籍——文庸先生和他的基督教文化研究》，《中华读书报》2017年11月15日。

16. 丁超：《对我国高校外语非通用语种类专业建设现状的观察分析》，《中国外语教育》（CSSCI来源集刊）第10卷，2017年第4期。

内容摘要：非通用语种或曰"小语种"人才培养是我国高等外语教育的一个重要组成部分，是中国发展同世界各国友好合作关系，全面深度参与国际事务和全球治理必备的语言能力和智力资源。近年来，随着我国综合国力的提升和"一带一路"建设的全面展开，外语非通用语种人才培养工作也受到国家的特别重视，迎来了一个重新布局、快速发展的新时期。本文概述2015年以来全国非通用语种专业设置与人才培养方面的重要变化，包括取得的突出成绩和仍存在的一些问题，强调了非通用语种类专业建设应保持可持续发展的基本观点。

17. 丁超：《关于非通用语种人才培养机制变革与创新的若干思考》，《中国外语教育》（CSSCI来源集刊）第11卷，2018年第

1 期。

内容摘要：在当前我国外语非通用语种人才培养工作中，"创新人才培养机制"是一个重点，带有全局性意义。本文围绕"一带一路"建设、中国文化"走出去"等对外工作大政方略，基于对全国非通用语种的专业设置与人才培养现状的调研，提出对机制变革与创新问题的一点浅见，涉及对非通用语种人才培养机制定义与特征的理解，以及变革与创新的内涵，具体包括：坚持"立德树人"一个根本，在国家层面建立三种机制，在建设和发展过程中不断协调六种关系，以及工作实践中着力抓好八个环节。

18. 丁超：《民族诗魂，旷世奇歌——走近罗马尼亚大诗人爱明内斯库》，载《爱明内斯库的诗》，外语教学与研究出版社 2018 年版。

19. 赵刚：《生命的意义在于旅行——波兰女作家奥尔加·托卡尔丘克和她的〈云游派〉》，《光明日报》2018 年 7 月 4 日《国际文化》版。

（二）专著

1. 李怡楠：《波兰文学在中国》，（波兰）西里西亚大学 Gnome 出版社 2017 年版。

内容摘要：《波兰文学在中国》以波兰文学在中国的接受历史和现状为研究对象，介绍波兰文学作品汉译的整体情况，并依托研究中国文学批评界对波兰文学作品的接受情况，分析中国人接受波兰文学的特点。全书分为三个部分。第一部分介绍波兰文学汉译的历史演进脉络和译者群体及其翻译兴味的分布。第二部分介绍最受中国关注的波兰文学家在华接受情况，借此描绘经由波兰文学译本在华构建起的波兰文学和波兰民族形象，并透视波兰文学对中国社会的影响。第三部分介绍波兰文学在华译介的主要平台和传播形式,分析波兰文学在华推广面临的机遇和挑战,并给出有关应对之策。

2. 赵刚主编,林温霜、董希骁副主编:《中东欧国家发展报告(2016—2017)》,社会科学文献出版社2018年版。

内容摘要:本报告是国内第一部全面介绍中东欧16国政治、经济、文化、社会、外交、安全等领域最新动态,以及中国—中东欧"16+1合作"的年度报告,对于中国社会各界全面了解16国发展现状、分析发展趋势、寻找合作机遇、规避潜在风险,具有重要的学术价值和现实意义。报告力求从横向和纵向两个纬度,全面审视中东欧各国的发展现状与趋势,旨在为国家有关部门制定政策提供可靠参考,为"一带一路"建设和中国企业"走出去"提供一手资讯,为国内的研究机构和学者提供准确权威素材,为赴中东欧留学人员和旅游者提供实用信息,为国内普通民众更好地了解中东欧国家国情、拓宽国际视野提供一个内容全面、信息准确的读本。

2016—2017年的中东欧地区总体保持稳定,经济社会继续发展,但错综复杂的国际形势,特别是欧盟发生的一系列事件,也不可避免地在中东欧国家荡起涟漪。一些新问题、新思潮的出现,对中东欧国家未来的走势可能带来深远的影响,值得我们持续观察和思考。回顾2016—2017年中东欧国家的政治形势可以看到,大部分中东欧国家举行了选举,选举和政权交接基本平稳;但也有一些国家政府变动频繁,政局发生重大变化,新兴政党迅速上位,民粹主义影响不断扩大,部分国家出现所谓的"民主倒退","新老欧洲"之间矛盾重重。这些现象,既与中东欧国家自身的发展阶段紧密相连,又与欧盟目前面临的一系列问题息息相关。

经济方面,2016—2017年中东欧国家保持平稳增长,但欧洲经济的不确定性、英国退出欧盟、全球经济增长缓慢,以及申根区内的有关货物和人员自由流动的潜在限制性障碍，会对中东欧国家经济增长产生影响。外交和安全方面，中东欧国家都将"回归欧洲"作为优先的发展方向，积极融入欧洲—大西洋一体化进程。但由于地理位置、历史文化、民族宗教以及国家发展水平等方面的差异，中东欧国家在许多问题上的看法和战略选择与德、法等国也有着明显的不同。对于中东欧国家来说，它们一方面渴望尽快融入欧洲，另一方面又希望能够保持自己的特色和发展节奏。中东欧 16 国均致力于欧洲一体化进程，将积极发展同欧美等西方国家的关系作为本国对外政策的优先方向，同时注重与俄罗斯、中国、印度等国的务实合作，不断加强同中亚、拉美、非洲国家的交流合作。

3. 赵刚、孙晓萌主编：《中国外语非通用语种类专业建设和发展报告（2014）》，外语教学与研究出版社 2018 年版。

内容摘要：本报告是在教育部高等学校外语种类专业教学指导委员会非通用语种类专业教学指导分委员会和中国非通用语教学研究会的指导下，由北京外国语大学欧洲语言文化学院和亚非学院共同编辑完成的。报告汇集了 2014 年国内集中开展外语非通用语教学的 25 所高校在人才培养、学术研究、社会服务、国际交流等方面的情况，信息丰富翔实，具有较强的参考价值。

4. 金莉、王丽亚主编：《外国文学通览 2016》，外语教学与研究出版社 2017 年版。

内容摘要：本书收录了中心兼职研究人员编写的 6 篇综述，分别为：马赛：《2016 年阿尔巴尼亚语文学概览》；陈巧：《2016 年保加利亚文学概览》；李怡楠：《2016 年波兰文学概览》；吕妍：《2016 年拉脱维亚语文学概览》；彭裕超：《2016 年塞尔维亚文学概览》；郭晓晶：《2016 年匈牙利文学概览》。

（三）译著

1. ［阿尔巴尼亚］阿尔弗雷德·达利皮、根茨·米弗蒂乌主编：《阿尔巴尼亚历史与文化遗产概览》，柯静、马赛译，外语教学与研究出版社 2017 年版。

内容摘要：本书为"中国—阿尔巴尼亚经典图书互译出版项目"之一种，由阿尔巴尼亚各领域专家学者合作编著而成，是涉及阿尔巴尼亚多领域历史与发展现状的小百科全书，也是目前国内对阿尔巴尼亚整体介绍覆盖领域最多、专业性最强的一部书籍。全书共分为历史、文化遗产、经济、概括补充四大部分，其中历史部分细分为 9 个阶段简要概述了从古代到 20 世纪 90 年代阿国发展历程；文化遗产部分按考古、语言、宗教、团结、传统文化、史诗、文学、法典、古抄本、城市法规等 24 个方面展开介绍；经济部分的内容跨度从"二战"到 90 年代的经济转型，并阐述了当前经济发展趋势和前景；概括补充部分就天文、地质、气候、自然环境、人口、发展商机和主要旅游景点几方面进行了介绍。

2. ［捷克］博胡米尔·赫拉巴尔：《雪绒花的庆典》，徐伟珠译，花城出版社 2018 年版。

内容摘要：该书由捷克作家博胡米尔·赫拉巴尔以日记形式创作于 20 世纪 70 年代，属于他鼎盛时期的创作。鲜活的乡村场景，赫拉巴尔式的人物，令人难以置信的人性故事，口语化的对白和方言俚语，淡淡的忧郁中看待世界的独到眼光，一系列情节不连贯的故事或图像串联，将荒谬滑稽的人生百态高度戏剧化，这是赫拉巴尔的典型风格和创作高度，通过这种方式达到动态的嬗变，展现背反的两极：纯粹的原生性和超凡的想象力。

3. ［波兰］切斯瓦夫·米沃什：《面对大河》（《米沃什诗集》Ⅳ），赵刚译，上海译文出版社 2018 年版。

内容摘要：切斯瓦夫·米沃什是波兰作家、翻译家，20 世纪最伟大的诗人之一。他的一生见证了 20 世纪欧洲大陆的剧烈动荡。他的诗歌创作深刻剖析了当代世界的精神危机，坚持知识分子的道德责任，并与波兰古老的文学传统进行对话。1980年，他因作品"以毫不妥协的敏锐洞察力，描述了人类在剧烈冲突世界中的赤裸状态"，获得诺贝尔文学奖。《米沃什诗集》共四卷，汇集诗人1931年至2001年间几乎所有的诗作。本卷收录作品119首。

（四）辞书

1. 冯志臣/编著：《罗马尼亚语汉语大词典》，商务印书馆2018年版；开本787×1092 1/16；正文和附录共1607页。

内容摘要：本词典由北京外国语大学罗马尼亚语专业资深教授冯志臣先生独力编纂，被列为国家社科基金后期资助项目，是目前为止国内外最大的一部罗汉双语工具书。全书收录80000余词条，涵盖各个领域和学科，除侧重现代罗语的通用词汇外，也收录了一批常见的古语、方言词、俗语、行业用语、隐语、缩略语、外来语、拉丁习语和各类学科的专业术语，以适应更大范围的实际需要。在汉译方面，尤其是科技术语的译名，本词典参阅了大量权威性专业工具书，在时代性、科学性和应用性等方面均凸显特色。

2. 由军事谊文出版社策划申报的2008—2009年度国家出版基金项目"非通用语外汉—汉外系列词典"于2018年5月正式出版（版权页标注2017年5月第1版）。中心和欧洲语言文化学院的中东欧语种专业教师共承担了该系列中9部词典的编纂，具体如下：

（1）《阿尔巴尼亚语汉语、汉语阿尔巴尼亚语精编词典》，柯静主编，陈逢华副主编，靳乔、马赛、李舒曼参编；32开，1189页。

（2）《阿尔巴尼亚语汉语、汉语阿尔巴尼亚语简明外交词典》，肖桂芬主编；64开，826页。

（3）《捷克语汉语、汉语捷克语简明外交词典》，徐伟珠主编；64开，455页。

（4）《罗马尼亚语汉语、汉语罗马尼亚语精编词典》，冯志臣主编；32开，1123页。

（5）《罗马尼亚语汉语、汉语罗马尼亚语简明军语词典》，丁超主编；32开，664页。

（6）《斯洛伐克语汉语、汉语斯洛伐克语简明军语词典》，刘飞主编；64开，434页。

（7）《克罗地亚语汉语、汉语克罗地亚语精编词典》，杨琳主编；32开，1174页。

（8）《塞尔维亚语汉语、汉语塞尔维亚语精编词典》，杨琳主编；32开，1136页。

（9）《塞尔维亚语汉语、汉语塞尔维亚语简明外交词典》，胡唯玲、杨琳主编；64开，626页。

此外，中心还就承担的三项教育部国别和区域研究2016—2017年度指向性课题开展了相关研究，其中董希骁副教授主持的"'一带一路'倡议背景下的我国高校小语种教育现状研究"（课题批准号17GBQY032）在2017年底完成规定的研究报告。中心部分研究人员利用不同机会，赴波兰、斯洛伐克、罗马尼亚、保加利亚、阿尔巴尼亚、立陶宛、拉脱维亚等中东欧国家访问、调研或学习；参加了"中国—中东欧国家高校联合会第五次会议"（深圳）、"2018中国—中东欧国家市长论坛"（宁波）、"第四届中国—中东欧投资贸易博览会"（宁波）、教育部"国别和区域研究国际研讨会"（贵阳）等国内外学术会议和交流活动，学习借鉴，拓宽了合作渠道和学术视野。

（撰写人：李仲云等）

北京外国语大学
乌克兰研究中心

一　重要沿革

2016年6月，北京外国语大学乌克兰中心成立，在行政管理上隶属于北京外国语大学俄语学院。中心的主要工作包括开展乌克兰语语言教学与研究，推进乌克兰语本科教学改革及教材建设；开展国别和区域研究，涵盖乌克兰政治、经济、外交、文化、社会、历史、宗教等多个领域；推动中乌文化交流，包括举办乌克兰民族文化特色活动、推介乌克兰文学艺术领域的经典作品以及有代表性的当代作品；发挥平台作用，促进北京外国语大学与乌克兰相关高校及科研机构的国际交流与合作。

2017年7月，北京外国语大学乌克兰中心更名为北京外国语大学乌克兰研究中心（简称北外乌克兰研究中心），入选2017年度教育部国别和区域研究中心备案名单。

二　研究方向

第一，乌克兰语言及教学法研究。

北京外国语大学乌克兰语专业设立于2003年9月，于2015

年9月开设了本科阶段第三外语选修课课程。鉴于北外乌克兰语专业教师均为乌克兰中心专职研究人员,推动乌克兰语本科教学研究和改革即成为中心的重要研究方向,主要包括教材编写、词典编纂、开展教学调研和教学研讨、进行教师培训等,目的是优化课程设置,提升教学水平,改革教学方法,探索新的人才培养模式。

第二,乌克兰政治、经济、文化、外交、社会、历史、宗教等领域的专题研究。

受2013年末爆发的乌克兰危机的影响,国内的乌克兰研究一时成为热点,但总体来看尚存在两个问题:一是研究多从俄罗斯视角出发,或囿于语言局限,主要以俄语或英语材料作为研究来源和基础;二是研究多局限于政治和外交层面,对乌克兰的历史、文化、民族、宗教等领域的专题研究远未充分展开,存在着大量的研究空白。我中心专职研究人员普遍精通俄语、英语,部分研究人员还熟练掌握乌克兰语,在进行乌克兰国别研究上具有极大优势,在充分结合研究人员自身研究方向的基础上,具备开展乌克兰政治、经济、文化、外交、社会、历史、宗教等领域专题研究的必要条件。

三 人员情况

中心主任:劳华夏(任期年限:2016年6月至今)
中心科研团队组成:

1. 黄玫,北京外国语大学俄语学院院长、教授、博士生导师,主要研究方向:俄罗斯文学、乌克兰文学、乌克兰文化;

2. 丛鹏,北京外国语大学国际关系学院教授、博士生导师,主要研究方向:俄罗斯对外关系;

3. 郭世强，北京外国语大学俄语学院副教授，主要研究方向：中俄文化对比、乌克兰文化；

4. 劳华夏，北京外国语大学俄语学院讲师，主要研究方向：乌克兰研究、俄罗斯对外关系；

5. 伊戈尔·戈尔什科夫（Igor Gorshkov），北京外国语大学俄语学院乌克兰籍专家，主要研究方向：乌克兰文化。

四　学术活动简介

1. 瓦列里·别比克教授北外乌克兰研究中心学术研讨活动

2017 年 11 月 7 日，乌克兰政治学会主席、《社会人文科学》杂志主编、基辅大学国际关系系教授瓦列里·别比克先生随同乌克兰新闻媒体负责人代表团访问北京外国语大学。其间，别比克教授到访乌克兰研究中心，与中心研究人员就乌克兰政治社会热点、乌俄关系、中乌关系等问题进行了研讨，介绍了乌克兰学界的观点，同时表示希望能够与北外乌克兰研究中心进一步密切合作。

2. 乌克兰驻华大使北京外国语大学专题讲座

2017 年 12 月 20 日，乌克兰驻华大使奥列格·焦明先生应乌克兰研究中心邀请访问北外，为师生做《"新丝绸之路"背景下的中国与乌克兰》的专题讲座。讲座中，焦明大使介绍了乌克兰的历史发展、民族特色、国情概况等，探讨了中乌合作、"一带一路"倡议背景下的中乌关系等问题，并在讲座结束后就中乌关系、乌俄关系、中美俄世界大国关系与在场师生进行了互动交流。

3. 第二届乌克兰复活节彩蛋艺术大师班

2018 年 4 月 14 日上午，北外乌克兰研究中心在主楼 432 教室举办了第二届乌克兰复活节彩蛋艺术大师班。活动期间，乌克兰籍专家伊戈尔·戈尔什科夫详细介绍了乌克兰复活节彩蛋的历史、象征意义和主要制作工艺，并亲自演示了彩蛋的主要制作过程。

乌克兰驻华使馆一等秘书弗拉基米尔·西多连科及家眷、中国国际广播电台乌克兰语部中乌两国记者，以及北外多个院系的同学、校友、留学生等30余人参加了活动。

4.《乌克兰语初级教程》教材讨论会

2018年5月18日，北外乌克兰研究中心举行《乌克兰语初级教程》教材讨论会，乌克兰利沃夫伊万·弗兰科国立大学语言系东方学教研室副教授伊琳娜·雅莱姆丘克、乌克兰研究中心主任劳华夏、中心乌克兰籍专家伊戈尔·戈尔什科夫参加会议。会上审阅了《乌克兰语初级教程》终稿，听取了乌方专家对终稿的意见，制订了教材修改计划。

5.《乌克兰口头文学传统漫谈》专家讲座

2018年5月18日，乌克兰利沃夫伊万·弗兰科国立大学语言系东方学教研室副教授伊琳娜·雅莱姆丘克来北外做了《乌克兰口头文学传统漫谈》的讲座。本次讲座由北外乌克兰研究中心举办，俄语学院乌克兰语专业师生及部分对乌克兰语、乌克兰文学感兴趣的同学聆听了讲座。

伊琳娜·雅莱姆丘克在讲座中介绍了乌克兰口头文学的起源和发展历程，列举了神话、民歌、壮士歌、民间英雄叙事诗、童话等口头文学体裁及代表作品，在介绍乌克兰民歌的过程中还与在场师生分享了许多不同类型的民歌作品。

五 科研成果

2017年9月，北外乌克兰研究中心申报的"乌克兰与俄罗斯关系研究"(丛鹏主持)和"乌克兰政党制度研究"(劳华夏主持)两项课题获得 2017 年教育部区域和国别研究课题立项。

（撰稿人：劳华夏）

北京第二外国语学院
白俄罗斯研究中心（白俄罗斯研究室）

一　重要沿革

白俄罗斯研究室于 2014 年 10 月 23 日正式宣布成立，是经北京市外事部门批准，由白俄罗斯驻华大使馆与北京第二外国语学院共同建立的专门从事白俄罗斯问题研究的机构，研究室的运作方式是北京第二外国语学院为研究室提供场地，白俄罗斯驻华大使馆负责对研究场地进行布置，而举办的活动和研究内容由双方共同商量确定。2015 年，白俄罗斯研究室成为北京第二外国语学院国别与区域研究中心的重要组成部分，名称为白俄罗斯研究中心。2017 年白俄罗斯研究中心被列入教育部国别与区域研究中心的备案名单。

二　研究方向

第一，白俄罗斯语言教学研究；

第二，白俄罗斯文学研究及翻译；

第三，白俄罗斯国情文化、民俗风情研究；

第四，白俄罗斯旅游研究。

三　人员情况

张惠芹，现任白俄罗斯研究中心主任，2014年10月至今。

科研团队：

1. 张惠芹，白俄罗斯研究中心主任/教授，研究方向：俄语语言学、跨文化交际；

2. 许传华，北京第二外国语学院俄语系副主任/副教授，研究方向：俄罗斯文学；

3. 张变革，陀思妥耶夫斯基研究中心主任/教授，研究方向：俄罗斯文学；

4. 卢婷婷，北京第二外国语学院俄语系基础教研室主任/讲师，研究方向：政治语言学；

5. 张冬梅，北京第二外国语学院俄语系教授，研究方向：跨文化研究；

6. 刘淼，北京第二外国语学院俄语系研究生教研室主任/副教授，研究方向：语言学、翻译学；

7. 余源，西安外国语大学俄语学院副教授，研究方向：对比语言学、俄语教学论及白俄罗斯国别研究。

为了更好地开展白俄罗斯研究基地的工作，俄语系白俄罗斯研究中心还聘请了下列人员作为研究中心的专家顾问：外交部档案馆馆长、中国驻白俄罗斯大使馆前大使鲁桂成，中国驻白俄罗斯大使馆前大使吴筱秋、于振起，新闻参赞王宪举、中国社会科学院俄罗斯东欧中亚研究所乌克兰研究室主任赵会荣，中国国际问题研究院欧亚研究所副研究员韩璐等。

四　学术活动

1. 在北京第二外国语学院召开第三届白俄罗斯与中白关系学术研讨会

2017年11月25日北京第二外国语学院与中国社会科学院中白发展分析中心联合举办了第三届白俄罗斯与中白关系学术研讨会。参加会议的代表主要来自中国的政府、学界、商界。白俄罗斯驻华大使馆官员参加了研讨会。

2. 白俄罗斯驻华大使到访北二外

2017年11月29日，白俄罗斯共和国驻中华人民共和国特命全权大使基里尔·鲁德一行到访北二外，邱鸣副校长会见了来访客人。会见结束后，鲁德大使为俄语系和旅游管理学院学生做了一场题为"2018中白旅游年展望"的讲座。

3. 白俄罗斯中白友好协会主席到访北二外

2017年12月14日下午，中国—白俄罗斯友好协会主席、白俄罗斯共和国国立大学孔子学院院长阿纳托利·托济克先生在白俄罗斯驻华大使馆文化教育参赞谢尔盖·韦尔盖奇科陪同下到访北二外。俄语系党总支书记刘俊纬、副系主任许传华副教授和白俄罗斯中心主任张惠芹教授会见了来访客人。双方就可能开展的合作领域进行了探讨。

4. 北二外与白俄罗斯国立师范大学开展网络课程

2018年4月18日北二外组织白俄语专业的学生与白俄罗斯国立师范大学的学生开展在线课程。本次课程中双方学生在老师的指导下准备了有关本国文化风俗的演讲稿，并在课上宣读，然后对方学生就感兴趣的问题提问交流。

5. 白俄罗斯教育部部长到访北二外

2018年8月22日，白俄罗斯教育部部长卡尔边科率团访华，第一站活动就是来到北二外进行访问。当天下午，代表团在中国教育部国际司欧亚处处长刘剑青和白俄罗斯驻华大使馆官员的陪同下来到我校，校党委书记顾晓园会见了来访客人，副校长朱佩芬陪同会见。

卡尔边科部长对北二外在白俄罗斯语课程开设和白俄罗斯研究中心建设方面所做出的努力表示赞赏。他表示，此次以教育部部长的身份第一次访华，之所以将北二外作为访问首站，就是基于北二外在中白两国友好关系建设方面的推动作用和突出贡献。

五　科研成果

1. 完成研究报告2份

张惠芹，《白俄罗斯警务礼俗研究》，教育部国际司，2017—2018

许传华，《白俄罗斯语言政策与中文教学研究》，教育部国际司，2017—2018

2. 2018年教师承担3个研究项目

张惠芹，"白俄罗斯教育的历史及前景分析"，校级，2018

于优娟，"'一带一路'背景下的中白关系研究"，校级，2018

卢婷婷，"对白俄罗斯主流媒体涉华报道内容的评析"，校级，2018

3. 2018年学生承担1个项目

孙道莹，"从逐渐兴起的白俄语热看中白两国关系"，北京市高等学校高水平人才交叉培养"实培计划"，2017—2018

"实培计划"项目采取"双导师"制，遴选优秀学生进入国内知名科研单位接受科研创新训练，以毕业设计（论文）为载体，为学生科研创新能力培养搭建平台。该项目的指导教师为北京第二外国语学院教授张惠芹和中国社会科学院俄罗斯东欧中亚研究所乌克兰研究室主任赵会荣研究员。

六　教学成果

作为教学单位，白俄罗斯中心的成果还体现在人才培养方面。自2015年开始上白俄罗斯语课程以来，共有16名学生完成了白俄罗斯语辅修专业的课程并获得辅修专业证书。

七　国际合作

2018年9月11日上午应白俄罗斯驻华大使馆特命全权大使基里尔·鲁德的邀请，北二外俄语系张惠芹教授赴白俄罗斯驻华大使馆，接受白俄罗斯新闻部部长阿列克西·卡尔留凯维奇（Алексь Корлюкевич）的感谢信。在信中，白俄罗斯新闻部部长感谢张惠芹教授为发展中白文学交流和在出版领域积极参与国际合作方面做出的贡献。张惠芹教授参与了白俄罗斯的翻译出版项目"崇高标志——中国诗人"工作，该项目旨在将中国古代和现代（唐朝至20世纪）诗词作品译成白俄罗斯语出版，向白俄罗斯读者介绍中国文化和历史。张惠芹教授作为该项目的国际委员会成员，为白俄罗斯的翻译家推介中国诗人。另外，白俄罗斯新闻部部长阿列克西·卡尔留凯维奇通过鲁德大使表达了在文学翻译领域的合作意向。

白俄罗斯研究中心的影响不断扩大。2018年6月10日在青岛举行上合组织元首理事会第十八次会议期间，白俄罗斯首都电视台专门介绍了北京第二外国语学院白俄罗斯研究中心以及学生学习白俄罗斯语的情况。2018年暑假5名学生赴白俄罗斯进行游学活动，首都电视台对活动进行了报道，其间还专门采访了北二外学习白俄罗斯语的学生们。

（撰稿人：张惠芹）

上海国际问题研究院
俄罗斯中亚研究中心

一 概况

本中心继续由李新研究员和强晓云副研究员分别担任主任和副主任。

由于钱宗旗同志退休和曹嘉函同志调离,本中心研究人员减少至5人。其中,研究员1人,副研究员3人,助理研究员1人;工作语言为俄语的3人,英语的2人。

李新研究员继续兼任上海财经大学世界经济专业教授和博士研究生导师,并新任中俄全面战略协作高端智库常务理事,以及中国民主建国会第十一届中央委员会对外联络委员会委员和民建上海市第十三届委员会"一带一路"专委会执行主任、上海市公共外交协会第二届理事会理事。

二 国际学术活动

本中心积极开展国际学术交流。

为配合上合组织青岛峰会,2018年4月12日,本中心与俄罗斯外交部高尔察科夫公共外交基金会在上海共同举办了"上合组织：新挑战和新机遇"国际研讨会，中外嘉宾有近30人参加。

2017年10月3—5日，李新研究员应邀赴希腊参加世界"文明对话"罗德岛论坛并发表演讲；2017年10月23—24日，应邀赴芬兰参加赫尔辛基大学亚历山大研究所举办的"2030：俄罗斯选择"论坛并就欧亚经济伙伴关系问题发表大会演讲；2017年10月29日，应邀赴德国文明对话研究所（柏林）总部出席董事会会议，讨论所长人选问题；2017年11月22—26日，应邀赴俄罗斯莫斯科参加俄罗斯外交部高尔察科夫公共外交基金会主办的青年国际关系学者高级研讨班并为学员授课，与俄罗斯外交部部长拉夫罗夫就俄罗斯"大欧亚伙伴关系"问题进行长时间交流；2018年3月16日，应邀赴德国文明对话研究所（柏林）总部出席董事会会议，讨论2018年工作计划；2018年9月15—27日，随上海国际问题研究院代表团出访拉美，出席在阿根廷布宜诺斯艾利斯举办的T20峰会，并与参会的俄罗斯"瓦尔代"国际辩论俱乐部主席A.比斯特罗茨基和世界文明对话研究所董事长B.亚库宁等学者进行广泛和深入交流，顺访了阿根廷外交部和智库国际关系理事会、秘鲁外交部和太平洋大学国际组织研究院以及哥伦比亚国立大学和罗萨里奥大学等。

2018年3月16—19日，强晓云副研究员应邀作为国际观察员赴莫斯科观摩俄罗斯总统选举。

2018年2—5月，赵隆副研究员赴美国战略与国际问题研究中心访问学者；5月14日应邀赴乌兹别克斯坦塔什干参加乌总统在战略与地区研究所举办的"乌中共建'一带一路'倡议"国际研讨会；5月17日应邀赴格鲁吉亚第比利斯参加"2018南高加索安全论坛"。

三　主要研究成果

2017—2018 年度，在 2016 年 3 月与中亚国家学者共同研究和学术交流会的基础上，本中心与 A. 阿姆列巴耶夫、T. 沙伊梅尔根诺夫、M. 伊马纳利耶夫等中亚著名学者联合发布了《"一带一路"对接中亚经济发展》研究报告。针对俄罗斯提出的"大欧亚伙伴关系"及其与"一带一路"的关系，李新撰写并发布了《"一带一路"构建欧亚经济伙伴关系》研究报告。

2017 年 12 月，李新研究员撰写的关于与俄罗斯建设欧亚全面伙伴关系的报告得到习近平总书记、李克强总理和杨洁篪同志的批示。

李新研究员主持完成了国家社科基金重点项目《丝绸之路经济带建设研究》（14AGJ006）并以《"一带一路"构建欧亚经济伙伴关系》专著申请结项。

2018 年 6 月，李新研究员主持、强晓云副研究员和赵隆副研究员等参加完成了国家发改委委托的重点课题"新时期中俄务实合作的总体思路和路径"。

本中心研究人员发表的专著和论文有：

1. 李新：《俄罗斯"跨欧亚发展带"与"北方海路"：统一的欧亚构想》，载朱宇、А.В. 奥斯托洛夫斯基主编《中国—俄罗斯经济合作发展报告：2018》，社会科学文献出版社 2018 年版。

2. 李新、胡贝贝：《欧亚全面伙伴关系：起源与路径》，《俄罗斯东欧中亚研究》2017 年第 6 期。

3. 李新：《大欧亚伙伴关系与"一带一路"构建欧亚经济伙伴关系》，载王高成主编《新时代下的国际趋势与两岸关系》，台北：

时英出版社·淡江大学国际研究学院 2018 年 6 月。

4. 李新：《大欧亚：俄罗斯与中国的视角》，载李永全主编、王晓泉副主编《俄罗斯东欧中亚与世界》，社会科学文献出版社 2018 年版。

5. 胡沅洪、李新：《浅析新形势下上合组织的经济合作》，《海外投资与出口信贷》2018 年第 3 期。

6. 李新：《变与不变中的中美俄关系》，《中华参考》2017 年第 5 期。

7. 李新：《"一带一路"助中国开辟欧亚共同经济空间》，《中国社会科学报》2017 年 12 月 14 日。

8. 李新：《加强经贸合作 推动中俄关系全面发展》，《黑龙江日报》2018 年 6 月 15 日。

9. 李新：《构建新型国际关系的典范》，《人民日报》权威论坛，2018 年 6 月 7 日。

10. 李新：《"一带一路"为上合发展注入新动力》，《解放军报》2018 年 6 月 7 日。

11. 李新、胡贝贝：《关于构建"金砖国家"经济伙伴关系的基本思路》，《新兴经济体研究》2017 年 12 月第 1 辑。

12. 赵隆：《中俄北极可持续发展合作：挑战与路径》，《国际问题研究》2018 年第 4 期。

13. 赵隆：《共建冰上丝绸之路背景、制约因素与可行路径》，《俄罗斯东欧中亚研究》2018 年第 2 期。

14. 赵隆：《经北冰洋连接欧洲的蓝色经济通道对接俄罗斯北方海航道复兴》，《太平洋学报》2018 年第 1 期。

15. 封帅：《冷战后英国的俄苏研究》，上海人民出版社 2018 年版。

16. 封帅:《大陆帝国邂逅海洋文明:英俄关系的历史逻辑与当代意义》,《俄罗斯研究》2017年第5期。

17. 封帅:《增长的极限:亚信会议发展的结构性困境与改革路径探析》,《俄罗斯研究》2018年第3期。

复旦大学
俄罗斯中亚研究中心

一 历史沿革及研究方向

俄罗斯中亚研究中心成立于2005年，隶属于复旦大学国际问题研究院，主要研究方向包括：第一，俄罗斯和欧亚国家的政治与外交；第二，俄罗斯和欧亚国家的经济与能源；第三，俄罗斯与欧亚国家的军事与安全；第四，俄罗斯与欧亚国家的社会与文化；第五，中国与俄罗斯及欧亚国家关系；第六，上海合作组织、欧亚经济联盟等国际组织；第七，"一带一路"；第八，中国与俄罗斯及欧亚国家的人文交流等。

2017年，中心被教育部确定为"中外人文交流研究基地—中俄人文交流研究中心"和教育部国别和区域研究基地。中心积极开展决策咨询，与国家相关决策部门建立了密切联系，中心研究人员经常性承担政府部门研究课题、应邀参加相关决策咨询会议。

中心以复旦大学国际问题研究院为平台，开展日常工作，组织举办国内国际学术会议，与国内外研究机构、专家、学者开展学术交流。除国内知名研究机构外，中心还与俄罗斯国际事务委员会、莫斯科国际关系学院、俄罗斯科学院远东研究所、俄罗斯战略研究所、莫斯科卡内基中心、哈萨克斯坦总统战略研究所、哈萨克斯坦首任总统基金会世界经济和国际关系研究所、哈萨克斯坦阿尔法拉比国立大学、乌兹别克斯坦世界经济和外交学院、乌兹别克斯坦战略和地区研究所、吉尔吉斯斯坦战略研究中心、塔吉克斯坦战略研究所、美国国际战略研究中心、布鲁金斯学会、哥伦比亚大学、乔治城大学、卡内基国际和平基金会、日本北海道大学斯拉夫—欧亚研究中心、波兰东方研究中心、印度尼赫鲁大学等有学术交流和合作关系。

中心成员开设俄罗斯政治与外交、中俄关系等本科与研究生课程，并招收国际关系、国际政治等专业的硕士、博士研究生，培养俄罗斯—欧亚研究的专门人才。招收的硕士研究生中除了中国学生，还有来自俄罗斯、哈萨克斯坦、美国、乌克兰的学生。中心也为国外访问学者和实习生的访学提供条件，已接收过来自哈萨克斯坦、乌兹别克斯坦、俄罗斯、土耳其和美国的访问学者和实习生。

二　研究团队及主要领域

中心现有专职研究人员4名（其中教授3名、讲师1名）、专职翻译1名。中心与本校经济学院、外文学院等兄弟单位紧密合作，多名本校兼职研究人员经常性参与中心活动。成员用中文、俄文和英文在国内、俄罗斯、欧亚国家、美国、日本等发表大量专业领域学术成果，经常性参与"瓦尔代论坛""阿斯塔纳论坛""东亚斯拉夫研究共同体"等国际知名欧亚问题交流平台的活动。中心自2015年与俄罗斯国际事务委员会共同发起"中俄对话"联合研究项目并出版年度研究报告，在两国学术界和决策层反响良好。中心每年还出版《学术简报》（内部刊物）。

研究团队主要成员包括：

冯玉军，中心主任（2018年至今），教授，博导，复旦大学国际问题研究院副院长，主要研究领域包括：俄罗斯—欧亚问题、上海合作组织、国际能源安全与外交、大国关系、中国周边安全以及俄罗斯国际关系理论等。主要著作有：《俄罗斯外交决策机制》《俄罗斯国家安全决策机制》《俄罗斯发展前景与中俄关系走向》《俄罗斯外交思想库》《俄罗斯中亚油气政治与中国》《上海合作组织：新安全观与新机制》《百年中俄关系》等。主要译作有：《俄罗斯战略：总统的议事日程》《当代俄罗斯国际关系学》等。曾在国内外知名学术刊物上发表论文百余篇。经常性接受中国中央电视台、凤凰卫视、中央人民广播电台、中国国际广播电台以及BBC、NHK等国际知名媒体采访。

赵华胜，研究员，博导，中心前主任（2005—2017），主要研究领域包括：俄罗斯外交和安全、中俄关系、上海合作组织、中国与中亚关系等。主要著作有：〔Китай, Центральная Азия и Шанхайская организация сотрудничества（中国、中亚和上海合作组织，莫斯科卡内基中心，2005年，单行本）、Central Asia: Views from Washington, Moscow and Beijing. （Coauthored with E. Rumer and D. Trenin, M. E. Sharpe, 2007）、Центральная Азия: взгляд из Вашингтона, Москвы и Пекина. （与E. Rumer、D. Trenin合著，2008年，为同名英文合著的俄文版本）〕、《中国的中亚外交》（时事出版社2008年版）、《上海合作组织：评析和展望》（时事出版社2012年版）。2005年以来在国内、俄罗斯、美国、印度、哈萨克斯坦和乌兹别克斯坦等国以中、英、俄文发表学术论文60余篇。

徐海燕，教授，主要研究领域包括：能源战略、国际油价、俄罗斯经济等。主要著作有：《ПРОГНОЗИРОВАНИЕ ВНЕШНЕТОРГОВЫХ СВЯЗЕЙ РЕСПУБЛИКИ КАЗАХСТАН С КИТАЙСКОЙ НАРОДНОЙ РЕСПУБЛИКОЙ – МЕТОДОМ МАТЕМАТИЧЕСКОГО МОДЕЛИРОВАНИЯ》（本书用俄、英两种文字出版，英文版是本书的浓缩版）、《PREDICTION OF

TRADE RELATIONS BETWEEN THE REPUBLIC OF KAZAKHSTAN AND CHINA – USING MATHEMATICS MODELING METHOD》，［M. M. Shyngysbaeva ed.，Published by "Economy"，Almaty（Kazakhstan，2010）、《绿色丝绸之路经济带的路径研究：中亚农业现代化、咸海治理与新能源开发》（复旦大学出版社 2014 年版］等。曾在国内外知名学术刊物上发表论文数十篇。

马斌，助理研究员，主要研究领域包括：俄罗斯中亚政治与外交、俄美关系、美国中亚政策、"一带一路"、政治风险、国际发展援助等。主要著作有：《重塑心脏地带：冷战后美国对中亚援助政策研究》（2015）、《"一带一路"投资风险研究：以中亚为例》（2016）。曾在国内外学术刊物上发表论文数十篇，并经常在国内外主流媒体发表评论。

孙凌云，专职翻译。

三　主要学术活动简介

1. "2018 年总统选举与俄罗斯未来走向"研讨会

2017 年 11 月 4 日，由复旦大学国际问题研究院俄罗斯中亚研究中心主办的"2018 年总统选举与俄罗斯未来走向"学术研讨会在复旦大学美国研究中心 104 会议室召开。

复旦大学国际问题研究院常务副院长吴心伯教授出席开幕式并致辞。吴心伯教授围绕国内政治与国际政治的关系、大国领导人的个性、中俄关系、美国对俄罗斯的战略判断等角度阐述了看法，并向与会嘉宾介绍了复旦大学俄罗斯中亚研究中心近两年的发展状况。复旦大学俄罗斯中亚研究中心主任冯玉军教授主持了开幕式。

来自中共中央对外联络部、国务院发展研究中心、中央编译局、中国社会科学院、中国国际问题研究院、中国现代国际关系研究院、北京大学、中国人民大学、外交学院、辽宁大学、上海社会科学院、上海国际问题研究院、上海外国语大学、华东师范大学、复旦大学等科研机构和高校的40多位学者出席了此次会议。主办方还邀请了上海合作组织原副秘书长、俄罗斯中国总商会创始会长等与会分享经历和想法。

与会专家围绕"国内政治：普京第四任期会带来什么""俄罗斯经济：走出危机了吗""对外政策：恢复帝国还是走向孤立主义""中俄关系：全面战略协作伙伴走向何方"四大议题进行了广泛而深入的探讨。

2. "世界能源革命与中国—欧亚国家能源合作"研讨会

2017年12月2日，由复旦大学国际问题研究院俄罗斯中亚研究中心举办的"世界能源革命与中国—欧亚国家能源合作"学术研讨会在复旦大学美研中心104室召开。来自国家能源局、中石油、中石油中亚管道有限公司、国家电网、华信国际、中怡保险、欧亚基金、中国社会科学院、中国人民大学、中国石油大学、中国现代国际关系研究院、神华研究院、上海社会科学院、上海外国语大学以及复旦大学的领导、专家参加了此次会议。

国家能源局原副局长张玉清做了题为"世界能源转型及油气产业发展趋势"的主旨演讲，指出目前世界能源发展呈现出低碳化、多元化、智能化、分布式能源快速发展的趋势；认为在非常规油气快速发展、油气供需格局发生深刻变化、天然气消费持续增长、全球天然气供应形式宽松、油气价格关联性减弱、全球天然气区域价差缩小、全球液化天然气能力持续增长的背景下，中国企业开展对外油气合作时应加强协调，根据相关国家的国情差异采取不同政策，同时，还要加强规划培训、促进项目与资金的有机结合、坚持互利共赢的原则。

与会专家围绕"世界能源转型""欧亚地区能源形势与政策""中国与欧亚国家的能源合作"三大主题展开讨论。讨论涉及能源转型与地缘政治、北极航道、欧亚地区油气能源合作、大欧亚伙伴关系、美国油气出口、中亚油气合作、中国对外能源投资、中国与欧亚国家的电力合作、中俄能源合作、欧盟能源战略、日俄能源合作，以及相关研究范式等问题。

经过深入讨论，与会专家普遍认为，世界能源革命与转型给各国带来了新的挑战和机遇。能源供应国和能源消费国之间的竞争与合作也将表现出新特征。随着中国能源消费的增长和能源供需结构的变化，开展对外能源合作的重要性更加突出。中国在处理能源问题过程中，不仅要积极借鉴国外的先进经验，还要充分考量国内实际情况，特别是国内各能源行业、企业的发展现状来推动能源技术创新和治理转型。与欧亚国家发展能源合作是中国能源产业发展的重要方向，它不仅有助于满足国内日益增长的能源需求，还能为中国能源企业开展国际业务提供重要市场。中国能源企业进入欧亚能源市场的过程中，既要充分重视俄罗斯、哈萨克斯坦等传统能源大国，也要认真关注该地区具有较大潜力的其他国家。而且，中国企业在同欧亚国家进行能源合作过程中，也需注意风险防控，推动中国与欧亚国家实现真正共赢。

复旦大学国际问题研究院副院长、俄罗斯中亚研究中心主任冯玉军教授在总结发言中指出，近年来席卷全球的新能源革命带来的历史性影响主要集中在卖方市场正向买方市场转变、国际能源战略格局发生权力转移、油气跨国公司战略布局和运营方式调整，以及能源消费者个体的双重身份彰显四大方面。为国人所熟悉的罗马俱乐部"石油峰值""马六甲困局"等能源相关概念，以及中国对外能源合作多元化的合理布局、中国庞大能源需求的影响的辩证性等问题都需要进一步思考和研究。与此同时，影响能源权力、能源合作的诸多因素中仍有部分未因能源革命而发生变化。在此背景下，中国对外能源合作要树立自信，搞好能源安全与商业利益的平衡，充分发挥中国市场因素的战略影响力，并对国际能源合作进行合理布局。

3. "欧亚研究全国青年学术共同体"研讨会

2017年12月16—17日，"欧亚研究全国青年学术共同体"研讨会在复旦大学召开。会议由复旦大学国际问题研究院俄罗斯中亚研究中心、上海外国语大学俄罗斯研究中心、上海社会科学院国际问题研究所三家科研机构共同倡议，由复旦大学俄罗斯中亚研究中心具体组织承办。来自北京、江苏、上海、广东、新疆等全国14个省（市、区）的27家科研机构及莫斯科大学的共50多位学者参加了会议。

会议包括主旨研讨、专题讨论、方法交流三大模块，围绕"欧亚研究：问题与前景""欧亚研究：'一带'与'一盟'""欧亚研究：大国与未来""欧亚研究：经济与发展""欧亚研究：政治与治理""欧亚研究：发表与出版""欧亚研究：学科与方法"等八大主题展开，重点探讨了"欧亚研究全国青年学术共同体"的构建与发展，并结合具体议题讨论了国内青年学者的成长和培养问题。

与会学者普遍认为，欧亚研究作为国别和区域研究的主要板块之一，在国内仍然具有较大发展空间。从事欧亚问题研究的青年学者要在选题与解题、理论与方法、积淀与产出、策论与专业等方面夯实基础，紧跟现实。构建青年学术共同体是塑造年轻学者的学术自觉和推动欧亚研究发展的重要方式。欧亚研究青年学术共同体的形成既需要共通的知识和理论基础，也需要良性的沟通和互动机制，还需要开放的心态和治学环境，更需要规范的学术争鸣和碰撞。

本次会议以国内从事欧亚问题研究的青年学者为主角，参会者来源范围广，学术活力足，具有较强代表性，能在一定程度上反映出国内从事欧亚问题研究的青年学者的学术生态。会议还特邀从事俄罗斯中亚问题研究的数位沪上资深学者，就多个主题与青年学者进行了交流和分享。

经过一天半的热烈讨论和交流，与会学者表示，期待"欧亚研究全国青年学术共同体"能够保持活力，成为支持国内欧亚研究发展和学科建设的可持续平台，成为国内从事欧亚问题研究的学者聚心、聚力、聚智的平台，成为青年研究人员相互交流、携手成长的平台。复旦大学国际问题研究院副院长、俄罗斯中亚研究中心主任冯玉军教授指出，青年学者的成长是国内欧亚研究长远发展的基础，推动学术共同体的搭建和壮大能为青年学者切磋、交流提供平台。

会后，复旦大学俄罗斯中亚研究中心和光明网将精选参会青年学者的部分稿件，以"欧亚研究全国青年学术共同体"专稿系列进行刊出，与学界同人交流。

4. "展望中美俄关系的下一个时代"

2018年3月19—20日，复旦大学俄罗斯欧亚研究中心与清华大学—卡内基基金会全球政策中心、卡内基莫斯科中心共同举办了"展望中美俄关系的下一个时代"研讨会，这是卡内基2017—2018全球对话系列的第三个研讨会。

俄罗斯的2018年总统大选、中国共产党第十九次全国代表大会的闭幕以及美国总统特朗普第二年执政生涯的开始，都为俄罗斯、中国和美国之间的关系发展创造了新的态势。在习近平主席和弗拉基米尔·普京总统密切的个人关系及其共同的多极世界观的推动下，中国和俄罗斯通过能源协议、联合军事演习及"一带一路"倡议带来的中亚经济发展加深了全面战略协作伙伴关系。而另一方面，特朗普政府最近在其国家安全战略中将中国和俄罗斯称为美国的"对手",强调两国与美国的关系越来越具有竞争性,甚至有时出现对抗性。

与会专家认为:

普京总统的连任和俄罗斯政治的未来:大选显示出俄罗斯总统普京仍获民众的普遍认可。有学者认为,尽管西方国家表露了对选举有效性的怀疑态度,但普京总统在大选中的全面胜利的确是国内支持声高涨的真实反映,这源于国内民众普遍相信普京总统的领导力将坚定不移地推动俄罗斯的对外利益。虽然目前的俄罗斯宪法规定总统最多连任两届,但一位与会嘉宾认为,普京总统的影响力可能在2024年后持续影响俄罗斯政府的政治目标。但同时,这位嘉宾指出,在权力过渡和培养下一代领导人方面,普京总统具有在俄罗斯领导人中绝无仅有的决心。他还表示,虽然普京总统可能会对国内经济体系进行改进,但他目前的政策重点是制定地缘政治战略,意在使俄罗斯重回国际舞台上的领导地位。

中俄全面战略协作伙伴关系不断深化:最近,中俄两国领导人及官员表示,中俄关系正处于历史最好时期,这一表述与历史中20世纪后半叶两国互动的紧张关系形成了鲜明反差。与会嘉宾对这一表述也表示赞同。一位嘉宾表示,在塑造互信和促进经济联系方面,两国政府建立的新合作机制成功发挥了作用,这体现在俄罗斯的最新民调中,中国被视为俄罗斯最紧密的盟友。同时,与会嘉宾指出,中国对俄罗斯的对外贸易增长迅速,例如中国在基础设施和房地产等领域对俄直接投资的增长。除此之外,中俄的能源合作也在深化,例如俄罗斯已成为中国最大的原油供应国。一位与会嘉宾也指出,俄罗斯越来越依赖中国进行投资和贸易,而中国在俄罗斯之外还有许多其他经济合作伙伴可供选择。同时,另一位与会嘉宾认为,尽管最近中俄双边倡议取得了成功,但需要避免对深化进展怀有不切实际的期望。

美俄关系趋于紧张：趋于紧张的美俄关系也成为这次研讨会的重点。对此，与会嘉宾一致认为，目前美俄的对抗关系将在可预见的未来持续下去。一位与会嘉宾指出，俄罗斯在很大程度上放弃了与西方重新融合的原则，这也是后苏联时代的一个根本目标，意图在一个以美国为主的国际体系中获得与其平起平坐的政治地位。与会嘉宾认为，俄罗斯的这一目标不太可能获得国际上大多数国家的认可，因此，俄罗斯将继续以"以弱抵强"的姿态维持其政治影响力并对现有的美国霸权形成挑战。尽管后果可以预见，但鉴于俄罗斯政治领导层和公众都支持这一地缘政治战略，俄罗斯短期之内还是倾向于向外扩展。与会嘉宾表示，俄罗斯出于担心显示出软弱而不愿妥协的态度，以及当前美国国内政治对俄罗斯产生的持续压力，将对美俄关系构成长期威胁。

正式的中俄联盟是否可能：一位与会嘉宾指出，美俄之间的相互疏远有可能使得中俄关系更加紧密。另一位与会嘉宾也认为，塑造中俄关系最重要的因素便是紧张的美俄关系动态。尽管如此，与会嘉宾认为，有几个因素会削弱正式的中俄联盟产生的可能性。一位与会嘉宾表示，在经济合作方面，中俄之间所有易于协商的合作项目都已启动，因此并未给近期的新兴大型项目留出空间。此外，中俄两国的实力变得越来越不对称，这可能导致两国关系在向前推进的过程中出现摩擦。另一位与会嘉宾指出，中俄两国对国际安全的态度也不尽相同。从乌克兰问题到朝鲜问题等一系列问题中，双方的意见不尽统一；因此，在安全方面，中俄关系应保持当下兼具支持性与灵活性的现状，而非建立正式的军事同盟，后者只有在第三方同时对中俄两国发动攻击时才有可能出现。

变化中的国际秩序与中俄的地缘政治利益：与会嘉宾对当前国际环境中使得中俄关系出现复杂化发展的因素展开了探讨。尽管西方国家认为俄罗斯是削弱当下世界秩序的修正力量并时常加以指责，但一位与会嘉宾表示，俄罗斯的关注重心并不在国际体系本身，而在于这种安排下的自身地位。俄罗斯高度重视本国作为联合国安理会常任理事国的否决权。因此，一旦察觉到存在旨在削弱其影响力的尝试，俄罗斯将会一如既往地加以反对。同时与会嘉宾认为，中国一直在努力提高国际体系中自身的地位，并从中获益。在此背景下，中国和俄罗斯将试图采取一种"绝不相互对抗，亦非事事协调"的战略，由此，中俄在保持双边关系推进拓展的同时，也能够追求各自的利益。同时，一位与会嘉宾也指出，随着世界大国的实力此消彼长以及势力范围不断发展演变，目前如"一带一路"倡议等举措有可能对这种关系产生影响。

5. 《中俄对话：2018模式》研究报告在北京发布

由复旦大学国际问题研究院、俄罗斯国际事务委员会、俄罗斯科学院远东研究所共同撰写的《中俄对话：2018模式》的中文版和俄文版于2018年5月30日在北京同时发布。

这是自2015年以来三方联合撰写的第四份中俄关系年度报告。报告的发布被列入了由中国社会科学院和俄罗斯国际事务委员会在北京联合举办的中俄智库高端论坛议程。这届论坛以"中国与俄罗斯：新时代的合作"为主题，中俄各界代表300余人出席。中俄友好、和平与发展委员会中方主席戴秉国，中国社会科学院院长谢伏瞻，中国外交部部长助理张汉晖，俄罗斯外交部副部长莫尔古洛夫，俄罗斯外交部原部长、俄罗斯国际事务委员会主席伊万诺夫等出席会议并发言。

本次报告共计6万余字，由中俄18位专家共同完成。

6. "中国—中亚研究中心"揭牌并举行"丝绸之路经济带与中哈合作"研讨会

2018年7月1—2日，复旦大学副校长陈志敏教授率代表团访问了哈萨克斯坦首都阿斯塔纳。代表团一行参加了我校与阿斯塔纳国际科教中心共建的"中国—中亚研究中心"揭牌仪式,并参加了新中心举办的"丝绸之路经济带与中哈合作"国际学术研讨会。

陈志敏副校长和阿斯塔纳国际科教中心负责人伊尔萨利耶夫先生共同为"中国—中亚研究中心"揭牌。"中国—中亚研究中心"根据复旦大学和阿斯塔纳国际科教中心2018年4月在北京签署的合作备忘录创办。该备忘录的签署由中国教育部副部长田学军和哈萨克斯坦国家安全会议第一副秘书沙依胡特季诺夫共同见证。

"中国—中亚研究中心"是复旦大学第四家海外中国研究中心,也是第一家在"一带一路"沿线国家建设的复旦海外中国研究中心,是中哈两国教育科研合作深入发展的尝试。中心将以服务"丝绸之路经济带"与"光明之路"新经济政策为目标,通过合作科研、培训、交流等方式为中哈合作提供智力支持和人才保障。

中心同时举办了"丝绸之路经济带与中哈合作"国际学术—实践研讨会。来自哈萨克斯坦国家安全会议、投资与发展部、外交部、阿斯塔纳国际科教中心等部门和机构的官员、学者等参加会议。中方代表除复旦大学本校学者外,还有来自中国石油集团公司、商务部研究院、中国产业海外发展协会、国家开发银行的领导和专家学者。与会代表就"一带一路"倡议、"一带一路"与"光明之路"对接、中哈投资合作、产能合作、基础设施合作、政治与人文合作、边境地区合作、工业4.0、中欧班列等具体问题进行了讨论。

代表团在阿斯塔纳期间,哈萨克斯坦总统助理兼国家安全会议秘书叶尔梅克巴耶夫、哈萨克斯坦教育与科学部部长萨卡季耶夫分别接见了代表团。叶尔梅克巴耶夫对复旦大学在推动中哈人文教育合作,特别是在中国—中亚研究中心创建过程中所做努力表示感谢,陈志敏副校长就中国—中亚研究中心的工作设想等问题与叶尔梅克巴耶夫进行了交流。萨卡季耶夫介绍了哈萨克斯坦的教育改革与发展、哈萨克斯坦教育国际化探索等情况,陈志敏副校长就推动"一带一路"倡议下的中哈人文交流、教育合作等问题发表了意见。

此外,哈萨克斯坦国家安全会议第一副秘书沙依胡特季诺夫与复旦大学代表团进行了深入交谈。沙向代表团介绍了阿斯塔纳国际大学筹建情况,陈志敏副校长与沙依胡特季诺夫先生就复旦大学与阿斯塔纳国际大学的未来合作、中哈两国的人文交流等交换了意见。

四 代表性科研成果

(一) 专著

赵华胜、卢贾宁主编:《中俄对话:2018 模式》,2018 年。

内容摘要:这是自 2015 年以来由复旦大学俄罗斯中亚研究中心、俄罗斯国际事务委员会和俄罗斯科学院远东研究所三方联合撰写的第四份中俄关系年度报告。报告受到了广泛关注。伊万诺夫原外长、俄罗斯国际事务委员会执行主席科尔杜诺夫对报告和与复旦大学的合作给予了高度评价,伊万诺夫原外长还在讲话中把联合报告和与复旦大学的合作作为中俄友好合作的范例,并对复旦大学表示感谢。本次报告共计 6 万余字,由中俄 18 位专家共同完成。

(二) 论文

1. 冯玉军:《美俄关系新发展与中国的政策选择》,《国际问题研究》2018 年第 3 期。

内容摘要:特朗普执政一年多来,美俄关系不仅未能"解冻",

反而进一步跌入"冰点",美国对俄罗斯持续加重制裁,双方"外交战""媒体战"和在中东的地缘政治争夺日趋激烈。美俄关系持续恶化既是两国实力对比悬殊、相互认知错位以及互信锐减的结果,也受到各自国内政治因素的强烈影响,折射出美俄矛盾正在加速从外源性向内生性转变。在未来相当长时期,"有限对手"将成为美俄关系的"新常态"。在国际局势深刻调整和复杂多变的背景下,中国需要更主动地引领中美俄三边关系的良性互动,避免大国竞争进一步升级,以中美俄三边协作共同应对日益严峻的全球性挑战。

2. 冯玉军:《俄罗斯围绕"朝核问题"的政策目标及挑战》,《东北亚学刊》2018年第1期。

内容摘要:乌克兰危机导致俄罗斯与西方国家关系极度紧张,使俄罗斯更加重视"转向东方"战略,将介入朝核问题解决进程作为扭转战略被动局面、提升国际影响力的重要手段。俄罗斯在东北亚地区的第一个政策目标是平衡东西部发展,确保东部地区的安全。俄罗斯围绕朝核问题的政策与行动可以分为两个层面:一个层面是针对朝核问题本身,如何尽可能减少对自身的威胁和挑战是俄罗斯的首要考虑;另一个层面是针对地区权力结构转换和大国关系调整,俄罗斯试图将调解朝核问题作为牌局纵横捭阖,以使地区国际关系的历史性转换不对其产生重大冲击。俄罗斯面对的挑战是,独立解决朝鲜半岛核危机的现实影响力有限。如果发生不可控的乱局,俄罗斯可能采取的对策是:第一,保护边界安全,进行严格的边界管控;第二,防止核泄漏对俄罗斯远东地区造成伤害;第三,在缺乏大国间有效沟通的情况下采取反制措施,占据俄朝边境相应地区作为缓冲地带,并以此作为施加对半岛影响的基础和未来谈判的筹码;第四,在核危机达到某种均衡状态后,力促大国之间围绕朝鲜问题未来走向展开谈判,在维护自身半岛利益的同时,扩大对东北亚地区的影响。

3. 冯玉军：《中国周边学研究：以俄罗斯问题研究为例》，《世界知识》2018年第14期。

内容摘要：建立"中国周边学"是时代的要求，目的在于深入研究中国周边安全与发展面临的现实问题并寻求解决之道、为塑造良好的周边环境提供智力支撑。但是"中国周边学"的学科建设还远不成熟，而且要想在较短的时间内就使之完善起来也并不现实。然而我们不妨从点滴入手，为这一学科的长远发展添砖加瓦。对于中国的俄罗斯学界而言，研究俄罗斯问题一定要突出战略性、系统性和前瞻性。对于中俄关系的研究，一定要将其放在历史发展的长时段中加以考察，要以复合性思维取代简单化思维，要在现实中回顾历史、从历史中展望未来，力求以科学的方法论指导中俄关系研究，充分体现研究的战略高度、理论深度、视野广度和历史厚度，力避就事论事、力避思维僵化、力避鼠目寸光。

4. 马斌：《中欧班列：推进"一带一路"建设的重要抓手》《国外承运商：中欧班列运营中不可或缺的参与者》《地方承运商：地区发展环境的重要塑造者》等系列文章，《丝路瞭望》2018年第2/3期。

内容摘要：中欧班列是"一带一路"事业的先行者。在过去7年多时间里，中欧班列以其迅猛的发展速度成为"一带一路"建设中引人关注的焦点。本系列文章在回顾中欧班列最新发展态势的基础上，探讨其基本定位和发展逻辑，以及各参与主体在其中所扮演的角色。

（撰稿人：马斌，审稿人：冯玉军）

华东师范大学
俄罗斯研究中心

一 发展沿革

华东师范大学俄罗斯研究中心成立于1999年,其前身是1981年创办的上海苏联东欧研究所,2000年9月成为教育部人文社会科学重点研究基地。

2001年至2010年,是中心逐步凝聚学术方向、汇聚科研队伍、构建发展平台、推进改革创新的十年。

"十二五"(2011—2015)期间,中心发展再上新台阶。在2016年结束的最新一轮教育部151所人文社会科学重点研究基地评估中,中心获评"优秀",成为全国30个优秀基地之一。

"十三五"(2016—2020)期间,中心以我国和平发展、改革开放和参与国际秩序重构为立足点,以俄罗斯与欧亚地区为重点,以多学科、国际化为方向,以多学科协同建设新型国别与地区研究模式为己任,以加强与对象国和欧美亚国家等多方学术合作为方式,努力建成在学科、资政、育人等方面都具有广泛国内国际影响力的前沿研究机构。

2017年9月,中心成为教育部正式签约的首批31家高校高端智库联盟成员。同年,入选"中国智库索引"(CTTI)来源智库,开启发展新征程。

二 学术研究与资政服务

在长期的发展过程中，为适应国家重大战略与发展需求，中心的俄罗斯与欧亚研究，有针对性地侧重于有关俄罗斯与欧亚地区发展的重大趋势性问题、与我国和平发展相关的重大全局性问题和区域性问题，特别是与中俄双边战略伙伴关系建设、中亚、上海合作组织相关的重大问题，同时也包括广义上的欧亚空间相关问题研究。本研究方向从历史、政治、经济、人文、外交、地理等多个视角和维度，展开对俄罗斯与欧亚地区相关问题的研究，由中心主任冯绍雷教授领衔，逐渐形成一支老、中、青骨干相结合的研究团队。

目前，中心已在中俄关系、俄罗斯转型、当代俄罗斯政治与外交、俄罗斯经济、大国关系、欧亚地区与国别研究、国外俄苏研究、上海合作组织、"一带一盟"、苏联史、俄苏文学史等方面形成了研究特色，取得了有影响力的研究成果，逐渐形成具有中国高校特色的俄罗斯与欧亚研究。

中心多年产出重要资政成果。每年向中央办公厅、教育部、中宣部、外交部、国家发改委、新华社和上海市相关部门提供数十份高质量决策咨询报告，其中多篇被国家相关部门采纳。据不完全统计，近两年，中心向政府决策部门提交100余篇资政报告，已有60余篇被各级政府部门采用。

"十三五"期间，中心将在已有基础上力争建设成为以俄罗斯与欧亚研究为主要研究方向的新型地区国别研究基地。具体而言：

第一，注重基础性重大学术问题的研究。2018年提交结项的国家社科基金重大项目《俄国通史（6卷本）》，为目前国内第一次由中国人自己组织写作的多卷本大型俄国通史。本项目除了广泛采集现有出版物资料之外，还通过利用斯坦福大学胡佛研究所"1989"档案资料以及其他最新档案资料，秉持开放视野和理性客观立场，探究苏联解体的根源、动因、机理、影响及教训。

第二，中心多年来承担大量资政和服务社会的学术工作，以大学智库建设为目标（中心率先于 2009 年推出《大学智库》一书，曾应邀赠送刘延东同志），在资政启民方面继续取得突出成绩。

第三，有关国别研究、地区研究问题在当代国际研究学界历来众说纷纭，中心力争在形成中国特色的区域国别研究方面做出建树。2018 年 8 月，由中心主任冯绍雷教授主编的《国外俄苏研究》丛书已经由上海人民出版社正式出版。

三 研究团队介绍

中心现有专职研究人员 11 名（包括俄罗斯籍研究员 1 名），兼职研究人员 14 名。

中心现任主任为冯绍雷教授（1999 年至今），同时担任上海市高校智库——华东师范大学周边合作与发展协同创新中心主任，《俄罗斯研究》主编，国家社科基金重大项目《俄国通史》主编。现任教育部社会科学部委员，国家社科基金评审委员，上海会议大使，中国国际关系学会副会长，中国俄罗斯东欧中亚学会副会长，中国新兴经济体研究会副会长。2006 年起参加俄罗斯"瓦尔代"论坛，任论坛国际学术委员会唯一中方委员。近十余年与俄方同事合作组织每年的"瓦尔代"中俄论坛。二十年来，是多项中国与俄罗斯和欧、美等国重要国际合作项目和国际会议的组织者。兼任俄罗斯科学院《世界经济与国际关系》、知名政论期刊《自由思想》等学术期刊的国际编委。曾任中俄友好、和平与发展委员会中方委员、上海市政府决策咨询专家、联合国开发署 CIS 国家宏观经济问题专家,华东师范大学学术委员会副主任、人文学院院长、国际关系与地区发展研究院院长等职。主要研究领域:俄罗斯与欧亚地区历史与当代问题、社会转型研究、金砖国家与大国关系、国际政治思想与理论问题。

刘军,俄罗斯研究中心副主任,同时担任华东师范大学国际关系与地区发展研究院院长,教授、博士生导师,主要研究领域:北约问题研究、当代俄罗斯与大国关系研究。

贝文力,俄罗斯研究中心副主任,同时担任华东师范大学国际关系与地区发展研究院党总支书记、白俄罗斯研究中心主任,副教授,主要研究领域:俄罗斯文化艺术、中俄人文合作。

张昕,俄罗斯研究中心副主任,副研究员,政治学博士,主要研究领域:比较政治经济学、国际发展。

王海燕,俄罗斯研究中心副研究员,经济学博士,主要研究领域:中亚、俄罗斯等国家经济、社会问题研究。

阎德学,俄罗斯研究中心副研究员,政治学博士,主要研究领域:俄日关系、安全合作、俄罗斯与欧亚地区问题。

万青松,俄罗斯研究中心副研究员,政治学博士后,主要研究领域:大国关系、俄罗斯与欧亚地区事务。

肖辉忠,俄罗斯研究中心讲师,政治学博士,主要研究领域:中俄农业合作、俄罗斯与欧亚地区问题。

郑润宇,俄罗斯研究中心讲师,政治学博士,研究方向:后苏联空间大国关系、后苏联空间国际组织、中亚政治安全。

张红,俄罗斯研究中心讲师,政治学博士,主要研究领域:大国关系、俄罗斯文化与外交、中亚社会福利以及反恐研究。

谢尔盖·比留科夫(Sergey Birykov),俄罗斯研究中心专职研究员,主要研究领域:政治学理论、区域政治学、地缘政治学、比较政治学、中亚问题等。

四 主办刊物

中心面向国内外公开发行俄罗斯、欧亚研究领域的学术期刊《俄罗斯研究》，并入选《中文社会科学引文索引（CSSCI）》《中文核心期刊要目总览》《中国人文社会科学核心期刊要览》。自创刊以来，《俄罗斯研究》努力打造成体现我国俄罗斯问题和相关领域研究成果和水平的重要平台之一，为推进我国的俄罗斯问题和相关领域的研究做出自己的贡献，同时把开展国际学术交流作为工作的一个重要目标，旨在与我国俄罗斯问题和相关领域研究的广度和深度相适应。此外，自2011年起，中心承担教育部发展报告项目，每年定期发布《上海合作组织发展报告》，截至目前已经出版五辑，受到上级部门和国内外学界的关注。

本年度《俄罗斯研究》各期目录：

2017年第四期目录：

1. 大历史中的新定位——俄罗斯在叙事—话语建构领域的进展与问题　冯绍雷；3—33

2. 《路标》文集对俄国法律意识的反思　徐凤林；34—49

3. 俄罗斯形式主义范式的美学思想史价值　赵爱国；50—81

4. 俄国旧礼仪派中反教堂派的末世论思想分析　刘雅悦；82—104

5. 新时代的边缘人——谈奥尔加·斯拉夫尼科娃作品《永生的人》　侯丹；105—115

6. 走出地下室悲剧的卡拉马佐夫少年　王贺白；116—147

7. 别林斯基的中国观及其与俄国汉学的关系　阎国栋；148—167

8. "第三罗马说"与"中国论"中的"我—他"建构——认同视域的中俄文化比较　郭小丽；168—192

9. 俄罗斯学国际研讨会　王加兴；193

2017年第五期目录：

1. 俄罗斯伏尔加联邦区社会经济发展的现状与前景　С. 比留科夫；3-32

2. 西方学者有关俄国1861年农民改革原因的阐释：冷战以来的理论转向与研究焦点　张广翔、周嘉滢；33—57

3. 十月革命前俄国北方海航道开发历史探析　徐广淼；58—86

4. 大陆帝国邂逅海洋文明：英俄关系的历史逻辑与当代意义　封帅；87—117

5. 1947年旅大问题与苏联的"双轨"策略　郝江东；118—136

6. 日本国内关于"北方四岛"问题的争论、原因及影响　陈梦莉、张强；137—156

7. 13—14世纪中俄文化认同的趋同性　郭小丽；157—184

8. 日本和苏联的相互认同研究（1945—1991年）　下斗米伸夫；185—204

2017年第六期目录：

1. 克服欧洲危机的欧亚方案——扩大解决问题的空间　С. 卡拉加诺夫；3—14

2. 从大国认同观点谈乌克兰危机中的克里米亚事件　李太龙；15—39

3. 历史遗产及欧亚区域一体化　А. 利布曼、А. 奥贝坚科娃；40—56

4. 列夫·古米廖夫"民族过程"理论评述　袁勋；57—112

5. 哈萨克斯坦的俄罗斯族族群意识调控及国家认同建构　王

佳；113—139

6. 俄罗斯区域农业经济空间异质性研究　曲昊月、肖金波；140—176

7. 19 世纪下半叶至 20 世纪俄国工业发展特征　邓沛勇；177—206

2018 年第一期目录：

1. 十月革命百年之后——世界秩序与西方认同的解体与重构　于滨；3—21

2. 二战后德俄关系发展历程及其前景展望　杨成绪；22—44

3. 法国对俄"摇摆"政策的国内外因素探析　张红；45—81

4. 中国—欧亚经济联盟 FTA 的经济障碍与现实选择——基于可计算一般均衡 GMR－CGE　丛晓男；82—111

5. 乌兹别克斯坦汇率市场化改革问题研究　刘文翠、刘遵乐；112—127

6. 冷战以来西方学者有关 19 世纪俄国官僚史的研究：理论、观点和趋势　张广翔、周嘉滢；128—158

7. 论俄国突厥穆斯林运动的形成、发展与终结　张玉艳、杨恕；159—180

8. 苏俄村社与贫农委员会的博弈及其影响　赵旭黎；181—200

2018 年第二期目录：

1. 普京总统第三任期俄美关系演变与第四任期双边关系走势　柳丰华；3—22

2. 俄罗斯地缘政治思想的演变及影响　毕洪业；23—44

3. 戈尔巴乔夫的"共同欧洲家园"外交构想研究　田少颖；45—76

4. 俄罗斯政府债务演进的政治经济逻辑及风险研究　杨攻研、曲文轶；77—100

5. 俄罗斯 2018—2020 年中期财政预算、影响因素分析及各方争论焦点　李洋；101—129

6. 俄罗斯数字经济发展现状浅析　张冬杨；130—158

7. 冷战结束后中东欧政体转轨及其得失　杨友孙；159—181

8. 冷战后欧盟对南高加索地区政策研究——政策演变、主要动因和影响要素　涂志明；182—208

2018 年第三期目录：

1. 卷首语　冯绍雷；3—7

2. 统一的欧洲抑或分裂的欧洲？　R. 萨克瓦；8—23

3. 增长的极限：亚信会议发展的结构性困境与改革路径探析　封帅；24—44

4. 社会认同理论视角下的中亚地区一体化　杨恕、王术森；45—75

5. 乌兹别克斯坦新政府与中亚地区一体化　周明；76—105

6. 当代俄罗斯政治思想的研究方法：现象与挑战　费海汀；106—130

7. 俄罗斯联邦民族—国家建设与分离主义的消弭　孙超、钮维敢；131—168

8. 俄罗斯的反酗酒措施及实施困境探析　王佳；169—200

上海合作组织发展报告（2016）目录：

1. 报告一　从乌法到塔什干：上合组织的新发展　王海运

2. 报告二　上海合作组织成员国经济形势综述　王海燕

3. 报告三　上海合作组织人文教育合作综述　贝文力　顾恒

4. 报告四　加强上合组织互联网建设有效应对信息安全威胁　王宪举

5. 报告五　上合组织地区的跨国人口迁移新特点　强晓云

6. 报告六　上海合作组织与中亚跨境水资源治理：挑战与展望　李立凡　陈佳骏

7. 报告七　低油价背景下俄罗斯——中亚地区能源政策调整及对华能源合作　孙溯源

8. 报告八　上海合作组织成员国农业发展报告　肖辉忠

9. 报告九　中国与上合组织中亚四国共建"丝绸之路经济带"：进程、挑战及对策　韩璐

10. 报告十　俄罗斯与中国在中亚的正和大博弈　［俄］博尔达切夫

11. 报告十一　2015 年俄罗斯与土耳其关系恶化的渊源探析　万青松　王洪波

12. 报告十二　上海合作组织发展现状及面临的问题　［哈］阿姆列巴耶夫

13. 总结　新形势下上合组织未来发展的理念求诉　冯绍雷　万青松

五　国际化发展

"国际化"是中心多年保持和追求的传统与特色。目前，中心与俄罗斯高等经济大学、俄罗斯科学院世界经济与国际关系研究所、远东研究所、俄罗斯外交部直属的莫斯科国际关系学院和外交学院、哈佛大学戴维斯俄罗斯研究中心、英国皇家国际事务研究所、挪威国际事务研究所、法国巴黎人文之家、荷兰阿姆斯特丹国际社会史研究所、日本北海道大学斯拉夫研究中心、新加坡国立大学等国际一流科研机构、高校以及中亚和东欧的重要研究机构和高等院校建立了稳定的学术联系。其中，与普京总统亲自倡导的俄罗斯"瓦尔代"国际辩论俱乐部之间的战略合作，是中心推进国际化

的一个重点。2017年10月，在"瓦尔代"国际辩论俱乐部正式公布的诸多著名国际合作伙伴机构名单中，本中心位列第一位。

中心所在的国际关系与地区发展研究院拥有国际关系博士学位授予权，设有以面向欧亚国家留学生为主的"当代中国研究"全英文硕士项目。2018年5月，中心参评的"设立海外工作室（俄罗斯高等经济大学）培养复合型智库精英人才"项目，在《光明日报》和南京大学联合主办的"2017CTTI智库最佳实践案例（BPA）"评选活动中，荣获智库最佳活动二等奖。

中心每年定期举办一系列重要的高水平国内外学术活动，包括：

1. 自2011年起，中心与莫斯科高等经济大学互设海外工作室，开展联合研究和教学活动，连续8年（2011—2018）与莫斯科高等经济大学合作在莫斯科举办暑期学校。每年有15位左右的中方研究生受资助前往莫斯科研修。

2. 连续4年（2014—2017）举办"中俄联合研究院中俄青年学术精英讲习班"，作为中俄人文合作的重要内容，得到时任国务院副总理刘延东同志的批示。

3. 连续举办5届（2010、2013、2016、2017、2018）"瓦尔代"国际辩论俱乐部中俄论坛。这是当前研讨中俄关系发展的最高规格国际学术会议之一，在国内外具有较高知名度和重要影响力。

4. 连续9年（2010—2018）举办上海市教委委托项目"上海合作组织成员国和观察员国大学生暑期学校"。每次有30余名上合组织成员国及观察员国的青年学员来华，进行为期一个月的多形式交流活动。

六 重大学术活动

2017年9月至2018年9月，中心主（承）办的重点学术活动如下：

1. 中心主任受邀出席"瓦尔代"论坛第十四届年会

2017年10月17—19日，俄罗斯第十四届"瓦尔代"论坛年会在索契举行，本届年会主题是"建设性破坏：能否从冲突中产生世界新秩序"。中心主任冯绍雷教授应邀出席，并与普京总统会面互动交流。在现场问答环节，普京总统回答了中心主任冯绍雷教授的提问："您如何评价习近平主席的十九大报告？"普京总统回答说，他和中国领导人习近平有良好的个人关系，俄中两国也总是能在诸多问题上找到共识。俄罗斯密切关注正在进行的中共十九大。这次大会非常开放，邀请了很多国际媒体记者。他继续说，毫无疑问，习近平的报告及围绕报告进行的讨论，都说明中国致力于面向未来的发展。中国无疑是世界经济的驱动器。中国是俄罗斯最大的贸易伙伴国，双方有庞大的合作计划，包括在一些重要领域，如太空、高科技、能源等，这都为两国关系未来发展打下基础。

本次对话发生在中国十九大开幕式的第二天，对话经由中央电视台及时转播，引发了国际国内舆论的关注，充分体现了包括普京总统在内的国际舆论对于十九大的高度关注，也体现了中国大学智库、中国资深学者在国际会议话语权问题上影响力的明显提升。

2. 中心中俄"长江—伏尔加河"合作课题组开展实地调研

2017年10月下旬，中心教育部基地重大项目课题组一行6人赴湖南、重庆、四川三省调研"中国长江中上游与俄罗斯伏尔加河沿岸"区域合作情况。课题组由中心副主任、国关院院长刘军教授牵头负责，成员包括万青松副研究员、郑润宇博士、肖辉忠博士以及两名博士生。课题组先后走访湖南师范大学、湖南省大型企业中联重工、四川外国语大学、渝新欧物流集团、俄罗斯独联体国家四川商会等处于对俄人文和经贸合作第一线的高校、企业和行业协会，获得了大量第一手材料。这是课题组开展的第三轮实地调研。

中俄"长江—伏尔加河"合作课题组成立于2016年，专注"长江中上游与俄罗斯伏尔加沿岸联邦区合作"，通过田野调查的方式，亲身接触直接从事对俄罗斯人文交流和经贸合作的政府机构、高等院校、企业以及行业协会。课题组在2016年初完成第一次国内调研，对"长江—伏尔加河"合作机制进行了初步了解和分析，之后在2016年3月"瓦尔代"国际辩论俱乐部中俄分组会议上提交调研报告，并得到各方面积极肯定。在前期调研基础之上，2017年3月，中心成功组织了中俄"长江—伏尔加河"合作首届智库论坛，邀请到时任外交部欧亚司桂从友司长莅临中心指导研究工作。2018年8月，课题组赴俄罗斯伏尔加河联邦区的鞑靼斯坦共和国调研，走访了中国驻喀山总领事馆、鞑靼斯坦共和国商会、喀山联邦大学、俄罗斯司法科学院喀山分院等机构。

今年正值中俄"地方合作交流年"，两国元首亲自"搭台"，把地方合作提升至国家层面，再次体现出中俄关系的高水平和特殊性。中心组建课题组的初衷就是通过田野调查方式完成承接课题，改变"闭门造车"的传统研究方式，真正地深入接触和了解所研究的对象，重塑既有认知，旨在进一步推进中俄地方之间的全方位合作。

3. 中心主办中俄联合研究院·第四届青年学术精英讲习班

2017年11月3—11日，由中心主办的"中俄联合研究院·第四届青年学术精英讲习班"在上海举行。美国文博大学（Wittenberg University）于滨教授、俄罗斯莫斯科国际关系学院杜比宁（Yuri Dubinin）教授以及挪威诺德大学祖洛娃博士（Elena Zhurova）等知名专家应邀举办讲座。来自俄罗斯、美国、挪威、乌克兰、匈牙利、摩尔多瓦及中国等多个国家的18名学员，围绕讲习班主题展开了多层次、多学科的讨论交流。本次讲习班具有三个特点：学员和授课者更加国际化、主题更加多元化以及加入了特色的大夏讲坛活动。

4. 中心邀请美国知名学者傅高义教授做客大夏讲坛

2017年11月5日，哈佛大学费正清东亚研究中心前主任傅高义（Ezra Vogel）受邀来访中心，并做客华东师范大学大夏讲坛，做题为"中日关系与东亚未来"的精彩演讲。来自本校中外师生及闻讯而来的其他高校、新闻界、出版界、文化界人士共200余人聆听了报告。讲座由中心主任冯绍雷教授主持。

傅高义先生根据其长期从事社会学研究的丰富积累，结合早年间与周恩来、邓小平、廖承志等中国领导人接触的经历，在报告中详细描述了20世纪70年代至90年代中日关系由密切交往合作转向摩擦对立的历史过程，为研究这一段国际关系史提供了一个社会学的视角，为从事国际关系和其他学科研究的师生拓展了思维广度和深度。他认为，苏联解体之后中日两国的社会结构变化、两国领导人代际更替、两国综合国力对比的变化等因素的共同作用，导致1992年之后中日关系转冷。他不断强调学者的责任，担忧中日关系长期对立将会影响到东亚国家的未来，主张中日两国领导人积极对话。

5. 中心合办第十九届全国中亚问题研讨会

2018年4月13—14日，中心与中国社会科学院俄罗斯东欧中亚研究所等国内9家学术机构，联合主办第十九届全国中亚问题研讨会。来自外交部欧亚司、商务部欧亚司等部门领导，北京、上海、西安、兰州、乌鲁木齐、广州、云南等高校和科研机构的中亚研究领域专家学者及有关企业代表80余人参加了此次会议。本次会议主题是"新时代、新征程：'一带一路'与上海合作组织"。与会专家们围绕中亚形势、中国与中亚务实合作、"一带一路"倡议与上海合作组织等议题展开深入讨论，为新时代中国深化与中亚各国关系积极建言献策。

6. 中心合办 2018 年"瓦尔代"国际辩论俱乐部中俄论坛

2018 年 4 月 25—26 日,由中心与俄罗斯"瓦尔代"国际辩论俱乐部联合举办的年度"瓦尔代"中俄论坛在上海东湖宾馆举行,近百位中方和俄方专家学者以"中国与俄罗斯:当前发展面临的挑战"为主题展开了系列讨论。中俄友好、和平与发展委员会中方主席、前国务委员戴秉国,前国务院新闻办主任、前上海市委常委、副市长赵启正,外交部前副部长、中国前驻俄罗斯特命全权大使、上海合作组织首任秘书长张德广,上海市人民政府副秘书长顾金山,来自外交部、北京大学、清华大学、中国人民大学、复旦大学、上海交通大学、浙江大学、北京外国语大学、上海外国语大学、兰州大学、辽宁大学、中国石油大学、上海国际问题研究院、上海社会科学院、江苏省委党校、中国国际战略学会、香港中文大学、美国杜克大学、华东师范大学等单位的 60 余位中方专家学者和特邀嘉宾,"瓦尔代"国际辩论俱乐部支持与发展基金会主席贝斯特里茨基、俄罗斯外交与国防政策委员会名誉主席卡拉加诺夫、俄罗斯驻沪总领事叶夫西科夫,以及来自俄罗斯高等经济大学,俄罗斯科学院远东研究所、经济研究所,圣彼得堡国立大学等机构的近 20 位俄方专家学者共同参加会议。

在为期两天的会议中,来自两国的专家学者就"当前国际政治的热点问题""当今世界的国家作用与功能变化""中俄经贸合作""中俄在大欧亚地区的合作前景""中俄精英、大众、媒体之间的相互认知""传统文化在当今世界的作用及其对中俄的影响"等议题展开了深入、坦诚对话,会议取得圆满成功。

中心主任冯绍雷教授从三个方面对本次会议进行了精彩总结。首先,他指出,"瓦尔代"中俄论坛不断有进步,就在于坚持了"瓦尔代"论坛坦诚交换意见的主张。正是这种态度,对提升认识和工作水平,推进中俄关系非常有帮助。其次,"瓦尔代"中俄论坛的参与面越来越广。历史学、社会学、政治学、经济学等更多学科专家的参与，使俄罗斯问题、中俄研究能够更加扎实，更加有高度；处于中俄交流第一线的企业界朋友参与研讨，带来第一手的资料和信息，对论坛是很大的推动；老领导、老朋友的支持，是中俄论坛能够召开至今的重要保障；年轻学者的更多参与，反映了中俄研究后继有人。最后，他逐个分析了六个部分研讨主题的背景和讨论亮点，如，对西方衰落的判断，中俄两国国家建构的新变化及对双边关系的影响，中俄经济合作的目标和现实问题，大欧亚地区合作中的中俄对接及内外部关系处理，西方媒体的新变化，中俄文化对双边关系的积极影响。

"瓦尔代"国际辩论俱乐部中俄论坛是一个以双边国际交流为核心的多层次、多面向、多功能的国际交流机制，在两国（上海、莫斯科）轮流举办。自2010年起，中心已连续五次与"瓦尔代"国际辩论俱乐部合作，成功举办作为高端国际研讨会的分会，另有数次合作举办各种形式的活动。活动的目的是通过中俄双方关键主管部门、主要研究机构和专业人士之间的定期对话，根据双边关系和全球、地区局势的不断变化，为国家决策贡献智慧。

7. 中心举办"2018上海合作组织成员国和观察员国大学生暑期学校"

2018年7月2—27日，由上海市教委主办，中心参与承办的"2018上海合作组织成员国和观察员国大学生暑期学校"在华东师范大学成功举办。今年6月，习近平主席在青岛出席上海合作组织成员国元首理事会时，指出要继续在"上海精神"指引下，同舟共济，精诚合作，齐心构建上海合作组织命运共同体，并再次强调，要拉紧人文交流合作的共同纽带，只有不断扩大人文领域的交流与合作，才能增进政治互信，为经济和安全合作打下坚实的基础。在此背景下，中心举办以"加强人文交流、促进民心相通"为主题的"上海合作组织成员国和观察员国大学生暑期学校"活动,对促进各国青年对中国的了解,加强彼此的人文交流和友谊有着重要的意义。来自上合成员国哈萨克斯坦、吉尔吉斯斯坦、俄罗斯、塔吉克斯坦和上合观察员国白俄罗斯的35名大学生参加了本次内容丰富的暑期学校活动。汉语学习、专题讲座、参观博物馆、瞻仰纪念碑、游览古镇、写中国书法、捏面人、做糖画、做一天上海人、与市民一起晨练、在上海音乐厅欣赏中国音乐、与上海俄语爱好者俱乐部成员联欢等丰富多彩的学习与体验活动,使学员们多方位地感受到了中国的多彩文化以及海纳百川的海派风尚。在一个月的时间里,上合成员国青年相聚在中国上海,增进了解,深化友谊,构成了中心推进国际交流合作的一道亮丽风景。

8. 中心合办"艾特玛托夫作品在中国的译介传播——'一带一路'视域下的民族文学暨《一日长于百年》新书研讨会"

2018年7月17日,"艾特玛托夫作品在中国的译介传播——'一带一路'视域下的民族文学暨《一日长于百年》新书研讨会"在上海举办,此次研讨会由中心与华东师范大学出版社、吉尔吉斯共和国驻华大使馆联合主办。吉尔吉斯共和国驻华大使馆公使衔参赞阿达诺夫·拉何曼,吉尔吉斯共和国驻华大使馆商务处处长别列纳力耶娃·阿路娜,华东师范大学副校长李志斌,华东师范大学出版社董事长、社长王焰,华东师范大学国际交流处副处长黄志华、俄罗斯研究中心副主任贝文力、华东师范大学出版社副社长龚海燕等嘉宾出席了会议。研讨会还邀请了10余名来自复旦大学、华东师范大学、上海外国语大学、上海师范大学、上海财经大学、上海社会科学院、上海国际问题研究院、上海翻译家协会的专家学者,共同探讨吉尔吉斯斯坦著名作家艾特玛托夫的文学贡献以及在"一带一路"视域下研究民族文学的新方法和新思路。与会学者分别从各自的研究领域出发,畅谈艾特玛托夫的生平和创作以及新时期、新背景下研究艾特玛托夫作品的意义。

在会议结束时,吉尔吉斯共和国驻华大使馆公使衔参赞阿达诺夫·拉何曼饱含深情地总结道:"通过这次研讨会,我们全面而深刻地了解到了艾特玛托夫在中国的研究现状,各位专家的发言可以帮助我们更好地认识这位值得尊敬的作家。而且,我可以肯定地说,中国学者在艾特玛托夫研究的深度和广度上绝不亚于吉尔吉斯斯坦本国的学者。"

艾特玛托夫是吉尔吉斯斯坦最著名的作家,他的小说创作视野开阔,取材广泛,洋溢着浓郁的生活气息和浪漫诗意,尤以鲜明的民族色彩而广受赞誉,对中国当代著名作家路遥、迟子建、秦文君等亦有深刻影响。他的作品已经被翻译成几十种文字,在世界各地拥有大量读者。

七 主要科研成果

(一)专著

1. 冯绍雷等主编:《全球化的未来:中国面临的挑战与角色转换》,上海人民出版社2017年版。

内容摘要:该书由中心主任冯绍雷教授与潘英丽教授共同主编,也是"中国经济开放论坛"第四次专题研讨会"经济全球化的未来走向与中国角色转换"的研讨成果。重点探讨了三大专题:全球趋势与地区格局的变化,美国经济的未来发展态势,以及中国面临的挑战与角色转换。《全球化的未来》有助于读者更全面地了解和把握未来全球化的走向,在充满不确定性的情况下准确判断形势,对政府战略决策、企业和金融机构的转型发展具有重要参考价值和实践意义。

2. 贝文力主编：《上海合作组织发展报告（2016）》，时事出版社 2017 年版。

内容摘要：本书由中心副主任贝文力副教授主编，主要包括总论、上海合作组织合作领域研究以及国际关系视角下的上合组织三部分内容，旨在深入解读了区热点问题和重大事件对上海合作组织发展的影响，对成员国、观察员和对话伙伴国发展现状及其与上海合作组织的关系进行了系统客观的描述。报告的具体内容涵盖上合组织最近的峰会、经济发展形势、人文教育合作、信息网络安全合作、水资源、能源、农业、国际关系等。除了中国学者外，还邀请了俄罗斯高等经济大学的博尔达切夫教授、哈萨克斯坦总统基金会世界经济与政治研究所首任总统与国内政策中心主任阿姆列巴耶夫参与写作。本报告为广大读者及相关研究人员全面了解上合组织提供了重要参考，极具研究与借鉴价值。

3. 阎德学：《冷战后日本的俄苏研究》，上海人民出版社 2018 年版。

内容摘要：中心阎德学副研究员撰写的专著是冯绍雷教授主编的"国外俄苏研究丛书"系列之一。该书指出，日本的斯拉夫·欧亚研究源起于战争需要，经过"二战"后的曲折发展，最终以建立"全国共同利用设施"——北海道大学斯拉夫研究中心为标志，形成了日本区域研究的重要力量，并以创建"斯拉夫·欧亚学"为学科基础，以重新诠释的"帝国理论"为理论框架，跃升为国际斯拉夫学界一支举足轻重的研究团队。在学科发展上，日本学者通过重大课题牵引，建设和完善学科体系，注重学术研究与政策研究相结合，注重多学科跨学科的比较研究，注重地区小国的研究，设定的研究课题具体而微观，通过田野调查以及国际化、多语种的全方位研究，注重研究资料的长期积累，希望对中国以及世界的斯拉夫·欧亚研究提供有益的借鉴。

（二）代表性学术论文

1. 冯绍雷：《俄欧关系的两重性及其当代路径》，《当代世界》2018年第6期。

内容摘要：在当代国际格局急剧转型的背景下，俄欧关系依然是影响未来大国关系走向的重要方面。无论在敌我范畴的认知、军事抗衡的升级、经济关系的交织还是一系列危机处理的过程中，俄欧关系中始终存在着合作与抗衡两重性。美国总统特朗普当政之后，这一两重性的迅速转换，使得俄欧关系在过去几年一波又一波对抗和制裁的重压之下，再次透露出重新接近的意向。展望未来，俄欧可能在一定程度上趋于合作，但是路途依然艰险而充满变数。

2. 张昕：《金融化与全球资本主义的秩序之争》，《文化纵横》2018年第3期。

内容摘要：美国主导的战后国际金融秩序，是全球金融危机的源头。而2008年全球金融危机作为一个历史节点，则激发了人们对于全球资本主义体系特别是美国金融霸权地位的批判性反思。一方面，在金融领域和贸易领域内，新生力量正沿着不同的轨道走上国际舞台，如中国、俄罗斯、伊朗等国家通过鼓励双边贸易中接受各自本币、货币互换，甚至易物交易来规避各自对美元主导的货币、支付、金融体系的依赖带来的风险；另一方面，这些努力也遭遇美国的强力回击，美国甚至不惜因此和自己的盟友撕破脸皮、剑拔弩张。随着美国的金融霸权出现衰退迹象，全球金融秩序的未来走向呈现出高度的复杂性和不确定性。面对这一发展态势，重塑金融体系及其与实体经济的关系，成为一项亟待完成的工作。

3. 王海燕：《中国与中亚国家的经济合作及上合框架内的开拓方向》，《世界知识》2018年第11期。

内容摘要：虽然从合作金额看，中国与中亚地区国家的经济合作在中国对外经济合作总份额中占比较小，但是其不乏众多亮点，并具有重要示范意义。无论是在"一带一路"倡议框架下展开的合作，还是在上合组织框架下展开的合作，都有着自己的特点。

4. 冯绍雷：《"对俄制裁案"和俄罗斯与西方关系的未来》，《欧洲研究》2018 年第 1 期。

内容摘要：因"黑客干预"美国 2016 年大选而触发的 2017 年"对俄制裁案"，是当前国际格局转型和大国关系迅速而微妙变化背景下发生的一场重要国际争端。这场争端不仅体现了当下国际国内事务进程的高度交织，反映出国际转型期的诸种特征，而且将深刻影响今后较长时期内美欧与俄罗斯的相互关系。从长时段进程与当前危机的相互结合、国际政治中被忽视的"情感因素"、危机处理的"合宜性"等角度进行分析，以期全面把握和客观深入解读这场危机。

5. 刘军：《新时代有中国特色大国外交的内涵与目标》，《国外社会科学》2018 年第 1 期。

内容摘要：党的十九大报告提出，要全面推进有中国特色大国外交，新定位、新使命，中国的新外交航程满载着对人类命运与前途的美好愿景，中国不断接近世界舞台的中央。本文系统分析了中国特色大国外交的理论渊源、核心原则、路径选择和两大目标并从学术史上分析了"新型国际关系"这一概念的演变与其在当今国际环境下的意义。

6. 于滨：《十月革命百年之后——世界秩序与西方认同的解体与重构》，《俄罗斯研究》2018 年第 1 期。

内容摘要：中心重大项目承担人于滨教授在文章中指出，在十月革命过去百年之后，西方国家所主导的殖民体系早已瓦解，对于非西方世界的物质与科技优势也逐渐难以维持，此时回顾十月革命，对其历史意义的认知会变得更为清晰。列宁和布尔什维主义提出的关于民族自决与帝国主义的论述，将世界战争的根源直接指向西方所主导的帝国主义和殖民主义体系。19世纪末20世纪初，殖民主义发展到达顶峰的时刻，对西方主导的国际秩序和意识形态提出了全方位的挑战，有力地推动了国际体系的变革。在西方观念的建构过程中，种族主义构成了其意识形态的重要内核，那些在西方国家内部倡导多元化的人并不愿看到真正多元化的世界。西方世界实际上在以唯我论的视角观察世界，不愿接受非基督教和非白人国家的崛起，如何维持文明的共存将成为新时代国际体系所面临的重大挑战。

7. 张红：《法国对俄"摇摆"政策的国内外因素探析》，《俄罗斯研究》2018年第1期。

内容摘要：法俄都是有着独特外交思想和实践的世界大国。中心研究人员张红老师指出，21世纪以来，法国对俄政策摇摆于大西洋主义和戴高乐主义之间，游走在价值观和利益之两端。她认为，2000年以来法国三任总统治下的对俄政策变迁，基本上沿袭的是传统的平衡战略，但逐渐由利益导向转变为价值观导向。法国的对俄政策受到国内外多重因素的影响，主要包括欧美俄大三角关系、欧盟北约双东扩、法国战略考量以及国内精英对俄罗斯、对法俄关系的认知等。当前，马克龙治下的法国以欧盟建设为核心依托，以多边主义为战略手段，在美俄中三国间奉行均衡原则，以实现其"法国梦"。

8. 阎德学：《日俄接近新态势评估》，《国际问题研究》2017年第5期。

内容摘要：日本首相安倍晋三二次执政以来，对俄采取积极主动的经济和外交攻势，希望推动日俄关系发生实质性的转变，最终缔结日俄和平条约以解决两国领土争端。在乌克兰危机及西方经济制裁的背景下，俄罗斯也希望同日本发展新型关系，以改善国内经济形势，巩固其在东北亚地区的战略地位。经过多番接触，日俄就缔结和平条约问题取得政治共识，双方大力推进经济合作，并以"2＋2"会晤等形式积极探讨安全合作。不过，两国关系的未来走向仍受到领土争端、美国干预、东北亚地缘格局、公共外交不到位等因素的制约。

9. C. 比留科夫：《俄罗斯伏尔加联邦区社会经济发展的现状与前景》，《俄罗斯研究》2017 年第 5 期。

内容摘要：中俄两国政府推出了"长江—伏尔加河"合作规划。为此，特别需要研究这些地区的社会经济发展状况。伏尔加联邦区内各联邦主体地位不同，与俄罗斯中央政府的关系以及游说和影响中央政府的能力差别也很大。整体而言，鞑靼斯坦、巴什科尔托斯坦两个共和国，以及下诺夫哥罗德州，历史积累与发展态势较好。伏尔加联邦区在吸引外资方面（特别是来自德国的投资），有着丰富的经验。希望通过对上述问题的研究，为中俄"长江—伏尔加河"的合作，提供一定的背景知识支撑。

10. 肖辉忠：《金砖国家的起源、内部结构及向心力分析》，《俄罗斯东欧中亚研究》2017 年第 4 期。

内容摘要：针对金砖国家，有着各种截然不同的评价，分歧主要在于对金砖的不同认识。从金砖的起源、内部结构，以及向心力等方面入手分析，有助于认识金砖这个新生的（准）国际组织。从起源来看，金砖机制的形成虽然与高盛集团的概念、与俄罗斯的外交推动有关，但金砖国家合作有着比这些更为重要的基础。从内部结构来看，俄印中和印巴南两个三边机制，并没有构成金砖内部合作的基础与动力，也不是阻碍。中俄与印巴南之间在安理会改革上的分歧，也不是问题。金砖内部存在的一个分歧是，俄罗斯希望金砖机制制度化，使金砖成为一个有战略影响力的政治集团，但其他金砖国家坚持一个灵活的、非正式的金砖机制，以减缓外界对金砖的顾虑。总体上看,金砖对其成员国的吸引力及对外影响力,与中国因素密切相关。

(三) 咨政与启民

本年度中心全体科研人员充分发挥自身的长期积累和优势,紧紧围绕着关乎国家安全与发展的重大问题,积极向中央部门提交多份高质量的咨询报告,其中多篇被中央、国家部委和上海市政府下属各机构采纳,部分报告获得国家领导人的批示,中心成员还积极完成上级政府部门的约稿任务,为我国制定外交政策提供了重要的信息参考。

在服务政府决策的同时,中心也积极通过新媒体的运用,努力服务社会,启迪民智。其中,2018年5月至今,由中心主任冯绍雷教授主讲的"又见俄罗斯"系列时政类电视节目,已经完成8期的录制与传播,获得社会和网友的强烈反响,不仅网络点击率较高,而且收到有关领导专门来信表彰,希望提供书面材料。本系列是继2016年之后,中心主任再次推出的新成果,旨在为中国公民深入剖析今日俄罗斯的方方面面。此前,上海电视台《看看新闻网》栏目邀请冯绍雷教授,打造了28集电视文献片《交叉点道——美俄情仇半世纪》,系统梳理两国半世纪来的利益纠葛。迄今为止,该视频的点击率已超150万人次。

在新的一年,中心将继续大力推进智库建设、学术研究、资政启民、人才培养等方面的工作,更加积极主动对接服务国家和社会发展需要,继续产出高质量学术研究与资政服务,努力把中心建成一个国内知名、具有广泛国际影响力、以扎实学术研究为支撑的大学智库型研究机构。

(撰写人:万青松)

上海外国语大学
俄罗斯研究中心

一　重要沿革

上海外国语大学的前身是上海俄文专科学校，成立于1949年，是我国重要的外语院校之一，其俄语语言文学学科是全国第一个获得俄语语言文学博士学位授予权（1983）的学科点。

1980年，俄语系成立了苏联研究所，以苏联社会学和苏联教育学为主要研究方向，成为国内最早从事国际问题研究的专业机构之一，迈出了从单一的语言教学型院系向教学—科研相结合学科转型的第一步。1992年5月，在苏联研究所的基础上成立了国际问题研究所，研究方向拓展到国际关系，研究范围增加到除俄罗斯以外的美国研究、德国研究、法国研究、中东阿拉伯研究等领域。俄罗斯问题研究长期以来一直是主要的研究领域之一，在国内有着一定的影响力。

上海外国语大学俄语系俄语言文学专业1987年被国家教委列为全国俄语语言文学唯一的重点学科，2001年被上海市教委评定为上海市重点学科。2002年和2007年又连续被列为国家重点学科，2009年入选国家级特色专业，在国内同类学科中占有重要的地位，综合实力位居全国前列。

2011年12月，上海外国语大学俄语系和国际关系与外交事务研究院积极整合校内俄罗斯研究资源，相互协调与配合，将俄语语言文学、跨文化研究、外语战略研究与国际关系研究等学科有机结合。在我校悠久的俄罗斯研究传统的基础上，共同组建成新的俄罗斯研究中心，并获批成为教育部俄罗斯研究培育基地。

2012年6月2日，俄罗斯研究中心学术委员会成立。

俄罗斯研究中心在与校内外专家多次深入交流的基础上，就基地的发展规划和研究方向达成了共识，即充分汲取国内外俄罗斯教学和研究的经验，努力发挥上海外国语大学长期积淀的俄罗斯文化研究、语言与文学研究、中俄关系史研究、俄罗斯思想研究的优势，以国家文化发展战略为导向，构建一个方法创新、学科交叉融合、专业优势互补的新型的、跨学科的对俄研究和人才培养的新格局。

研究方向：俄罗斯东欧中亚问题研究、普京思想研究、俄罗斯文化战略、俄罗斯外交等。

二　人员情况

主任：汪宁，法学博士，上海外国语大学研究员，国际关系专业博士研究生导师，上海市俄罗斯东欧中亚学会副会长，俄罗斯研究中心主任。主要研究领域，国际政治、大国关系、外交学理论、俄罗斯政治、经济、文化。主要著作有《"给我20年……"——解读普京》《普京的"俄罗斯新思想"》《俄罗斯私有化评说》等。

常务副主任：章自力，副教授，硕士生导师。2002年，在俄罗斯普希金俄语学院获得教育学博士学位。上海市俄罗斯中亚和东欧研究学会副秘书长。主要研究方向是教学法、俄罗斯社会与文化。

副主任：杨波，女，2011年至今担任中心副主任，俄罗斯教育部哲学（语文学）博士，上海外国语大学俄罗斯东欧中亚学院教授、博士生导师（俄罗斯中亚区域国别研究、语言战略与语言政策学方向）。兼任：中国俄罗斯东欧中亚学会理事、上海市俄罗斯东欧中亚学会副秘书长、上海市法学会法学翻译研究会常务理事、复旦大学中国反洗钱研究中心兼职研究员、上海市欧洲学会会员、俄罗斯卫星通讯社特约评论员、人民网国际频道常约评论员。主要研究领域：俄罗斯中亚语言、社会与文化。出版《词汇与言语——俄语词汇学与文学的联姻》《Функции антонимии в художественной и научной речи》《塔吉克斯坦国家发展与社会文化研究》等学术专著，发表各类论文数十篇，《普京文集（2012—2014）》《普京文集（2015—2017）》中文版主要译者。近年来领衔完成《哈萨克斯坦跻身世界30强进程中的语言文化推广机构与战略研究》《俄罗斯外译作品出版现状与中华学术精品俄译对策研究》《上海与"一带一路"沿线国家媒体交流的可能性与途径研究》《"丝绸之路经济带"沿线国家文化教育政策研究》《新编〈突厥通史〉译介暨中外突厥语族民族历史构建与族群认同研究》《哈萨克斯坦非物质文化遗产保护的经验与启示》《多语种网络空间语言战略研究》等省部级课题近十项，主持国家社科基金课题《大国博弈视角下的中亚语言竞争与语言规划研究》。上海文广集团（SMG）国际问题评论员兼俄语同声传译直播译员、联合国人力资源厅（INSPIRA）正式注册俄语同声传译译员。

科研人员：

杨成，法学博士，上海外国语大学教授，《俄罗斯研究》副主编。曾任华东师范大学国际关系与地区发展研究院院长助理。主持各类课题多项，在各类核心期刊和媒体上发表论文多篇。

毕洪业，法学博士，教授，博士生导师，主要从事俄罗斯问题研究、国际政治与经济研究。出版专著两部，先后在《俄罗斯中亚东欧研究》《世界经济研究》《国际论坛》《东北亚论坛》《世界经济与政治论坛》《俄罗斯研究》等核心刊物上陆续发表多篇文章。

吴爱荣，文学博士，上海外国语大学俄语系副教授，硕士生导师，九三学社上海市青年委员会委员、上外委员会委员。研究方向：翻译理论与实践，俄罗斯中亚问题研究。

韦进深，法学博士，经济学博士后，硕士生导师，主要从事俄罗斯中亚问题研究、国际政治经济学研究，出版专著两部，在《国际观察》《世界经济与政治论坛》《国际展望》等核心刊物发表论文多篇。

三 学术活动

1. 上海市"俄罗斯东欧中亚与当代世界：语言、文化与区域国别研究"研究生学术论坛

2017年9月16—17日，上海市"俄罗斯东欧中亚与当代世界：语言、文化与区域国别研究"研究生学术论坛在上海外国语大学召开，本次论坛由上海市学位委员会主办，上海外国语大学、中国俄语教学研究会承办。本次论坛面向全国研究生征稿，共收到中国人民大学、复旦大学、南京大学、华东师范大学、武汉大学、苏州大学、首都师范大学、黑龙江大学、北京外国语大学、大连外国语大学以及上海外国语大学等20余所高校研究生投稿90余篇，吸引了包括俄语语言文学、国际政治、区域国别研究及相关方向的各类研究生107名会聚上外虹口校区，参加学术论坛系列交流活动。本次论坛主题不仅涵盖了我校外国语言文学和政治学两个一级学科，也契合我校"多语种+"人才培养战略和"区域国别研究"学术发展战略，是对国家中外人文交流文化战略和"一带一路"倡议的热烈响应和切实对接。论坛致力于搭建研究生学术交流与思想创新的

平台，推动各高校研究生之间的学术交流，全方位展示了俄罗斯东欧中亚语言文学和俄罗斯东欧中亚问题研究的学术前沿和研究热点，同时，充分发挥了我校学科优势，促进俄罗斯东欧中亚语言、文化的教学与科研水平的提高，推动相关学科的发展。

2. 欧亚研究全国青年学术共同体会议

12月16—17日，"欧亚研究全国青年学术共同体"研讨会在复旦大学召开。会议由复旦大学国际问题研究院俄罗斯中亚研究中心、上海外国语大学俄罗斯研究中心、上海社会科学院国际问题研究所三家科研机构共同倡议，由复旦大学俄罗斯中亚研究中心具体组织承办。来自北京、江苏、上海、广东、新疆等全国14个省（市、区）的27家科研机构及莫斯科大学的50多位学者参加了会议。

会议包括主旨研讨、专题讨论、方法交流三大模块，围绕"欧亚研究：问题与前景""欧亚研究：'一带'与'一盟'""欧亚研究：大国与未来""欧亚研究：经济与发展""欧亚研究：政治与治理""欧亚研究：发表与出版""欧亚研究：学科与方法"等八大主题展开，重点探讨了"欧亚研究全国青年学术共同体"的构建与发展，并结合具体议题讨论了国内青年学者的成长和培养问题。

与会学者普遍认为，欧亚研究作为国别和区域研究的主要板块之一，在国内仍然具有较大发展空间。从事欧亚问题研究的青年学者要在选题与解题、理论与方法、积淀与产出、策论与专业等方面夯实基础，紧跟现实。构建青年学术共同体是塑造年轻学者的学术自觉和推动欧亚研究发展的重要方式。欧亚研究青年学术共同体的形成既需要共通的知识和理论基础，也需要良性的沟通和互动机制，还需要开放的心态和治学环境，更需要规范的学术争鸣和碰撞。

本次会议以国内从事欧亚问题研究的青年学者为主角，参会者来源范围广，学术活力足，具有较强代表性，能在一定程度上反映出国内从事欧亚问题研究的青年学者的学术生态。会议还特邀从事俄罗斯中亚问题研究的数位沪上资深学者，就多个主题与青年学者进行了交流和分享。

经过一天半的热烈讨论和交流，与会学者表示，期待"欧亚研究全国青年学术共同体"能够保持活力，成为支持国内欧亚研究发展和学科建设的可持续平台，成为国内从事欧亚问题研究的学者聚心、聚力、聚智的平台，成为青年研究人员相互交流、携手成长的平台。

四　科研成果

（一）著作

1. 汪宁、纪悦生：《俄罗斯文化复兴战略》，上海财经大学出版社 2018 年版。

内容摘要：进入 21 世纪以来，国际局势扑朔迷离变化万千，新的国际秩序迟迟难产。在这样的大背景下，国际政治本身及国际政治学科的研究都在发生着深刻而复杂的变化，一个明显的标志就是，在复杂多变的国际关系中，文化的因素大幅度增加，软实力竞争日益激烈。普京自千年之交执政以来，大力推动出台了一系列文化政策，在提高国际形象方面做出了诸多努力，一套完整的俄罗斯国家文化战略已经逐步形成。面对以美国为首的西方文化的强势扩展，俄罗斯文化面临着被否定，边缘化，俄罗斯可能有沦为"二流国家"的危险。为了占据对国际事务的主导权，恢复和维护俄罗斯的大国强国形象，普京采取了一系列强硬的应对措施，以增加民族凝聚力、大力宣扬传统的爱国主义精神为抓手，从恢复俄罗斯语言文化地位开始做起，辅之以一整套法规和文化发展规划，形成了一个完整的文化复兴战略，以国家战略的形式用法规正式固定下来。

2014年2月俄罗斯文化部公布了《关于国家文化政策的基本点》，并送呈总统办公室，与此同时还专门组织了领导小组组织各部门进行规范讨论，听取修改意见。在总统的积极推动下，经过一年多的不断修改和完善，终于在2016年2月29日正式颁布出台了《2030年前俄罗斯联邦国家文化政策战略》，与此前已经正式颁布的其他许多国家级的战略文献如《2025年前俄罗斯民族政策战略》《国家政策基础》《俄罗斯联邦国际人文合作领域政策的基本方向》等一系列政策文件一起，构成了一个完整的国家战略法规文献体系，标志着俄罗斯国家文化战略的正式形成，极具特色。全书共分五个部分展开（篇章），报告最后部分为附录文件。

2. 毕洪业：《俄罗斯对独联体外交政策研究》，中央编译出版社2014年版。

内容摘要：苏联解体被普京称为"20世纪最大的地缘政治灾难"，而作为苏联遗产的继承者，俄罗斯所经历的制度转型和对外关系重建自然成为世界瞩目的焦点。20世纪90年代中期以来，伴随着俄罗斯对外战略的全面调整，对独联体外交很快被确定为优先方向，并成为俄罗斯整体外交战略中最重要的一环。首先，独联体是俄罗斯国家的根本利益所在，是复兴大国地位和确保国家安全的地缘战略依托。其次，在独联体一体化的具体领域，经济一体化从落实自由贸易区协议起步，以最终形成欧亚经济联盟为目标；政治军事一体化从协调外交立场和形成集体防御体系及组建快速反应部队起步，最终在独联体框架内组建统一的军事政治同盟。最后，在一体化的具体形式上，在发展与独联体国家双边关系的同时，努力加强后苏联空间内次区域和独联体整体合作等多种形式、不同速度的一体化，重点通过发展关税同盟和独联体集体安全条约组织来推进独联体经济和军事一体化整合。总体上，普京的独联体政策基本遏制了俄罗斯在后苏联空间影响力急剧下滑的势头，甚至其威望还得到了较快提升。

3. 毕洪业：《俄罗斯与欧洲关系研究》，中央编译出版社 2009 年版。

内容摘要：在后冷战时期，欧洲大陆地缘政治的变化主要呈现出两大趋势：面对中东欧地区复杂的形势，欧盟和北约在短暂犹豫后相继出台东扩战略，相对而言，欧盟东扩对欧洲大陆的影响要更加深远；苏联解体后，俄罗斯毫不犹豫地选择了加入西方文明大家庭的政策，但由于欧盟和北约东扩明确将其排除在外，这促使莫斯科不得不重新定位和调整与这两大极具影响力的组织的关系。本书的主旨在于，通过分析俄罗斯文化传统中的欧洲认知和双边关系中存在的现实影响因素，对俄罗斯与欧洲关系的演变和发展进行研究，并进一步探讨未来欧洲大陆安全体系的构建问题。

4. 杨波：《塔吉克斯坦国家发展与社会文化研究》，世界图书出版广东有限公司 2015 年版。

内容摘要：苏联解体后，中亚五国成为独立国家。近年来，随着中亚在国际社会地位的日渐突出，中亚研究也逐渐成为一个重要课题。研究的范围也由原来较多关注的政治和经济等领域逐渐扩展到外交、安全、民族、社会、文化等各个领域。但是，当前的中亚研究多把中亚五国作为一个整体研究对象，基础研究和国别研究相对不足。中亚五国虽然同处于亚欧大陆腹地，但各国的历史文化、政治制度、经济发展、人口民族、外交政策各具特色，差异显著。对每一个对象国有针对性、具体深入的研究有助于我们更加全面地理解中亚的内政外交问题，更为准确地把握其发展动态。

5. 章自力、许宏主编：《俄语教学理论与实践探索》，世界图书出版广东有限公司 2018 年版。

内容摘要：本书汇集第三届全国高校俄语专业学科建设高层论

坛上国内外专家、学者所提交的学术论文，内容聚焦新时期俄语专业学科建设，从理论与实践两个层面积极探索俄语专业本科生教学与研究生教学，对于俄语课程设置、教材建设、教法创新、人才培养模式改革、俄语语言技能培养等方面有一定的参考价值。本书研究论题较为宽广，既有零起点俄语教学问题研究，也有高端翻译人才培养研究；所研究的教学问题既有俄语语言本身，也部分涉及文学、翻译等其他方向。本书的研究视角有一定特色。

（二）论文

1. 韦进深、唐朱昌：《倡议、议程与规范：中国国际组织外交的新变化》，《广西财经学院学报》2018年第3期。

内容摘要：中国共产党十八大以来，中国的国际组织外交更为积极和主动。中国不仅提出了一系列有关全球治理的新理念，并且通过国际组织外交践行新理念，提出全球治理的中国方案，推动全球治理和治理体系的转型，开创了新时代中国国际组织外交的新局面。在国际组织外交的实践中，中国通过在全球性国际组织和区域性国际组织发起国际倡议，推动了这些国际组织在组织发展、议题设置和管理程序等方面的改革，强化了国际组织的治理作用。中国通过在国际组织中的重要地位和主场外交活动，统筹国家治理和全球治理，设置国际议程推动全球问题的治理，避免全球治理的"失灵"。最后，面对国际规范的调整和变迁，中国在国际安全、国际经济、人权和环境保护等领域主动塑造规范，推动了国际关系民主化的发展和全球治理体系的转型。

2. 汪宁、韦进深：《当代俄罗斯文化战略评析》，《国际观察》2018年第4期。

内容摘要：以《2030年前俄罗斯联邦国家文化政策战略》出台为标志，俄罗斯形成了明确的国家文化战略。论文从多方面论述了俄罗斯文化安全面临的挑战，在俄罗斯文化复兴的理论导向和制度重建、语言文化战略、文化外交战略三个维度对俄罗斯文化战略的内容进行分析，认为出台文化战略是俄罗斯应对苏联解体的文化冲击和西方文化挑战的重要举措，而重塑国内文化环境和扩大俄罗斯文化国际影响力是俄罗斯文化战略的根本目标。

3. 毕洪业：《俄罗斯地缘政治思想的演变及影响》，《俄罗斯研究》2018 年第 2 期。

内容摘要：地理空间对俄罗斯民族和国家而言，一直有着特殊的决定意义。自立国以来，不断进行领土扩张就成为俄罗斯国家历史的一部分。纵观历史，俄罗斯地缘政治态势变动的频度和幅度，在世界大国中可以说是最为激烈的。正是横跨欧亚的独特地理位置和不断变化的地缘政治现实，促进了俄罗斯地缘政治思想的形成和发展，并对俄罗斯国家的对外政策和发展走向形成影响。冷战结束后，从普里马科夫的多极化构想到普京的欧亚战略，伴随着对国家利益的讨论和认识，俄罗斯对外政策的调整，还是回归到了欧亚大陆本身。普京的"大欧亚伙伴关系"计划与中国的"一带一路"倡议有很多契合点，拓展了两国合作空间，但全面欧亚伙伴关系的设想，还需要深入研究和系统评估。

4. 王会花：《俄罗斯高等教育评估体系发展脉络及启示》，《世界教育信息》2018 年第 1 期。

内容摘要：伴随着高等教育的变革，俄罗斯高等教育评估体系的建立和发展经历了一个不断调整和完善的过程。在这一过程中，高等教育评估的发展导向、参与主体以及其角色定位和权责划分呈现出不同的阶段性特征。回溯五十余年来俄罗斯高等学校评估体系的变迁，无论是在评估法规体系的完善、评估方式的改进，还是对于评估结果的运用，都对我国的高校教学评估体系的进一步完善具有一定的借鉴意义。

5. 杨波：《上海外国语大学俄罗斯东欧中亚语言教学与研究回顾》，载《"俄罗斯学"在中国》，社会科学文献出版社2017年版。

内容摘要：1949年12月，华东人民革命大学附设上海俄文学校正式成立，这就是上海外国语大学的前身，也是新中国成立伊始兴办的第一所高等外语学校，姜椿芳同志为第一任校长。68年来，从一所培养国家急需人才的俄语学校到培育高端外语人才的知名高等学府，上海外国语大学的发展历程离不开一代代俄语人的智慧和奉献。文章从历史沿革、学科建设、国际交流、新世纪新征程四个部分对上海外国语大学俄罗斯东欧中亚语言教学与研究的历史与现状进行梳理，力求展现"俄罗斯学"在上海外国语大学创立与发展的历程。

6. 杨波：《从普京"竞选纲领"看美俄关系：前景黯淡，军备竞赛则未必》，《澎湃新闻》（外交学人版）2018年3月17日。

内容摘要：文章从全球安全、地缘政治、相互认知三个方面分析2018年总统大选前俄美关系的主要态势，主要结论为：2018年，俄美关系多半会以非对称性对抗不定期激化和美国继续遏制俄罗斯为主线，对抗与制裁交互之下，俄美关系改善的前景颇为黯淡。尽管当前俄美关系几乎处于最低点，仍不排除双方就叙利亚、朝鲜、乌克兰等问题谋求互利对话，探索理性妥协的可能。毕竟，俄美曾不止一次借"巧外交"力挽狂澜。而在俄美关系触底，两国缺乏信任，美国坚决遏制俄罗斯，两国战略竞争轮廓日益凸显的复杂情况下，双方更应致力于改善关系，无论俄罗斯总统大选和美国中期选举结果如何。

7. 杨波：《哈萨克斯坦非物质文化遗产保护：从政策到实践》，载《国外非物质文化遗产保护的经验与启示》，社会科学文献出版社2018年版。

内容摘要：本文系上海市人民政府发展研究中心"外国文化政

策"决策咨询研究专项课题"哈萨克斯坦非物质文化遗产的经验与启示"的最终成果。报告对哈萨克斯坦非物质文化遗产保护的政策与实践进行评估性分析,重点聚焦该领域的法律、机构和政策,参照哈萨克斯坦官方网站发布的最新俄语、哈萨克语资讯,重点把握哈国在非物质文化遗产保护方面的指导思想、基本方针、总体战略和现状问题,总结经验,吸取教训,为我国非物质文化遗产保护建言献策。

(撰写人:韦进深,审稿人:汪宁)

上海大学
上海合作组织公共外交研究院

一 重要沿革

上海大学上海合作组织公共外交研究院成立于2011年3月，是经中华人民共和国外交部（外欧亚函〔2011〕72号）批准成立的学术机构，致力于上海合作组织和平发展、我国公共外交事业发展的学术研究、人才培养及国际交流。研究院的使命：（1）建设国家上海合作组织与国家公共外交战略的研究基地，组织开展我国与相关区域及国家交流合作的战略性研究，为各级政府和企事业单位提供决策咨询服务。（2）建设公共外交高级人才的培养基地，针对目前各级政府和企事业单位日益增多的国际化交流和民间外交人才的需求，开展专门的人才培养。培养民间外交人才，服务国家公共外交战略。（3）建设国际人文与科技交流合作基地，广泛开展国际人文交流，从而带动经济合作、科技合作、产业合作以及社会治理合作，为各级政府、企事业单位引进相关领域高科技人才与项目提供服务。

研究院成立之时，上海合作组织秘书长穆拉特别克·伊马纳利耶夫发来亲笔签名的贺信表示祝贺，并指出研究院从事的是一项十分有意义的工作。教育部国际司司长张秀琴于2013年11月20日致研究院学术委员会主席张德广的复信,信中指出"上海大学自成立上海合作组织公共外交研究院以来,致力于上海合作组织和平发展和我国公共外交事业的发展,人才培养、科学研究、国际交流和社会服务等方面积极探索,成果显著。在将来的工作中我们将更加注重发挥该校在促进上合组织区域友好协作和文化交融等方面的良好作用"。

2016年12月27日中国公共外交协会召开第一届理事会第五次会议暨公共外交专门委员会成立仪式,宣布上海大学上海合作组织公共外交研究院与北京外国语大学、外交学院、上海大学、清华大学、中国人民大学、北京大学、三亚公共外交研究院,入选"地方及院校公共外交委员会"。

上海大学上海合作组织公共外交研究院与中国社会科学院、中国公共外交协会、中国中亚友好协会、察哈尔学会、上海市公共外交协会合作,同时与俄罗斯、哈萨克斯坦、乌兹别克斯坦、吉尔吉斯斯坦、塔吉克斯坦、德国、美国、爱沙尼亚、韩国等国的政府与学术机构建立了紧密联系。承担教育部国别和区域研究指向性课题,2016—2018年连续入选上海高校智库内涵建设计划,积极参与组织编撰《上海合作组织发展报告》(黄皮书),2018年发展报告由副院长张恒龙教授担任副主编。

二 研究方向

(1)围绕上合组织成员国发展风险开展储备研究,重点是中亚国家政治稳定与社会风险评估。主要开展国家社科基金重点课题1项:《中亚五国政治与社会稳定的总体评估及发展趋势研究》。

(2)围绕上合组织经贸发展与务实合作开展资政研究,重点是上合金融合作与上合组织开发银行组建。主要开展课题3项,分别是教育部国别和区域研究2016—2017年度指向性课题《未来10—15年上海合作组织金融合作的前瞻性研究》、2017年度上海高校智库内涵建设计划资助课题《上合组织金融合作促进"一带一路"建设研究》、中信改革发展研究基金会委托课题《国际开发性金融机构和世界经济秩序的转换》。

(3)围绕上合组织框架内高端合作机制开展公共外交活动及研究,重点是中国—中亚国家智库合作。主要开展课题3项:上海大学国际交流平台《上海合作组织公共外交》、2018年度上海高校智库内涵建设计划资助课题《中亚国家政治风险及发展趋势》、全国文化和旅游系统2018年度课题《上海建设"一带一路"文化领域桥头堡对策研究》。

三 人员情况

研究院名誉院长是前外交部长、全国人大常委、外事委员会原主任委员、中国公共外交协会会长、上海大学名誉教授李肇星。学术委员会主席是中国国际问题研究基金会理事长、外交部前副部长,上海合作组织首任秘书长、上海大学名誉教授张德广。学术委员会副主席分别是中国国际战略学会高级顾问、上海大学博士生导师王海运少将,中国社会科学院俄罗斯东欧中亚研究所所长、上海大学自强教授孙壮志研究员。院长是李伟。研究院拥有一支由资深外交官、国内外大学教授和海外归国人才组成的专家团队。

校内团队成员:

张恒龙教授、张丹华教授、王国松教授、王祝研究员、李华副教授、赵金龙副教授(留韩)、毛雁冰副教授(留德)、尹应凯副教授、贾利军博士、王雨琼博士（留俄）、张真真助理研究员（留俄）、李雪助理研究员（留俄）。

校外团队成员：

1. 王海运：中国国际战略学会高级顾问

2. 孙壮志：自强教授、中国社会科学院俄罗斯东欧中亚研究所所长、研究员

3. 许涛：兼职教授、国务院发展研究中心欧亚社会发展研究所研究员

4. 徐坡岭：兼职教授、中国社会科学院俄罗斯东欧中亚研究所研究员

5. 张宁：兼职教授、中国社会科学院俄罗斯东欧中亚研究所研究员

6. 王四海：兼职教授、中国地质大学教授

7. 王晓泉：特聘研究员、中国社会科学院俄罗斯东欧中亚研究所副研究员

8. 徐晓天：特聘研究员、中国现代国际关系研究院副研究员

9. 戴勇斌：特聘研究员、比利时根特大学博士

10. 弗拉基米尔·彼得罗夫斯基：特聘研究员、俄罗斯科学院远东研究所首席研究员

11. 雅罗斯拉夫·利索沃利克：特聘研究员、欧亚开发银行首席经济学家

四　主办刊物

不定期编撰内部刊物《公共外交参考》与《公共外交与全球治理学术沙龙通讯》。

五　学术活动

1. 举办"一带一路"系列国际论坛

"一带一路"系列国际论坛由上海大学与中国社会科学院俄罗斯东欧中亚研究所联合主办，由上海大学上海合作组织公共外交研究院承办。论坛内引外联，整合校内外资源，邀请中外知名学者、智库专家、政府部门、高校和媒体代表参加，特邀国际组织代表及上合组织成员国驻华大使馆官员出席。主要围绕上合组织成立以来，中国与上合组织成员国关系的现状及前景、上合组织区域内安全形势、大国与中亚等议题，突出战略性、前瞻性、时代性、科学性特点，展开高层次、高水平的研讨，力争打造成为沿线国家政产学研各界对"一带一路"进行综合研讨的高端平台。

2017年11月1—2日，第二届"一带一路"上海国际论坛在上海大学成功举办，本届论坛主题为"'一带一路'与扩员中的上海合作组织"，来自上合组织区域的中国、俄罗斯、中亚、巴基斯坦、乌克兰、白俄罗斯、阿塞拜疆以及域外的墨西哥等国学者与会。此次论坛由上海大学与中国社会科学院俄罗斯东欧中亚研究所联合主办，由上海大学上海合作组织公共外交研究院承办，上海大学国际事务处、高等研究院和创新创业学院协办。论坛期间，来自中国、俄罗斯、中亚、巴基斯坦、乌克兰、白俄罗斯、阿塞拜疆以及域外的墨西哥等国百余位学者围绕上海合作组织扩员进程展望、上海合作组织区域内政治稳定与安全挑战、上海合作组织发展的新机遇和"一带一路"框架内欧亚地区经济合作等议题开展了富有成效的交流。

2. 举办"上海合作组织与区域发展合作：机遇与挑战"国际

研讨会

2018年5月4日,上海大学上海合作组织公共外交研究院和上海社会科学院国际问题研究所在上海大学宝山校区碳碳大楼一楼会议室联合举办国际学术研讨会。会议主题为"上海合作组织与区域发展合作:机遇与挑战"。来自上海合作组织成员国在沪专家、留学生及上海社会科学院、上海大学等科研高校学者与会。会议深入探讨了上海合作组织扩员后面临的机遇和挑战及其在政治安全与经济合作领域的现状和发展趋势。

3. 举办上海合作组织新型发展银行研讨会

2018年7月31日—8月1日,上海合作组织新型发展银行研讨会在上海大学宝山校区举办。应上海大学上海合作组织公共外交研究院之邀,俄罗斯著名智库"瓦尔代"国际辩论俱乐部研究规划主任、欧亚开发银行首席经济学家 Yaroslav Lisovolik 博士专程出席了研讨会。与会专家围绕"当前俄罗斯宏观经济形势""俄罗斯如何看待中美贸易战""上合组织新型发展银行成立的前景""中国与欧亚经济联盟合作的阻力与动力""欧亚开发银行在欧亚一体化中的作用"等当下热点议题开展了深入的研讨。

4. 参加"一带一路"乌中战略伙伴关系论坛

2018年5月25—26日,受乌克兰国家科学院与汉学家协会邀请,上合组织公共外交研究院副院长,上海高校马克思主义智库"强国战略与话语权研究中心"专家张恒龙教授赴基辅参加"一带一路"乌中战略伙伴关系论坛。该论坛在中国驻乌克兰大使馆和乌克兰国家安全与国防委员会支持下召开。来自中国社会科学院、中国国际问题研究院、上海大学的中方代表与乌克兰各界专家就中乌战略伙伴关系开展深入富有成效的讨论。张恒龙作为中国高校智库的代表,以"'一带一路'倡议下中国—乌克兰自贸区(FTA)建设的前瞻性研究"为主题宣读了论文。

六　科研成果

（一）著作

张恒龙主编：《"一带一路"与中亚的繁荣稳定——"一带一路"与中亚国际论坛论文集》，上海大学出版社 2017 年版。

内容摘要：为了总结过去，开创未来，探讨如何在"一带一路"倡议下进一步打造中国—中亚命运共同体，在上海高校智库内涵建设计划资助下，上海大学与中国社会科学院俄罗斯东欧中亚研究所于 2016 年 11 月 23 日至 24 日在上海联合举办"一带一路"与中亚国际论坛，就"一带一路"与中亚的繁荣稳定主题进行了充分的研讨，此次研讨为中亚各国政产学研各界对"一带一路"进行综合研讨提供高端平台。《"一带一路"与中亚的繁荣稳定》是此次会议的主要论文合集。

（二）论文

1. 张恒龙：《开启上合组织发展新阶段》，《人民日报》（评论版）2018 年 6 月 5 日。

内容摘要：上海合作组织不仅维持着欧亚大陆重要的安全合作组织地位，也在不断深化经贸合作，增进战略对接，成为对接"一带一路"倡议的重要平台。成员国的企业通过境外经贸合作区建设，正在"一带一路"建设中发挥着越来越重要的作用。上合组织 17 年来不忘初心的探索说明，只有立足于长远利益，才有助于当地经济发展的全局性、系统性政策安排，才有助于企业稳扎稳打地前进。境外经贸合作区的进一步发展，必将推动上合组织发展进入新阶段，让区域经济合作与"一带一路"倡议交相辉映，为构建人类命运共同体发挥更大作用。

2. 张恒龙：《上海合作组织金融合作的挑战与展望》，《海外投资与出口信贷》2018 年第 3 期。

内容摘要：在刚刚闭幕的上海合作组织青岛峰会上，成员国一致支持进一步加强金融领域务实合作，将继续研究建立上合组织开发银行和发展基金（专门账户）问题的共同立场。这显示，促进区域金融合作已成为成员国的共识。本轮经济危机以来，新兴经济体更加认识到区域金融合作的重要性，积极开展区域金融合作以分散风险、促进发展、化解危机，这也是中亚各国迫切希望推动上合组织金融合作，以及俄罗斯开始调整原有立场的重要原因。积极推动上合组织金融合作对各成员国而言，可以促进地区经贸合作，加快本国经济发展。继续深化金融合作是促进各成员国经济发展，提高人民福祉的重要举措，未来推进上合组织金融合作，需要正视并有效应对挑战。

3. 赵金龙、顾玉龙：《日本 FTA 战略的影响因素及其发展路径》，《国际商务研究》2018 年 4 月。

内容摘要：论文依托 1997 年日本数据，运用二元响应模型分析了日本 FTA 战略的影响因素及其发展路径，同时对日本未来的 FTA 路线图进行预测。研究结论表明：日本 FTA 战略在不同时期表现了不同的特色和重点，长期影响其选择 FTA 伙伴的主要原因是日本与贸易伙伴的"地理距离远近""要素禀赋差异""贸易互补性"和"贸易结合度"等因素。理论模型准确预测到了日本 54 个 FTA 中的 51 个，准确率为 94%；另外，预测到了日本 94 个非 FTA 伙伴中的 85 个，准确率为 90%。

4. 尹应凯、虞峥：《三次危机、两种失衡、一个世界——次贷危机十周年祭》，《上海大学学报》（社会科学版）2017 年第 4 期。

内容摘要：发端于 2007 年的美国次贷危机已有 10 年，全球经济是否已经走出了危机的阴影？危机对世界经济的影响如何？论文首先简单回顾了次贷危机、欧债危机、美债危机等"三次危机"，进而论证了"三次危机"的根源是实体经济与金融经济"两种失衡"，"两种失衡"造成了"一个世界"的福利分配不公平、不可持续；"三次危机"又对"一个世界"的福利分配产生了影响，并推动了"逆全球化"思潮。最后，论文提出如下政策建议：对内推进供给侧结构性改革、"藏富于民"，对外以"新全球化"应对"逆全球化"，这也是应对"三次危机""两种失衡"的重要举措。

5. 尹应凯、侯蕤：《数字普惠金融的发展逻辑、国际经验与中国贡献》，《学术探索》2017年第3期。

内容摘要：G20杭州峰会将"数字普惠金融"列为重要议题，并通过了《G20数字普惠金融高级原则》等三个文件。本文从数字普惠金融的逻辑发展主线切入，提出数字普惠金融的发展逻辑充分体现了"好金融"更好地服务"好社会"的目标，数字普惠金融是典型的"好金融"。在此基础上梳理数字普惠金融发展的国际经验，主要包括发展中国家的移动货币模式、发达国家的科技金融（Fintech，Finance Technology）模式。进而分析了数字普惠金融的"中国贡献"，一方面体现在形成了数字普惠金融发展的"中国模式"、践行"好金融促进好社会"，另一方面体现在积极促进数字普惠金融的国际合作、引领"好金融促进好世界"。展望未来，G20杭州峰会将推动全球数字普惠金融发展进入新阶段，开启"好金融构建好社会、好世界"的新时代。

6. 郑小松、贾利军（通讯作者）：*An Empirical Study on the Economic Effect of Financial Cooperation Among Countries of the "Silk Road Economic Belt"* 中文翻译：《"丝绸之路经济带"沿线国家金融合作经济效应的实证研究》，*Engineering Economics*（SSCI期刊）2017年10月。

内容摘要：Financial cooperation has become a popular trend since

the new era. Recently, "Silk Road Economic Belt" has aroused the attention of the world. This paper focuses on the Economic impacts of financial cooperation between Countries along this Belt, proposing that the adoption of local currency settlement system is in the initial stage of regional financial cooperation. This paper innovatively measures the GDP, international trade, welfare and other effects of financial cooperation applying GTAP model. The results show that, if the local currency settlement system becomes the main model of regional financial cooperation, the appreciation of local currency, e. g. RMB, can increase the GDP in Central Asia, the European countries, Central Asia and North Africa and optimize the output structure in China at the same time. However, the export and import volume of most industries of the United States, Japan and Australia which do not belong to Silk Road suffers slight declines due to the transfer of trade, while their country welfare increases slightly at the same time.

中文翻译:"丝绸之路经济带"的建设引起了全世界瞩目。本文聚焦丝绸之路经济带建设中的金融合作领域,提出在区域金融合作初期采用本币结算制度,从而运用GTAP模型进一步研究本币结算制度中人民币升值对丝路带沿线国家地区以及世界其他主要国家的影响。结果发现,在以本币结算制度为金融合作主要方式情况下,随着人民币的升值,中亚国家、欧盟国家、环中亚地区以及北非国家GDP价值将增长,我国对外贸易结构将得以改善。然而,美日澳三国作为非"丝路带"国家很有可能受到贸易转移效应的影响,多数行业进口额以及出口额都有不同程度的下滑。总体来说,"丝路带"金融合作本币结算制度的深化使得"丝路带"地区福利均有所提高。

7. 贾利军等: *A Structural Decomposition and Comparison of Differ-*

ent Factors on the Agricultural Sectors of China, Russia and India under a Global Value Chain，中文翻译：《全球价值链下中俄印农业占比影响因素的结构分解与对比》，Transformations in Business & Economics（SSCI 期刊）2017 年 12 月。

内容摘要：China, Russia and India are the three major powers in the BRICS countries. They are also the main cooperative partners in the Silk Road Economic Belt. Based on the WIOD non-competitive input-output tables of these three countries from 1995 to 2011, we first structurally decompose the main factors affecting the proportion of those countries' agricultural outputs in terms of GDP. We also investigate the different effects of four categories of factors, namely intermediate inputs, consumption, investment and exports. We find that intermediate inputs and consumption are the main forces behind the decline in the proportion of agricultural GDP in these three countries. Furthermore, the different intermediate inputs of industries and the different degrees of consumption of various sectors can result in different effects. In contrast, however, investment and exports tended to drive increases in the proportion of agricultural GDP in China, Russia and India.

中文翻译：中国、俄罗斯和印度是金砖国家的三个主要大国，俄罗斯和印度也是中国丝绸之路经济带的主要合作国家。本文基于中俄印三国 1995—2011 年的 WIOD 非竞争性投入产出表，将影响其农业占 GDP 比重的主要因素进行了结构性分解，分别考察中间投入、消费、投资、出口四类因素对于这三个国家农业占 GDP 比重变化的影响大小。得出结论认为：中间投入行业和消费是驱使中俄印三国农业占 GDP 比重下降的重要原因，但从分解的结果来看，不同的中间投入行业和不同部门消费的影响效果有着很大的差别；与之相反，投资和出口却是促使中俄印三国农业占比上升的重要因素。

8. 张真真：《塔吉克斯坦》，载《中亚发展报告（2018）》（黄皮书）。

内容摘要：2017年塔吉克斯坦的权力交接模式更加明朗化。政治经济转型与安全面临的双重压力，是对拉赫蒙政府执政能力的极大挑战。塔吉克斯坦政府制定和实施经济发展规划，推进经济平稳发展，落实战略目标，进一步改善民生。继续加强与俄罗斯、中国的战略合作，改善与乌兹别克斯坦的关系，保障区域安全稳定。

（三）决策咨询

本年度向中央和地方政府部门提交决策咨询专报20余篇。

（四）获奖与荣誉

1. 张恒龙领衔的团队研究成果：《上海服务"一带一路"资金融通的对策研究》荣获2017年度第十一届上海市决策咨询研究成果奖二等奖。

2. 赵金龙、王斌的论文《我国"一带一路"FTA战略的路径选择研究》，荣获2018年上海市中国特色社会主义理论体系研究和宣传优秀成果奖二等奖（论文类）。

3. 张恒龙当选第二届中国中亚友好协会理事。

（撰稿人：张恒龙、张真真）

山东大学
俄罗斯与中亚研究中心

一 重要沿革

山东大学俄罗斯与中亚研究中心挂靠于山东大学当代社会主义研究所，是专门研究俄罗斯和中亚地区（包括政治、经济、文化与外交）、中俄关系、中国与中亚地区关系的专门学术研究机构。

中心的筹建、成立和发展经历了几个主要发展阶段：第一，2012—2014年为初创阶段。2012年12月，中心成立申请获得山东大学的批准。第二，2014年12月，中心正式成立，各项学术活动开始启动。第三，2015年5月17—18日，中心在青岛大学国际学术交流中心举办了第一次国际学术研讨会。同时，中心与俄罗斯人民友谊大学、俄罗斯总统国民经济和行政管理研究院建立了学术交流合作机制。第四，2016年10月28—30日，中心在泰安广播电视局举行了第二次国际学术研讨会。第五，2017年12月，中心入列教育部国别和区域研究中心备案名单，并获得两项科研立项。第六，2018年5月26—27日，中心在山东大学青岛校区与中国中俄关系史研究会联合举办了大型国际学术研讨会。

二 研究方向

第一，俄罗斯政治、经济、文化与外交；第二，中亚政治、经济、文化与外交；第三，中俄关系；第四，中国与中亚关系；第五，"丝绸之路经济带"与中亚命运共同体。

三 中心成员

中心主任：马风书教授（任期8年），研究方向为俄罗斯和中亚政治、文化与外交。中心副主任：黄登学教授（任期8年），研究方向为俄罗斯和中亚政治与外交。

科研团队：

1. 陆南泉研究员，中国社会科学院荣誉学部委员、中国社会科学院俄罗斯研究中心副主任，研究方向为俄罗斯和中亚经济；

2. 王海运少将，中国国际战略学会高级顾问、俄罗斯国防安全法制研究院外籍院士，研究方向为俄罗斯与中亚外交、中俄关系；

3. 李兴教授，北京师范大学政府管理学院、北京师范大学俄罗斯中心学术委员会主任，研究方向为亚欧区域、大国关系；

4. 李新研究员，上海国际问题研究院俄罗斯中亚研究中心主任、中国国际问题研究院上海合作组织研究中心常务理事，研究方向为俄罗斯和中亚经济与外交；

5. 庞大鹏研究员，中国社会科学院俄罗斯研究中心主任、国务院发展研究中心欧亚社会发展研究所特约研究员，研究方向为俄罗斯和中亚政治、经济与外交；

6. 姜毅研究员，中国社会科学院俄罗斯东欧中亚研究所俄罗斯外交研究室副主任，研究方向为俄罗斯外交；

7. 冯玉军教授，复旦大学国际问题研究院教授、中俄友协常务理事、中国现代国际关系研究院俄罗斯研究所前所长，研究方向为俄罗斯外交、中俄关系；

8. 李中海研究员，中国社会科学院俄罗斯东欧中亚研究所研究员、《俄罗斯东欧中亚研究》杂志主编，研究方向为俄罗斯政治、经济与外交；

9. 杨成教授，上海外国语大学国际关系与公共事务学院教授，前华东师范大学俄罗斯研究中心副主任，研究方向为俄罗斯和中亚政治、经济与外交；

10. 亚历山大·卢金（А. В. Лукин）教授，莫斯科国际关系学院东亚与上海合作组织研究中心主任，研究方向为中俄关系、俄罗斯政治与外交；

11. 德米特里·萨夫金（Д. А. Савкин）副教授，俄罗斯伊尔库茨克科技大学副校长，研究方向为俄罗斯政治、经济与外交、中俄关系；

12. 谢尔盖·乌亚纳耶夫（С. В. Уянаев）通讯院士，俄罗斯科学院远东研究所副所长，研究方向为中俄关系等；

13. 李亚洲教授，山东大学当代社会主义研究所研究员、山东大学政治学与公共管理学院教授、中国社会科学院世界社会主义研究中心特邀研究员，研究方向为国际共产主义运动史、俄罗斯和中亚政党政治；

14. 崔桂田教授，山东大学当代社会主义研究所主任、山东大学政治学与公共管理学院教授，研究方向为科学社会主义与国际共产主义运动、前苏东国家政治；

15. 展妍男副教授，山东大学政治学与公共管理学院，研究方向为俄罗斯和中亚政治与外交；

16. 王广振教授，山东大学文化历史学院，研究方向为俄罗斯经济与文化；

17. 安娜·库杰列瓦（Анна П. Кутелува）博士，俄罗斯高等经济大学副教授，研究方向为中国政治、经济与外交、中俄关系。

四　学术活动

1. 2015 年 5 月 16—17 日在青岛大学举办"丝绸之路经济带视域下的中国与俄罗斯及中亚关系——机遇与挑战"国际学术研讨会，参会人员共有来自国内和俄罗斯学者以及媒体代表 40 人。会议分别就"丝绸之路经济带战略构想的现实可行性及面临的挑战""丝绸之路经济带战略的实施对中亚地区格局的影响及中亚国家的对策""丝绸之路经济带战略构想对中俄关系的影响及两国的对策"展开了深入交流与讨论。

2. 2016 年 10 月 28—30 日在泰安广播电视局举办"大国博弈与中亚的未来"国际学术研讨会，参会人员共有来自国内和俄罗斯学者以及媒体代表 20 人。会议分别就"中国'丝绸之路经济带'战略构想与中亚一体化""俄罗斯'欧亚联盟'战略与中亚一体化""美国的中亚战略与中亚的未来"进行了深入交流与讨论。

3. 2018 年 5 月 26—27 日在山东大学青岛校区举办中国中俄关系史研究会年会暨"中俄关系的历史与中俄发展道路比较及新形势下的中俄关系"学术研讨会，参会人员共有来自国内和俄罗斯学者以及媒体代表 60 人。会议分别就"中俄关系的历史问题（中俄《瑷珲条约》《天津条约》一百六十周年、中俄茶叶贸易与'一带一路'倡议等）""中俄关系的现实问题（中俄发展道路比较、大选之后的俄罗斯形势及新形势下中俄关系面临的机遇和挑战等）"等进行了深入交流和讨论。

此外，中心还与俄罗斯和中亚国家进行了广泛的学术交流：（1）2014年至今，每年邀请俄罗斯伊尔库茨克科技大学副校长 Д. А. 萨夫金来山东大学为国际政治专业研究生授课并做报告。（2）2014年至今，中心主任马风书教授每年受邀赴俄罗斯人民友谊大学进行学术交流，并在俄罗斯总统国民经济和行政管理学院做学术报告。（3）2015年11月，李新教授受邀赴俄罗斯参加"瓦尔代"高级会议。（4）2016年10月28日—11月2日，庞大鹏研究员受邀参加哈萨克首任总统图书馆组织的中哈丝绸之路圆桌会。中心副主任黄登学教授等多位专家学者也多次到俄罗斯与中亚国家进行学术交流。

五　科研成果

中心成立以来共发表了10多篇论文。主要有以下成果：

1.《集体身份认同与统一国家的建构——关于多民族国家统一的思考》，《文史哲》2015年第6期。

内容摘要：集体身份是每一个社会成员必然拥有的社会角色，而对某种集体身份的认同或排斥则是选择的结果。在日益多元化的现代社会，集体身份认同的状况直接影响着社会整合和统一的成功与失败。对于民族国家而言，民族认同和国家认同是最重要的政治性集体身份认同。在多民族国家内部，这两种集体身份认同之间存在着极为复杂的关系，其现状和演变受到诸如民族政治地位和群体规模，民族的地域分布，民族文化的属性，民族的经济状况、受教育状况和现代化水平，族际交往状况，国家的民族政策等多种因素的影响。在综合研究这些影响的基础上，国家的民族政策和民族制度应以强化国民的国家意识和公民身份认同、弱化其民族意识和民族身份认同为目标，根据国内外形势的变化适时进行调整。这是构建和维护多民族国家统一的重要情感和心理基础。

2.《集体身份认同与跨国区域社会共同体的建构——关于东亚社会共同体建设的思考》,《国际观察》2017年第1期。

内容摘要:集体身份是每一个社会成员必然拥有的社会角色,而对某种集体身份的认同或排斥则是选择的结果。在日益多元化的现代社会,集体身份认同的状况直接影响着社会整合和统一的成功与失败。对于区域性国际社会的成员而言,国家认同和区域认同是最重要的集体身份认同。在全球化和国际局势日益复杂多变的形势下,这两种集体身份认同之间存在着复杂微妙的关系,并对地区局势乃至全球国际关系具有极为重大的影响。目前,东亚社会共同体的建设既面临严峻的挑战,也存在重大机遇。只要各方均认清形势,自觉树立集体身份认同,秉持友好合作、互谅互让、互利共赢的理念,灵活采取多轨道、多线路、多层次、多领域、以小促大、以民促官的方式,扎实工作,稳步推进,相信东亚社会共同体终将变成现实。

3.《新"冷战":臆想抑或是现实?——乌克兰危机背景下的俄美博弈透视》,《东北亚论坛》2015年第5期。

内容摘要:围绕2013年末岁初爆发的乌克兰危机,俄罗斯与以美国为首的西方之间的制衡与反制衡不断提升,双方可谓针锋相对,"剑拔弩张";不过考量到俄罗斯的现实实力、俄美博弈的意图与内容以及时代环境等因素,俄美此轮争斗不会演变成为一场新的规模宏大的"冷战"对决;然而尽管如此,由于俄罗斯与西方诸多几成"死结"的矛盾与问题,以乌克兰危机为契机,俄罗斯与西方的一场新对抗却已然成为不争的事实。

4.《俄美对抗根源的几点思考》,《东北亚论坛》2016年第5期。

内容摘要：近来俄美围绕东欧导弹防御系统的激烈争斗显示，俄美关系的互动模式已经从原来既争斗又合作的温和态势向"对抗性"的争斗态势悄然发生转变；而美国为首的西方国家变本加厉的"挤俄"战略，俄罗斯国力的日益壮大，俄美在社会发展模式和"民主"价值理念上的分歧以及能源因素则是俄美"新对抗"的根源所在。

5.《俄罗斯学界对中国"丝绸之路经济带"构想的认知和评论》，《俄罗斯学刊》2015年8月。

内容摘要：中国提出的共建"丝绸之路经济带"构想，在俄罗斯学界引发了持续关注，其态度经历了从质疑到谨慎接受再到肯定的转变。俄方学者对"丝路带"的内涵从历史和语言的角度提出了自己的理解和意见，对"丝路带"的意图从经济、外交、地缘、战略等多个方面进行了分析和解读，结合上合组织、欧亚经济联盟、中亚地区影响力等问题对由"丝路带"可能引发的中俄关系新变化展开了讨论，同时也着重评估了"丝路带"给俄罗斯带来的机遇和挑战。及时、充分把握相关国家的利益关切和诉求，将有助于"丝路带"构想的顺利推进。

6.《中俄蒙经济走廊助推东北亚区域经济合作》，《俄罗斯中亚东欧研究》2015年第4期。

内容摘要：中俄蒙三国共同面临迅速发展经济的迫切任务，三国发展战略高度契合。以中俄蒙经济走廊建设为抓手，实现丝绸之路经济带与俄罗斯跨欧亚发展带对接，与蒙古国草原之路对接，进而推动中国东北振兴战略与俄罗斯远东开发战略和蒙古国矿业立国战略对接，吸引日本、韩国、美国等投资者参与，共同深化东北亚区域经济合作，最终建成东北亚自由贸易区，与中国—东盟自由贸易区升级版和区域全面经济伙伴关系（RCEP）遥相呼应，形成亚太自由贸易区（FTAAP）的基本框架。

7.《从〈俄罗斯联邦对外政策构想〉看俄外交的地区优先次序》,《世界知识》2017年第2期。

内容摘要:2016年11月30日,普京批准通过了新版《俄罗斯联邦对外政策构想》(以下简称《构想》),对俄罗斯外交政策的基本目标、俄对当今世界发展态势与国际关系重大问题的基本判断和立场以及俄外交政策的地区优先方向等问题进行了明确的阐述。此构想也成为当前我们研判俄罗斯外交走向的一把钥匙。有关俄罗斯对外政策的地区优先方向,《构想》所列顺序依次是:独联体—欧洲与大西洋地区—美国—北极地区—亚太地区—中东与北非地区—拉丁美洲—非洲等。

8.《俄罗斯发展道路:困惑与选择——基于文明视角的分析》,《社会科学》2011年第4期。

内容摘要:俄罗斯历史进程以及俄罗斯地缘位置的独特性造就了俄罗斯文明"亦亚亦欧"同时又"非亚非欧"的独特性。正是俄罗斯文明的这种独特性,导致了俄罗斯自身发展道路选择上的两难境地。俄罗斯应该效仿"西方",还是应该走"东方式"道路,抑或是探索一条独具特色的"欧亚文明"之路,已成为困扰俄罗斯人的一个历久弥新的永恒课题。未来俄罗斯能否探寻出一条契合国情、得到主流民意鼎力支持并真正为俄罗斯的繁荣昌盛开辟广阔前景的发展道路,仍不明朗。

9.《美俄关系拟"再重启"的逻辑、领域与限度》,《当代亚太》2017年第6期。

内容摘要:特朗普上台后,美国新政府开始奉行新的外交理念并拟再次"重启"美俄关系,这不仅是其新外交理念的必然要求,而且是遏制中国的现实需要,同时也是与俄对抗政策失效后的不得已选择。美俄关系拟"再重启"的领域包括叙利亚问题、乌克兰问题、打击恐怖主义以及战略稳定与军备控制等。然而,虽然特朗普意欲"再重启"美俄关系的意愿明显,但美国国会、舆论界以及精英群体中明显占据优势的反俄情绪势必对其构成极大牵制;美国不可能解除对俄罗斯的制裁,双方在称霸与反霸、单极与多极、崛起与打压、遏制与反制等问题上的结构性矛盾难以消解。此外,北约与俄罗斯之间围绕"东扩"与"反东扩"的矛盾与分歧不可调和,双方军事遏制与反遏制的激烈程度也难以缓和。所有这些因素都制约了美俄关系"再重启"的限度。本轮美俄关系即使实现了"再重启",最终仍有可能"重蹈"之前的"覆辙",美俄之间竞争及对抗的关系模式难以改变。

10.《差异与对接:丝绸之路经济带与欧亚经济联盟》,《国际经济评论》2017 年第 4 期。

内容摘要:"丝路带"与"欧亚盟"在战略定位、合作模式、开放程度、政治内涵等方面存在深层次差异。"欧亚盟"力求实现特定区域的一体化,"丝路带"则着眼于更广范围的跨区域经济合作,二者得以错位发展,避免冲突。"欧亚盟"遵循区域经济一体化模式,"丝路带"则灵活多元,二者形成互补。"丝路带"更为开放,能兼容和提升"欧亚盟"。"欧亚盟"有鲜明的地缘政治色彩,"丝路带"则探索全球治理新模式,二者能够相互协调。准确和充分把握二者的深层次差异,才能深化共识,为二者的对接寻求更广阔的空间、更切实可行的路径。

11.《英俄外交风波如何收场?》,《大众日报》2018 年 4 月 7 日。

内容摘要:冷战后,西方国家处理与俄罗斯的关系并没有转入一种更具建设性的轨道,而是继续停留在"怀疑—排斥—遏制—制裁"的套路中不能自拔,始终不能摆脱"冷战胜利者"的"光环"。笔者认为,这是西方国家在处理与俄罗斯的关系时应该摆脱的思维误区。

12.《安倍对俄示好,能否打破"停滞"?》,《大众日报》2016年5月12日。

内容摘要:当地时间5月6日,日本首相安倍晋三在索契与俄罗斯总统普京举行了第十三次会晤。对于此次日俄峰会的成果,大多数评论一方面对两国解决领土争端是否真的有了"新思路"、能否"打破停滞"持怀疑态度,另一方面也注意到日俄两国互动的日益频繁。无论这次会晤的实际成果有多大,安倍三年多来"执着"地对俄示好,在特定的国际局势和地缘政治背景下,的确拉近了日俄关系。尽管此次安倍提出了"同时推进经济合作和领土谈判"的灵活政策,但各自的盘算使两国依然难以在这一问题找到共同利益。

13.《政治解决乌克兰危机还有多远?》,《大众日报》2014年9月27日。

内容摘要:9月5日,乌克兰政府与东部民间武装签署了停火协议。19日,双方又达成了进一步落实停火协议的备忘录,停火协议自22日晚开始得到执行,政府军和民间武装开始在划定的缓冲区撤出火炮。这标志着乌克兰危机朝着政治解决的方向又迈进了一步。但经历了10个月的乌克兰危机,其背后有着深层的矛盾。虽然在各方的妥协之下,乌克兰政府与东部民间武装签署了停火协议,但停火协议的有效执行仍有很大的不确定性。要真正政治解决乌克兰危机还需要多方建立政治互信。

(撰稿人:马风书,审稿人:黄登学)

安徽大学
俄罗斯研究中心

一　重要沿革

1979年上半年，鉴于俄语专业毕业生几年来难以找到专业对口的工作，而安徽大学一批长期从事俄语教学的教师又必须保留下来并发挥其所长，安徽大学党委书记张行言、校长孙陶林经调研，决定成立"苏联问题研究所"（后于1992年12月6日改名为"俄罗斯研究所"）。该所作为系一级独立单位从安大外语系中分离出来，专门从事研究工作，并于同年10月30日经安徽省委文教部批准正式成立。

在研究所运行的20余年里，安徽大学从教学岗位上转向新的研究领域的一批俄语工作者，克服了不少困难，勤恳努力不断开拓，进行了数量可观的翻译和研究工作，受到专业学术界和相关领导部门的充分认可：有的出版机构纷纷同该所签订翻译大部头书籍的合同，有的科研单位约请该所同志出席全国性的专题讨论会，不少苏东问题研究人员积极向该所刊物投稿，有的书刊不时引用或转载该所的科研成果及列入参考文献目录。安徽省某些领导机关也曾列出专题委托该所进行一些研究分析。于是，科研工作逐渐趋于正常，并取得一定成绩。很快该所成为中国苏东学会首届集体会员，而且被选为该学会常务理事会成员。

随着影响逐渐扩大，该所的工作也受到外界的关注。1995年4月，俄罗斯驻沪总领事馆领事莎龙曾来所考察访问，并建立了资料交流关系。美籍华人、著名历史学者唐德刚曾两次来所访问，并进行学术交流。台湾国民党一名立法委员也曾到访。

进入20世纪90年代中期，高校经费似乎普遍呈现紧迫局面，"创收"（通过扩大招生名额）成了无法回避的课题。而此时的俄罗斯研究所人员已大量减少（主要是有些人员调出和退休制度严格执行），俄语专业招生情况也略见好转。于是学校领导（由韦穗副校长出面）考虑将研究所并入正在组建的外语学院，以便正式转入教学工作。同时，于1996年11月28日，下文任命时任俄罗斯研究所所长的哈余灿兼任外语学院俄语系主任之职。经过一段时间"一个单位，两块牌子"的过渡阶段，研究所遂逐渐淡出人们的视线。2002年，俄罗斯研究所停止运转。

（一）人员组成

原外语系俄语专业的教师绝大部分转入研究所，另外还调入一些行政工作人员。根据个人的兴趣和专长，研究人员分别成立了三个研究小组（后改称研究室）：

苏联文学研究室：白嗣宏（负责人）、马宝华、侯宝泉、沙端一、胡树林、严邦晞、高和平；

苏联教育研究室：陈先齐（负责人）、干正、贾建中、陈茵梅、夏雪华、蒋雪琦、孔柯嘉；

苏联政治研究室：哈余灿（负责人）、王诚朴、章任贤、柯友新、张梦瑾、杨瑞芝、冒效鲁、乌传衮；

后期调入的还有：胡凤华、杨华、焦株红、马骊、邓红、石洪生等，主要从事教学工作。

所内另设：

刊物编辑部：江永澄（负责人）、吴传铎、高惠群、孙国红、王先斌、鲍远方；

资料室：温耀平（负责人）、盛毓琪、陈兰芬、孙东泉；

办公室：束永善（负责人）、何峰。

研究所人数最多时，全职人员共33人。

先后担任过所长的有乌传衮（1979年—1986年6月，副所长孙宏猷）、马宝华（1986年6月—1988年6月）、陈先齐（1988年6月—1993年2月）、哈余灿（1993年2月—2002年，副所长刘家友）。

（二）主要工作成果

为了帮助大家逐渐转入研究工作，研究所先完成了一定的翻译任务。主要成果有：

《列宁军事文集》（军事科学院编辑，战士出版社1981年版）；

《列宁文稿（第4卷）》（中央马列主义编译局、人民出版社1978年版）；

《世界通史（第11、12、13卷）》（生活·读书·新知三联书店、东方出版社1984年、1987年、1990年版）；

《第二次世界大战史（第6、7、8、9、11、12卷）》（上海译文出版社分别于1982年6月、1983年9月、1984年10月、1984年10月、1989年12月、1989年8月出版）；

《共产国际第六次代表大会文件》（中国人民大学出版社1981年版）；

《科学技术进步管理》（安徽省人民政府经济文化研究中心1985年8月内部发行）；

《苏霍姆林斯基论教育》（该所1984年10月内部发行）；

《科研工作的组织管理》（辽宁人民出版社 1985 年版）；

《苏联高等学校法规》（安徽大学高等教育研究室 1983 年内部发行）；

《苏共党务组织工作文件汇编》（本所 1983 年 10 月内部发行）；

《培养集体的方法》（苏霍姆林斯基著，安徽教育出版社 1983 年版，后由教育科学出版社收入《苏霍姆林斯基选集》第一卷于 2001 年再版）。

（三）科研成果

《列宁与高尔基通信集》（外国文学出版社 1981 年版），《〈真理报〉关于中国革命的文献资料选编（第 1、2 辑）》（四川社会科学出版社 1985 年版、1986 年版，获四川省社科一等奖），《苏联教育面面观》（上海译文出版社 1988 年版）；

《发达国家教育改革的动向和趋势（第三集，苏联部分）》（人民教育出版社 1990 年版），《苏联高等学校的科研工作》（大连工学院出版社 1987 年版）。

20 世纪 80 年代下半期，国际形势发生重大变化，研究所又承担了国家教委相关部门，以及安徽省教委和安徽省经济文化研究中心交给的一批研究任务。主要有：

1. 受国家教委科技司委托完成《苏联高等学校的科研工作》（1986 年）。

2. 受国家教委教育发展中心委托完成：（1）《苏联教育适应经济和社会发展需求的研究》（1988 年 10 月）；（2）《关于苏联教育改革情况的跟踪研究》（1990 年）；（3）《苏联教育发展战略研究》（1991 年）；（4）《80 年代苏联教育改革的动向和趋势》（1990 年）。

3. 受安徽省教委高教一处委托完成《苏联高教改革文件选编》

（第一辑和第二辑）（1987年，1991年）。

4. 受安徽省招生办委托完成《外国高等学校招生制度研究》（1989年）。

5. 受安徽省经济文化研究中心委托完成《安徽省对苏贸易的政策》（1989年）。

另外，根据相关学会的建议，苏联研究所还以东道主的身份牵头在安徽省举办全国性的学术研讨会。计有：

1. "苏联政治体制研讨会"（1983年，于黄山）；

2. "苏联东欧情报资料网工作研讨会"（1985年，于安大）；

3. "苏联东欧政治经济体制研讨会"（1987年，于安大）；

4. "苏联新政治思维和对外政策调整学术研讨会"（1988年，于安大）；

5. "发达国家教育适应经济和社会发展需求问题研讨会"（1988年，于安大）；

6. "80年代发达国家教育改革动向和趋势学术研讨会"（1990年，于合肥）；

7. 1991年1月，在合肥举办过一次"苏东问题研讨会"。与会者主要是本省高校政工干部和地区以上机关宣传部门的干部。由苏研所科研人员做主题发言，包括：《苏联当前的政治经济形势和发展前景》《东欧剧变的后果及目前动向》《苏联经济体制的教训》《苏东形势变化对世界局势的影响》《苏东国家宣扬和实施多党制的教训》。

（四）刊物编辑出版

为了使大家的科研成果有一个公之于众的窗口以便与外界交流，同时也是为了扩大研究所的影响，研究所自1981年起编辑出版了自己的学术刊物《苏联问题研究资料》（起先为季刊，后改为双月刊，每期10余万字；1994年后改名《俄罗斯研究》）。这一做法曾得到安徽省委卢荣景、杨永良、徐乐义、杨多良等同志和相关部门的关心和支持。他们曾先后分别为刊物批拨专项经费（少则1万元，多则数万元）。

可惜到2001年，刊物仍因经费困难被迫停刊，存在恰好20年。刊物共出版110期，总字数应为约1300万字。参加编委会的有：乌传衮、陈先齐、侯宝泉、蒋雪琦、沙端一、哈余灿、高惠群。先后担任过主编的有：乌传衮、陈先齐、贾建中、哈余灿。

另外，自1985年起，根据苏联及东欧国家政局的重大变化，研究所还专门编印了名为《苏联情况》的油印刊物（后改称《苏联东欧情况》），每月一期，供省委及有关部门参考。每期约15000字，共出版约60期。此刊因其信息短快，反应面广而受到好评。

自1990年5月起，研究所又以《苏联东欧问题资料和论文专集》的名义，刊载本所成员有关苏联东欧发生的新情况而又不宜公开发表的专题性文章和资料，作为《苏联东欧情况》的增刊不定期印发，供安徽省委和省政府领导同志参阅。

（五）资料工作

作为一个专业的科研单位，图书资料工作不可或缺，但又细致而繁杂。资料室的同志主要完成了以下工作：

1. 在各方大力支持下，从外语系资料室和校图书馆商调了一大批有关苏联和俄罗斯社会、政治、经济、文化，以及俄语语言及俄罗斯文学方面的书刊和工具书（包括期刊合订本），计2000余册；另外通过相关部门从苏联订购俄文报刊10余种，分类编目后长期陈列，供研究人员使用。还协助校图书馆购买了从创刊号开始的全部俄文版《真理报》。

2. 为了获取更多的资料信息，积极参加苏联东欧学会资料工作网的活动。资料室负责人温耀平先后参加过 1984 年 5 月由中国苏东学会在秦皇岛召开的苏东图书资料工作会议和 1987 年在哈尔滨由黑龙江大学苏东问题研究所主持召开的第三次苏东学会图资工作会议。

1985 年 10 月，按照社科院苏东所的提议，由该所资料室牵头在安徽大学召开了第二次苏东资料网工作研讨会。

3. 收集整理本所各研究室的科研和翻译成果，分类登记留存。1996 年研究所并入外语学院后，以上图书及所有材料全部移交给了外语学院资料室留存。

（六）招生办学

研究所存在后期，经学校有关部门统一计划安排，先后招生 4 次，计为：

1. 1988 年，科技信息管理专业，学制 3 年，共招生 61 人（其中计划内 25 人）；

2. 1993 年，商贸俄语专业，学制 3 年，招收 35 人；

3. 1994 年，商贸俄语专业，学制 2 年，招收 30 人；

4. 1995 年，俄语专业，4 年制本科，招收 30 人。

（七）其他

1. 根据国家统一安排，研究所曾先后派出几位研究人员前往俄罗斯高校进行学术考察、访问和深造，计有：陈先齐（半年，访学）、哈余灿（1 年，进修）、高和平（1 年，进修）、焦株红（1 年，进修）、石洪生（3 年，攻读博士学位）。

焦株红 1996 年在俄进修期间，多方联系，为我校与俄罗斯奥廖尔国立大学建立校际交流关系做了大量工作，为 2000 年 7 月安徽大学党委书记孙献忠率团访问该校正式磋商打下了良好的基础。此后至今，两校几乎每年都互派留学生（以我校俄语专业学生去该校留学居多）。

2. 举办过3期俄语函授班，报名总人数千余人，反映良好。负责人陈茵梅。

3. 不定期举行学术报告会。如：1988年秋安徽大学校庆之际的"关于苏联教育适应经济和社会发展需求的研究""苏联婚姻家庭问题研究的现状"等。

4. 受省内某些部门之邀（特别是苏东巨变期间），派人向他们（主要是高校和省直单位，如安医、安工、省电校、滁州师专、中国人民银行安徽省分行、省外贸局、省海关等）介绍俄罗斯国内情况，以便开展相关工作；也曾派人为有关单位出国考察访问团组担任翻译（如省林业厅等）。

5. 仅据截至1990年12月的统计（没有找到之后的统计材料），研究所人员除在本所刊物发表论文和译作700余篇外，共在省级以上刊物发表论文和译作50余篇，在苏联刊物上发表论文2篇。

二 现阶段

为适应新形势下科学研究和社会服务的需要，进一步加强基层学术组织建设，更好地整合相关科研资源和力量，扩大对外交流和学术影响力，安徽大学领导决定恢复俄罗斯研究工作。2014年7月2日，经学校研究，将"安徽大学俄罗斯研究所"更名为"安徽大学俄罗斯研究中心"。由此，俄罗斯研究中心开始了新阶段的研究工作。

中心主任：石洪生，2014年7月2日至今，研究员。

1. 研究方向及科研团队

第一，中俄茶叶之路的历史与现在。

石洪生（研究员）、刘伯山（研究员）、李东和（教授）、吴宗友（教授）。

第二，安徽省参与俄罗斯的旅游合作。

蒋海萍（副教授）、黄祖宏（博士）、叶岚（讲师）、徐洁（科研助理）。

第三，安徽省参与俄罗斯远东地区开发

王勇萍（副教授）、倪晶晶（助教）、徐洁（科研助理）。

2. 科研成果

（1）译著。《中国安徽》（汉译俄），安徽省人民政府新闻办公室编，石洪生、石山山译，ISBN 978-7-212-09738-7. 安徽人民出版社2018年版，15万字。

该译著内容包括安徽省情概况、灿烂文化、历史名人、经济建设、旅游名胜、投资环境、社会事业、发展前景等方面，信息准确，数据最新。该译著对于在俄罗斯宣传安徽、促进皖俄合作多方面合作起到了积极作用。

（2）论文。Конфуцианство – философская основа социализма с китайской спецификой. Новые идеи в философии, 2018（05）. 《孔子思想是中国特色社会主义的哲学基础》，《哲学新思想（俄罗斯学术刊物，ISSN 2076—0590）》2018年第5期。

论述中国建设社会主义的成功经验在于将马克思主义理论与中华传统文化价值观有机地相结合，中国"一带一路"建设传承的是中华文化"和"与"共赢"的传统观念。

（3）研究报告：《安徽省与伏尔加河沿岸联邦区旅游合作分析》。安徽省政府外事侨务办公室2017年委托安徽大学重点研究课题，2.5万字，2017年11月开始，2018年5月被安徽省政府外事侨务办公室采纳。

立足于安徽省与伏尔加河沿岸联邦区旅游合作的时代意义和深刻背景，该报告围绕"达共识、破瓶颈、立机制、建平台、推产业"的发展思路，构建了两大区域间政府互商、优势互补、地市互推、企业互通等旅游合作发展新路径。该报告论证了安徽省与俄罗斯开展国际旅游合作的可行性，对于助推新时代的安徽旅游融入"一带一路"倡议和中俄"长江—伏尔加河"合作框架体系、向世界展示安徽形象具有积极的借鉴作用。

（撰写人：石洪生，审稿人：刘晓耘）

黑龙江省社会科学院
俄罗斯研究所

一 重要沿革

黑龙江省社会科学院俄罗斯研究所是新中国成立后正式设立的第一批外国问题专业研究机构。20世纪60年代初，毛泽东主席、周恩来总理等党和国家领导人，根据国际形势发生的重大变化，提出要加强外国问题研究。1963年，经周总理批示，毛主席圈阅同意后，在哈尔滨成立了苏联远东研究室。作为全国14个重点地方研究机构之一，该室研究领域主要是苏联远东历史、经济、社会、民族、文化、中俄关系等问题。建室初期主要开展了俄文资料的收集、整理、翻译等基础性研究工作。1968年，苏联远东研究室工作因"文化大革命"而被迫中断。1973年，苏联远东研究室并入黑龙江省哲学社会科学研究所，成为该所第二研究室并恢复工作，研究方向延伸至西伯利亚地区，研究范围扩大到政治、科技、教育、军事等多领域。

1979年，在原黑龙江省哲学社会科学研究所基础上，成立了黑龙江省社会科学院，原第二研究室改为西伯利亚研究所。在改革开放的新形势下，该所的研究工作转入正轨，明确了研究对象——苏联西伯利亚和远东地区，确定了重点发展学科——苏联历史和经济，制定了近期目标和中长期发展规划。西伯利亚研究所下设3个研究室：一室主要研究经济问题、二室主要研究历史和民族问题、三室主要从事资料的编译工作。2003年，该所更名为俄罗斯研究所，2006年增设政治与文化研究室，2008年，黑龙江省俄罗斯法律咨询研究中心并入俄罗斯研究所，成为该所俄罗斯法律研究室。2008年，黑龙江省俄罗斯东欧中亚学会成立，并挂靠俄罗斯研究所。

二 研究方向

（一）世界经济学科

世界经济学科于1978年建立，1993年被批准为省级重点学科，2012年改称为省级领军人才梯队。学科始终坚持基础研究与应用研究相结合。基础研究的主要方向是：西伯利亚与远东经济发展状况、俄罗斯参与亚太地区经济一体化问题、西伯利亚与远东地区经济转轨模式、区域市场要素和资源重组、区域经济发展指标预测，等等。主要成果包括：徐漫、陈日山等编著《苏联西伯利亚与远东经济概况》（1984年），张寰海主编《苏联西伯利亚与远东经济地理概论》（1989年），陈日山著《俄国西伯利亚与远东经济开发概论》（1994年），赵立枝主编《俄罗斯东部经济社会发展概要》（2001年）、《俄罗斯西伯利亚经济》（2003年）、《俄罗斯亚太政策走向与中俄区域合作》（2008年），殷剑平主编《俄罗斯远东经济》，赵海燕著《俄罗斯东部交通运输》（2003年），宋魁著《东北亚区域经济合作》，孙晓谦编著《神奇的黑龙江》，马友君著《俄罗斯对外贸易》（2007年）、《俄罗斯远东地区开发研究》（2011年），马友君、钟建平译著《21世纪初的西伯利亚》（2012年）等。

应用研究的主要方向是：西伯利亚与远东地区对外贸易、中俄两国及其毗邻地区经贸关系、科技合作、文化交流等。自黑龙江省恢复对苏边境贸易以来，学科大力开展应用对策研究，向国家和省政府有关部门提供俄罗斯经济发展报告，提出对俄经贸科技合作的对策建议，承担国家有关部门及省委省政府交办的重要研究课题，参加国家及黑龙江省对俄合作战略与规划的制定，向政府部门和相关企业提供俄罗斯市场信息，组织承办对俄及东北亚大型国际会议。先后承担并完成国家社科基金课题2项，国家东北边疆历史与现状研究工程课题2项，国家委托项目6项，省社科基金课题11项及省委省政府委托和交办的关于实现黑龙江省对俄经贸科技合作战略升级课题多项，与香港基金会合作项目1项。

在学科的发展过程中，培养了一批俄罗斯西伯利亚与远东经济问题专家。徐漫、曹庆连、张寰海、陈日山、赵立枝等老一辈俄罗斯经济问题专家，为学科的发展奠定了基础。现任学科带头人俄罗斯研究所所长马友君研究员，于2012年被中国科学院聘为"我国战略资源保障的疆域安全重大问题咨询研究"专家组成员，先后完成省委书记委托课题"关于加快推进我省沿边开放战略问题研究""推进我省对俄开放战略升级研究""中俄加快落实《中俄合作纲要》对策研究"等，并得到了省委书记肯定性批示，一些建议被省政府有关部门采纳落实。目前，世界经济学科已制定长远发展规划，积极培养后续力量，努力建设一流学科，为促进国家及地区经济社会发展发挥更大作用。

（二）世界史（俄国史）学科

世界史（俄国史）学科于1978年建立，1993年被批准为省级重点学科，2011年被批准为世界史硕士一级学科和省"十二五"重点建设学科、省人保厅重点资助学科，2012年改称为省级领军人才梯队。学科主要研究方向为俄国史、苏联史、西伯利亚和远东历史、中俄关系史等。该学科坚持理论联系实际，基础研究与应用研究并重，具有鲜明的优势和特色。首任学科带头人徐景学研究员，是中国"西伯利亚学"的奠基人之一、国务院政府特殊津贴获得者。现任学科带头人刘爽研究员，为国务院政府特殊津贴获得者、省"六个一批"人才、中国俄罗斯中亚东欧学会常务理事。

早在20世纪80年代初，该学科就提出了创建和发展中国的西伯利亚学的建设目标。此后围绕这一目标开展了卓有成效的研究工作，出版了一大批精品力作，造就了许多颇有造诣的专家学者。学科带头人徐景学、殷剑平、宿丰林、初祥、刘爽等在西伯利亚史、中俄关系史、哈尔滨俄侨史等领域成绩斐然，具有较高的学术声望和地位。学科还先后参加承担省委、省政府和国家有关部门交办的多项重大应用研究课题，一些成果对黑龙江省乃至全国的经济与社会发展产生过积极影响。国家级课题"中国与苏联、东欧各国经贸关系研究"的研究成果被国务院有关部门采纳，并于1988年4月19日以国务院61号文件形式转发全国，推动了中苏边境地方贸易的恢复和发展。

经过几代学者数十年的辛勤耕耘，世界史学科取得了丰硕的科研成果。代表性著作有徐景学编著《俄国史稿》（1989年）、《西伯利亚史》（1991年）、《苏联东部地区开发的回顾与展望》（1988年），侯育成编著《西伯利亚民族简史》（1987年），徐景学、王晓菊著《西伯利亚学与中国》（2001年），殷剑平著《早期的西伯利亚对外经济联系》（1988年），宿丰林著《早期中俄关系研究》（1999年）、《清代恰克图互市研究》（1999年），初祥著《远东共和国史》（2003年），刘爽著《苏联解体的史学阐释》（2009年）、《哈尔滨犹太侨民史》（2007年）等数十部著作。在《俄罗斯中亚东欧研究》《世界历史》《史学理论研究》《马克思主义研究》等国家级刊物上发表论文数十篇。承担国家社科基金项目 5 项、国家东北边疆历史与现状研究工程课题 4 项、国家清史工程课题 1 项，省社科规划项目 6 项；荣获省社会科学优秀科研成果评奖一等奖 1 项、二等奖 9 项。

三　科研团队

刘爽（首席专家）：主要研究史学理论、俄罗斯历史问题；
马友君（首席专家）：主要研究俄罗斯经济、区域经济问题；
钟建平（资深翻译）：主要研究俄罗斯农业、社会问题；
安兆祯（研究员、执行助理）：主要研究俄罗斯经济问题；
王彦庆（研究员）：主要研究俄罗斯物流问题；
封安全（副研究员）：主要研究俄罗斯林业、北极开发等问题；
邹秀婷（副研究员）：主要研究俄罗斯经济与社会问题；
刘波（副研究馆员）：主要从事俄罗斯资料收集、整理和编辑；
陈秋杰（副研究员）：主要研究俄罗斯交通问题；
程红泽（副研究员）：主要研究俄罗斯人口、中俄跨境合作及犹太人相关问题；
张梅（副研究员）：主要研究俄罗斯宗教文化问题；
孙连庆（助理研究员）：主要研究俄罗斯民族问题；
王超（助理研究员）：主要研究俄罗斯生态问题；
白晓光（助理研究员）：主要研究俄罗斯文化问题；
赵欣然（助理研究员）：主要研究俄罗斯经济问题；
梁雪秋（助理研究员）：主要研究俄罗斯意识形态问题。

四　承办刊物

《西伯利亚研究》是黑龙江省社会科学院主办的关于俄罗斯问

题的学术期刊，也是国内关于俄罗斯东部——西伯利亚与远东地区研究唯一的专业杂志。

本刊站在俄罗斯问题研究前沿，努力反映最新基础研究和应用研究成果，追求学术研究的高质量，鼓励创新，倡导争鸣，重视新人新作，促进国内外学术交流。主要发表有关俄罗斯特别是俄罗斯西伯利亚与远东、东北亚各国及地区的政治、经济、文化和教育、历史、民族、科技、军事等领域的研究成果，成为我国西伯利亚研究成果的最重要载体和国内外学者学术交流的平台，以及青年学者成长的摇篮。截至2017年9月，已出版259期。

五 学术活动

（一）承办国际学术会议

2018第五届中俄经济合作与"一带一盟"高层智库论坛由黑龙江省人民政府和中国社会科学院主办，黑龙江省社会科学院承办于6月14日在哈尔滨隆重召开。会议由黑龙江省社会科学院院长朱宇主持，黑龙江省人民政府副省长孙东升，中国社会科学院副院长李培林，俄中友协副主席、俄罗斯科学院远东研究所副所长奥斯托洛夫斯基，俄罗斯科学院远东分院经济研究所院士原所长米纳基尔，黑龙江省社会科学院党委书记周峰，社会科学文献出版社社长谢寿光，绥芬河市市长王志刚等，及来自中俄两国的专家、学者和官员百余人参加了此次盛会。这次论坛是第二十九届哈尔滨国际经济贸易洽谈会期间举办的高层次智库论坛，与会的各国学者、专家以及相关人数围绕中俄经济合作与"一带一盟"对接等问题，进行了深入广泛的讨论，为此达成共识，并提出了许多具有针对性的对策和建议。

黑龙江省人民政府副省长孙东升指出黑龙江省作为对中俄合作

的前沿和纽带，应积极发挥区位优势、产业优势、人文优势、公共关系优势，在今后的对俄合作中深入贯彻创新、协调、绿色、开放、共享的发展理念，推动黑龙江省对俄合作全面深入发展，助力"一带一路"与欧亚经济联盟建设对接。一是要牢固树立合作共赢理念。合作共赢是建立新型国际关系的核心，中俄是合作共赢理念的倡导者、践行者和受益者。深化中俄地方合作，助力"一带一路"与欧亚经济联盟建设对接，同样需要双方以平等为基础、以共赢为原则、以开放为导向、以合作为动力、以共享为目标，以命运共同体意识为引领。二是要不断挖掘合作潜力。黑龙江省对俄合作应把握两国发展战略交汇点，实现在资源、产业和消费需求等方面的优势互补，推动合作领域向贸易、投资、能源、高新技术、农业等各个行业扩展，推动合作方式向联合研发、联合生产等方向升级转型，增加相互投资和创新合作，尤其要支持企业、高校和科研机构提高联合创新水平，点面结合、全面均衡地开创对俄合作的新局面。三是持续夯实合作的民意基础。对俄合作要接地气、利民生，离不开两国广大民众的积极支持和参与。黑龙江省广泛开展文化、教育、科技、旅游、青年和民间交流，为对俄合作奠定了良好的民意基础。对俄合作既要让双方合作成果更加直接地惠及普通民众，也要引导广大民众更加广泛地支持和参与双方合作，使合作扎扎实实向前发展。四是抓好大项目落实。古语云，"为者常成，行者常至"。近年来，两国元首为中俄合作制定了路线图，两国企业签署了一系列合作协议。接下来需要把这些合作协议落实到实处。今天，中俄两国政府、企业和专家学者代表会聚一堂，共商合作方案，共建合作桥梁，为解决两国合作中存在的问题寻找方案，让"一带一路"与欧亚经济联盟建设对接合作更好造福各国人民。

中国社会科学院副院长李培林认为双方要积极深化贸易、能源、核电、化工、高科技、金融、地方、人文等交流合作。"一带一路"建设和欧亚经济联盟对接是习近平主席和普京总统达成的战略共识,目前,中俄交通运输务实合作正稳步向前发展,下一步,我们愿同俄方共同努力,加快实施两国领导人关心的交通运输领域重大项目,为推进"一带一路"与欧亚经济联盟对接提供支撑。黑龙江省作为"一带一路"与中蒙俄经济走廊建设的重要节点,在推动"一带一路"建设中面临难得机遇、肩负重大责任。黑龙江省应充分发挥地缘、区位、人文及历史等优势,加大与"一带一路"建设的全方位对接,深化对俄蒙及东北亚的全方位开放,着力打造以区域交通枢纽、跨境合作走廊、物流互联节点、金融商贸中心、文化科技基地等为主要内容的对外开放,在新一轮的对外开放中,实现全省经济社会的振兴发展。面对中俄创新合作的新形势和新特点,我相信在与会嘉宾的共同努力下,本届论坛一定会成为一次对中俄创新合作加深了解、谋求共识、创造商机、促进发展的盛会,通过这个高层理论平台,也一定能产生深化中俄合作的建设性成果。我也衷心希望与会的各位嘉宾能够畅所欲言,各抒己见,充分发挥本届论坛学术交流、理论研讨、决策咨询的重要平台作用,为实现新龙江走出开放发展、全面振兴的新路子献计献策。今后,中国社会科学院将和各位一起,进一步加强促进中俄合作的战略性、前瞻性和全局性研究,为中俄合作创新发展提供理论支持和舆论先导。

黑龙江省作为我国对俄开放的最前沿,目前正在积极对接国家"一带一路"规划,推进"中蒙俄经济走廊"建设,全面实施"打造一个窗口,建设四个区"的战略任务。通过打造我国北向开放的重要窗口、建设黑龙江(中俄)自由贸易区、沿边重点开发开放实验区、跨境经济合作示范区和面向欧亚的物流枢纽区,推动形成以对俄合作为重点的全面开放新格局。我们要以习近平新时代中国特色社会主义外交思想为引领,以构建人类命运共同体为方向,在世界格局深刻变化的新形势下，围绕"一带一路"与欧亚经济联盟对接，全力推动两国地方合作向更深层次、更宽领域发展，加快建设现代化新龙江的历史进程。

中国社会科学院学部委员张蕴岭在报告中指出"一带一路"不仅仅是为了发展经济，更要通过这个平台推动中国与沿线国家利益共同体和命运共同体的建设。中国提出来要构建命运共同体，这是基于中国的传统思想文化，也符合未来世界发展的大势。中国走新型大国崛起之路，走新路，有新作为。中国倡议和推进的"一带一路"是推进新型发展合作，在实施中必然存在着各种矛盾，各种困难。"贵在坚持"，中国自己也需要在实践中总结经验教训，争取把事情做得更好些，通过实践赢得人心，赢得信誉。"一带一路"不是中国一家的事，中国也没有能力什么都做，需要各方参与；"一带一路"是开放的平台，"志同道合者"先行；合作也不仅仅限于亚洲、欧洲和非洲，可以拓展到其他地区的合作。事实上，"一带一路"已经成为具有全球含义的新型发展合作方式，支持和参与来自包括联合国机构，世界其他地区的政府、企业与机构。中俄是最大的地缘邻居，是最紧密的战略协作伙伴，"一带一路"的三个重要延伸方向都与俄罗斯有关：一是北部走向，直通俄罗斯，连接欧亚联盟，进一步延伸到欧洲其他地区；二是中蒙俄经济走廊；三是中部走向，连接中亚、俄罗斯，进一步向西亚、欧洲延伸。

俄罗斯科学院远东科学院分院经济研究所院士原所长米纳基尔认为2017年俄罗斯专家和官员全年都在积极讨论如何结束经济危机，适应外部冲击，并过渡到一个新的平衡状态，即降低对国内消费增长的依赖程度，减少世界市场上石油价格不稳定的影响，过渡到低通胀。使我们相信这场经济危机已经结束并向稳定的经济增长过渡的是，2017年夏秋之际，经济在第二季度实现了过去一年中的最高增长（第一季度0.8%，第二季度2.5%，第三季度1.8%，第四季度1.1%）。这是自2015年之后俄罗斯经济第一次处于季度GDP正增长区，这是乐观的基础。这本身就是一个真正的好消息，但是真实数据在多大程度上让我们能够乐观地看待未来，最重要的是，它们预示着怎样的经济未来？2017年的宏观经济指标展现出一种积极的态势，从统计结果和测算角度来看，这是一个明显的事实。但我们应更详细地看待这种情况。2017年国内生产总值的增长主要是通过交通运输业的增长、零售业的增长、固定资产投资的增长以及对外贸易额的增长来实现的。工业和农业的动态与2016年相比恶化。因此，将经济增长的下降归罪于消费通胀的"无效用"，是全无理由的。我们应该做到，并奉为典范的是："事实上，在今天的俄罗斯，形成了一个新的宏观经济现实，通货膨胀率低，整体经济稳定。对于公民来说，这是实际收入增长的一个条件，降低了抵押贷款的成本。企业也必须适应，适应这些新的宏观经济条件。最终，将吸引到长期借入资金和私人投资用于大型基础设施建设"（国情咨文，2018）。当前，俄罗斯的经济还远没有达到"可持续增长—通胀受控"的经济发展模式。仍然试图通过限制货币供应的方法来抑制通货膨胀。尽管2017年固定资产投资有所增加，但是国内金融体系的平均月融资额与2016年相比基本保持不变（分别为53.5万亿和53.3万亿卢布），投资主要来自私人资本。GDP货币化程度仍然很低（2017年为47%，2016年为43%）。如果加大GDP投入至27%，那么只能依靠保持低增长率的"经济稳定"和国家预算对经济增长的投入。

中国社会科学院荣誉学部委员陆南泉认为"一带一路"倡议本质上是为推进国际经济合作的平台。也可以说是一种新型的区域合作安排，从当前与今后一个时期来看，存在不少有利于推进中俄区域经贸合作的因素。中俄区域合作有着不少有利因素，这有着不少潜力。但要指出的是，对俄投资应防范各种风险，我们应该在以下几个方面做出努力：一是建立科学决策体系；二是建立项目评估体系，循序渐进地审批项目；三是加强立法，认真研究国际法准则，熟悉与通晓俄罗斯法律；四是要签订投资协定，有关建立"全球华语律师联盟"的倡议，对中国企业参与"一带一路"投资提供法律服务，无疑是十分重要的；五是在确定投资与合作项目时，不要以政治考量高于经济考量，要按经济规律办。

黑龙江省社会科学院东北亚战略研究院院长刘爽认为习近平主席提出的"一带一路"倡议，顺应世界多极化、经济全球化、文化多样化、社会信息化潮流，致力于维护全球自由贸易体系和开放型世界经济，对于促进地区经济要素有序自由流动、资源高效配置和市场深度融合具有重要意义。"一带一路"倡议通过构建全方位开放新格局，推动沿线各国开展更大范围、更高水平、更深层次的合作，因此，其重要前提就是与周边和沿线国家建立良好的互利互信与新型合作关系。中国与俄罗斯作为世界最大邻国和全面战略协作伙伴关系的典范，通过加强文明对话与交流，不仅会促进"一带一路"大项目的实施，还将有力推进中俄文化产业合作，为新时期的中俄合作开拓新领域，培育新的经济增长点，因此成为"中俄地方合作交流年"的重要内容之一。现在世界格局错综复杂，在各种风险和不确定因素此起彼伏的形势下，中俄及"一带一路"沿线国家学术界要加强交流与合作，深入分析"一带一路"建设的人文价值，以及在多极世界中文化融合的逻辑可能性。促进国家间历史人文领域的合作，建立专家网络，通过密切的交流对话，形成观念与技术的知识共同体，构建跨国智库联盟；更好地发挥"民心相通"的人文交流作用，以有效克服由于文化断裂和文明障碍对"一带一路"建设造成的各种困难和风险。作为文化产业的重要内容，各类智库同样具有特殊作用，通过召开国际论坛和国际学术会议，将相关的重要信息传达给政府决策部门；研判重大基础设施项目的科学性、合理性和可操作性，协助高层制定科学合理、切实可行的发展规划和项目安排；建议政府及时出台相关的政策法规，破除贸易壁垒，破解合作障碍。通过物质文明与精神文明的双轮驱动，推进新形势下国际经贸与人文合作的更快发展。

此次论坛的专家学者就我国"一带一路"建设与欧亚经济联盟对接上，秉承互利共赢，共同发展，建设人类命运共同体的核心理念，进行了深入讨论，达成了广泛共识，提出了有针对性的对策建议。黑龙江省是我国对俄合作第一大省，也是对俄合作枢纽和平台，具有重大的发展机遇。特别是黑龙江省确定的"打造一个窗口、建设四个区"的战略定位，为黑龙江省的发展提供了机遇。进入21世纪第二个十年，黑龙江省对俄合作中心地位逐渐凸显，特别是即将竣工的同江大桥、黑河大桥、跨江索道、天然气管道和输变电线路等基础设施建设，为黑龙江省对俄的发展增添了活力。在未来对俄合作中，应优化对俄贸易结构，提升高新技术和高附加值商品比重。引导合作从边境贸易向加工、投资、园区建设等方面扩展，拓展在高新技术、电子商务、资源精深加工领域合作。借助中俄双方建设跨境经济合作区的有利时机，建设境内外联动、上下游衔接的跨境产业合作基地，提升对俄合作水平。一是顺应两国提出的"地方合作交流年"的发展理念。自互办"国家年"活动开始，中俄已举办五轮国家级主题年活动，频率之高、密度之大，在两国各自对外关系中首屈一指，成为双边关系中的"闪光点"和展示两国各领域发展成果的"大舞台"。在"中俄媒体交流年"落下帷幕之际，即接续举办"中俄地方合作交流年"，将延续国家级主题年活动的良好传统，也顺应了两国地方交流合作的实际需求。近年来，中俄地方合作蓬勃发展，双方建立了"长江—伏尔加河""东北—远东"两大区域性合作机制，缔结了130多对友好城市及友好省州。举办中俄地方合作交流年，无疑将带动更多的地方、企业、人员加入中俄合作，也将为中俄关系发展创造新的增长点。黑龙江省是中俄地方合作交流年重要支撑，在中俄地方合作中发挥了重要的作用，通过举办各种地方交流活动，必将有力支撑两国间地方合作健康发展。二是为"一带一路"探索发展路径。黑龙江省是实施"一带一路"北向重要支撑，以对俄发展优势地位，秉承科学发展、跨越发展和改革创新、先行先试发展理念，发挥贸易基础、产业基础、语言资源、文化资源、口岸潜力五大优势，打造推动"冰丝"与"路丝"统筹互联互通的重要枢纽，面向民营经济开放创新的重要门户，促进中俄多元文化交流展示的重要纽带，打造中俄国际交流合作的重要平台，在我国"一带一路"建设中，在民心相通方面发挥先行作用和重要支撑作用。三是紧密围绕我省提出的"打造一个窗口、建设四个区"战略定位。黑龙江省是我国对俄合作第一大省，也是对俄合作枢纽和平台，具有重大的发展机遇。特别是我省确定的"打造一个窗口、建设四个区"的战略定位，为黑龙江省的发展提供了难得的机遇。进入 21 世纪第二个十年，黑龙江省对俄合作中心地位逐渐凸显，特别是即将竣工的同江大桥、黑河大桥、跨江索道、天然气管道和输变电线路等基础设施建设，为黑龙江省对俄的发展增添了活力。在未来对俄合作中，应优化对俄贸易结构，提升高新技术和高附加值商品比重。引导合作从边境贸易向加工、投资、园区建设等方面扩展，拓展在高新技术、电子商务、资源精深加工领域合作。借助中俄双方建设跨境经济合作区的有利时机，建设境内外联动、上下游衔接的跨境产业合作基地，提升对俄合作水平。四是为俄进一步深化全面战略协作伙伴关系建言献策。俄罗斯是中国在"一带一路"沿线的重要贸易合作伙伴。2017 年，中俄双边贸易额恢复到 842 亿美元，中国连续 7 年保持俄罗斯第一大贸易伙伴国地位。中俄两国经济互补性强，贸易潜力巨大。普京总统曾表示，俄中都致力于维护国际法原则，在许多重大国际问题上看法相近。"一带一路"建设和欧亚经济联盟对接是习近平主席和普京总统达成的战略共识。2018年6月9—10日上合组织峰会召开后，中俄在贸易、能源、核电、化工、高科技、金融、地方、人文等领域的交流和合作会更加深入。俄方共同努力，加快实施两国领导人关心的交通运输等领域的重大项目，为推进"一带一路"建设和欧亚经济联盟建设等两国发展战略对接积极建言献策。五是为龙江发展及对俄合作提供理论支持和舆论先导。此次高层论坛充分发挥了学术交流、理论研讨、决策咨询的重要平台作用，中外学者专家共同商讨如何推动"龙江丝路带"建设迈入新阶段，实现龙江走出全面振兴新路，促进哈尔滨等老工业基地城市经济转型升级，加快老工业基地与东北亚国家经济交流与多元合作步伐，实现黑龙江省制度创新、结构优化、要素升级新目标，深化全面开放，促进老工业基地走向全面振兴。六是邀请的中外专家层次高，观点具有战略性、前瞻性和全局性。中方专家一致认为，"一带一路"倡议，可以说是一种新型的区域合作安排，称之为"倡议"，它不是设想把沿途所有国家自贸区和区域合作组织都涵盖进来，更不期望建立一种排他性的国际合作机制。对这个倡议的定位要有清醒的认识与准确的把握。在此基础上采取适当的措施一步一步地推进，对国际与国内经济发展都会起到重要作用。俄罗斯选择了自己的发展道路，普京将继续领导国家和人民沿着这条道路前行。普京再次当选俄罗斯总统后，中俄关系将继续健康发展，并使多年双方期待的合作项目出现进展，尤其是地方合作。中俄经贸合作的潜力没有完全转化为实质性的经贸合作行动。可通过大项目和能源领域合作、投资合作、金融合作带动双边经贸发展，基于产业内分工和投资合作的中间品贸易等途径切实提升两国经贸合作质量。在国际大变局下，中国需要充分运用自身的实力、影响和智慧主动引导和塑造中俄关系的发展，对于议事日程的设定要更加主动并具前瞻性，对中俄合作的范围、深度和节奏要有更加清醒的把握，客观评估中俄关系的国际战略边际效用，精细权衡中俄关系的经济成本与收益如何权衡，更好把握中俄关系与中国其他对外关系的互动。尽管目前中俄地方合作仍面临某些难点，但促进中俄地方合作的积极因素占据主导面。随着中俄关系的全面深化，这些积极因素将发挥越来越大的作用，中俄地方合作必然跃上新台阶。

此次高层论坛充分发挥了学术交流、理论研讨、决策咨询的重要平台作用，中外学者专家共同商讨：如何推动"龙江丝路带"建设迈入新阶段，实现龙江走出全面振兴新路，促进东北老工业基地城市经济转型升级，加快老工业基地与东北亚国家经济交流与多元合作步伐，实现黑龙江省制度创新、结构优化、要素升级新目标，深化全面开放，促进老工业基地走向全面振兴。

（二）举办专业学术年会

2018年5月19日，黑龙江省俄罗斯东欧中亚学会在黑河银建施泰根博阁酒店召开了2018年学术年会。会议主题是围绕"一带一路"建设与欧亚经济联盟对接，深入推进中俄区域合作，为开创中俄务实合作新局面，加快新时代黑龙江振兴发展提供智力支持。本次年会由中共黑河市委常委、副市长马春波主持，参加年会的有黑河市委书记秦恩亭，俄罗斯布拉戈维申斯克副市长科索拉波夫，黑龙江省社会科学院党委书记周峰、副院长吴海宝，黑龙江省俄罗斯东欧中亚学会会长、黑龙江省东北亚战略研究院院长刘爽研究员，以及学会副会长、常务理事、理事及学会会员，来自俄罗斯的多位专家、学者参加了会议。

年会首先由黑河市委书记秦恩亭做了主旨发言，他指出：黑龙江省俄罗斯东欧中亚学会自成立以来，致力于开展对俄区域问题和应用对策研究，为政府决策提供咨询，为企业发展提供帮助，已经成为推动"一带一路"中蒙俄经济走廊建设的"思想库""智囊团"。当前,中俄战略协作正站在新的起点上,我们将充分发挥地缘优势,按照黑龙江省委"打造一窗口、建设四个区"的战略定位,主动融入我国"一带一路"倡议和俄罗斯欧亚经济联盟,积极参与俄罗斯远东超前发展区和自由港建设。加快推进互联互通,打通对俄国际经贸物流大通道。推进"一桥一道一管一港"建设,争取黑龙江公路大桥和中俄东线天然气管道(北段)2019年竣工,跨江空中索道年内开工,国际空港尽快开通。加快构建"五个平台",打造中俄国际合作平台城市。最后他真心希望,黑龙江省俄罗斯东欧中亚学会继续关注支持黑河对俄合作交流,提出更多宝贵的意见和建议。

周峰书记在会上致辞中指出:近年来,中俄全面战略协作伙伴关系持续高水平运行,各领域合作全面推进,取得了一系列新的重要成果。中国东北和俄罗斯远东地区贸易快速增长,投资合作不断扩大,互联互通项目进展顺利,人文交流日益深入,中俄地方交流合作已基本实现领域和地域全覆盖。今年,习近平主席和普京总统在新的选举中获得连任,确保了中俄全面战略协作伙伴关系的行稳致远,随着中俄两国元首年度互访、中俄地方合作交流年等系列活动的陆续展开,中俄友好合作关系必将得到进一步巩固,并取得新的丰硕成果。随着"一带一路"对接的不断深入,欧亚经济联盟与中国将于2018年5月签署经贸合作协议,协议涵盖海关程序与贸易便利化、知识产权、部门合作和政府采购等诸多内容,涉及电子商务和竞争机制等新议题。根据该协议中国将同时对欧亚经济联盟5个成员方解除行政、技术和经济壁垒,并出台国家相关优惠政策,这对于进一步发展中俄地方经贸合作将带来新的机遇,中国与欧亚经济联盟之间经贸合作协议的后续发展动态值得关注。他指出:2018年中俄关系全面发展的新形势,为黑河市扩大对俄开放、提升对俄合作水平、实现"两国一城"模式下的区域经济共同繁荣提供了有利条件。黑河市素有"北国明珠""北疆重镇"之美誉，是中国对俄开放的重要窗口，在黑龙江省沿边开发开放中具有重要战略地位。黑河市依托自身独特优势，在中俄跨境产业园区建设、黑河—布市黑龙江大桥经济区建设、对俄合作新平台建设等创新合作领域完全可以做出新的更大贡献。

刘爽会长在发言中指出：2015年以来，黑龙江省俄罗斯东欧中亚学会在省社科联和省社科院党委的正确领导下，以习近平新时代中国特色社会主义思想为指导，全面贯彻党的十八大和十九大精神，认真贯彻落实省第十二次党代会工作部署，牢牢把握正确的政治方向，围绕中心，服务大局，发挥学会专业特色职能，在俄罗斯东欧中亚国家历史与现实的科研与教学等方面取得了显著成就。学会充分调动广大会员的积极性，多次举办国际论坛，召开学术会议，深入研究俄罗斯东欧中亚国家的经济、政治与社会状况，探讨国家和我省深化对俄罗斯东欧中亚国家开放合作的对策及路径，发挥了省委省政府思想库智囊团作用。2017年，由学会主要负责同志为首席专家组建的东北亚战略研究院，被省委宣传部批准为省内首批重点培育智库，这对全面提升我省对俄研究的实力与水平具有重要意义。几年来，学会会员在理论研究、人才培养、考察调研、决策咨询、社科评奖、社团管理等方面成就突出，为我省扩大对俄开放与合作发挥了重要作用。他指出：目前，中俄全面战略协作伙伴关系健康发展。在中俄两国领导人的共同努力下，双方在"一带一路"与欧亚经济联盟对接、"中蒙俄经济走廊"与俄远东超前发展区合作等方面取得了显著成就。中俄经济合作成果夯实了两国全面战略协作关系基础，中俄关系已经成为当代世界大国关系的典范，双方携手在世界舞台上发挥着日益重要的作用。黑龙江省作为我国对俄开放的重要窗口和交通枢纽，在中俄全方位合作中的地位和作用无可替代。在中国特色社会主义建设的新时代,黑龙江对外开放发展的任务仍然十分繁重,外向型经济发展和打造国际合作新平台,都离不开智库的支撑,俄罗斯东欧中亚学会重任在肩。今明两年是"中俄地方交流年",中俄双方都安排了丰富多彩的文化和经贸活动。大黑河岛经贸洽谈会和黑河文化大集等系列活动是地方合作交流年的重要内容,学会会员要高度重视,积极参与。我们要以"地方合作交流年"为契机,把自己的科研与教学工作与增进中俄人民友谊、加强两国互利互信、加快双方经济发展、促进地区共同繁荣紧密结合起来,通过"龙江讲坛"、媒体采访等形式,使广大干部群众知晓党和国家的对外路线、方针、政策,通过卓有成效的民间外交,推动中俄全面战略协作伙伴关系的不断深化,为中俄两国实现富民强国的共同利益努力工作。

国务院发展研究中心欧亚社会发展研究所研究员盛世良在《展望普京第四任期俄罗斯:相对国力略降,但肯定是一流大国》为题的报告中指出:普京连任总统表明,俄罗斯将保持政权稳定和社会安定,维持强势的外交运筹力和军事行动力。但由于经济发展缓慢,人民生活水平、科技和军事实力、文化软实力,难以大幅提升,跟世界大国,特别是跟中国相比,综合实力的差距将逐渐拉大。俄罗斯受制于有限的国力和严酷的外部环境,对外干预的愿望和能力双双下降,将力求保证本国领土完整和政权安全,力争加快经济发展,改善人民生活。在可以预见的未来,俄罗斯仍将是唯一能比肩中美的世界强国,是美国大力打压的"头号敌手",是中国位居第一的战略伙伴。他指出:对华关系是俄罗斯自在自为的一组大国关系。对俄罗斯而言,中国在安全和地缘战略上的意义难以取代;中国所在的东南方向,是俄罗斯周边唯一稳定的战略方向,是可靠的战略依托,便于俄罗斯应对来自其他方向的战略挑战。俄罗斯同西方关系恶化,国际环境严峻,不可能为改善对美关系而疏远中国，更不可能"联美制华"。俄罗斯惯于提出大面上互利共赢、实质上谋求本国利益最大化的外交倡议，最新范例就是"大欧亚构想"，最理想的目标是把欧亚经济联盟、上合组织、东盟、"一带一路"、区域全面经济伙伴关系（RCEP），直至把欧盟，全部纳入俄罗斯主导的经济合作空间中。如果从静态看，俄罗斯综合国力并非最强，但是俄罗斯善于把有限的潜力发挥到极致，支撑一支能与美军一决雌雄的武装力量，为强势外交提供坚实的后盾，使俄罗斯在可以预见的未来能继续维持世界一等强国的地位。世界大国跟俄罗斯相处，千万不能低估其强国雄心和综合实力，务必顾及其自豪心态，尊重其大国地位。

上海国际问题研究院俄罗斯中亚研究中心主任李新发言的题目是《俄罗斯经济进口替代及其成效与问题》。他指出：2014年国际石油价格下跌与西方对俄罗斯的多重制裁叠加在一起使俄罗斯经济危机持续至今，卢布暴跌致使俄罗斯进口商品价格上涨。实施进口替代成为俄罗斯政府的工作重点。进口替代，即通过本国生产同一商品或类似商品而减少或停止某种商品的进口。俄罗斯总理梅德韦杰夫曾指出其某些工业部门进口形势异常严峻：机床制造业进口比例接近90%，重型机械制造约70%，石油天然气设备60%，能源设备约50%，农业机具从50%到90%不等。民用航空业进口也占主导地位，超过80%。他讲了四个方面的问题：

（1）俄罗斯进口替代政策；

（2）进口替代政策的积极成果；

（3）俄罗斯扶持本国工业发展的消极结果；

（4）俄罗斯进口依存度及其变化。

黑龙江省社会科学院俄罗斯研究所所长马友君研究员发言的题目是《中俄民间外交发展的思路与对策研究》。他指出：习近平主席在十九大报告中提出，中国积极发展全球伙伴关系，扩大同各国的利益交汇点，推进大国协调和合作，构建总体稳定、均衡发展的大国关系框架，按照亲诚惠容理念和与邻为善、以邻为伴周边外交方针深化同周边国家关系，秉持正确义利观和真实亲诚理念加强同发展中国家团结合作。加强同各国政党和政治组织的交流合作，推进人大、政协、军队、地方、人民团体等的对外交往。发展与俄罗斯在内的"民间外交"，是习近平新时代中国特色社会主义外交思想主要组成部分。在国家"一带一路"构想中，"五通"就明确提出了民心相通的发展理念，是今后中国发展对俄民间外交理论支撑和思想基础。

最后，学会会长刘爽研究员对年会作了总结，他指出：2018年是全面深入贯彻落实党的十九大精神的开局之年，是改革开放40周年，是实施"十三五"规划承上启下的关键一年。今年上半年，东北亚周边形势出现重大转折，从跌宕起伏到向好转暖，中国的大国责任和历史担当发挥了重要作用，也为中俄创新合作提供了更多机遇。我们要以习近平新时代中国特色社会主义思想为引领，认真学习习近平大国外交的重要思想，把自己的科研与教学工作自觉与国家的发展需要联系起来，为祖国北疆的和谐稳定、富饶美丽、繁荣发展做出新的更大的贡献。

本次大会增补张磊为学会副会长，马友君、安兆祯分别为学会秘书长、副秘书长。

六　主要成果

《21世纪初的西伯利亚》是俄罗斯科学院西伯利亚分院经济与工业生产组织研究所所长库列绍夫院士担任主编，十多位资深专家共同撰写的一部当代西伯利亚区域经济学的权威著作。全书共14部分，50章，近90万字，涉及西伯利亚经济开发的历史、现实与未来预测，涵盖了工业、农业、能源、人口、交通、基础设施建设等诸多方面，堪称新时期西伯利亚区域经济研究水平最高的、百科全书式的著作。该书由黑龙江省社会科学院俄罗斯研究所、东北亚研究所和哈尔滨工业大学的近 18 位专家学者历时两年多翻译完成。

目前，中俄两国全面战略协作伙伴关系达到前所未有的高度，多领域合作不断扩大和加强，未来发展的潜力巨大、前景广阔。西伯利亚的开发不仅对今后俄罗斯的发展具有重要的战略意义，而且也关系到中俄区域合作的进程。透过书中翔实的资料和科学的分析，我们可以进一步确定中俄区域合作的重点和方向，明晰中俄两国东部地区存在的差异和互补性，从而找到合作的最佳途径并制定可行的方针与策略，保障双方长久的互利互惠合作。

《21 世纪初的西伯利亚》一书对各界人士，特别是研究俄罗斯区域经济问题的专家、学者大有裨益，对深入了解俄东部地区经济社会发展状况具有特别重要的参考和借鉴作用。

辽宁大学
转型国家经济政治研究中心

一 概况

辽宁大学转型国家经济政治研究中心作为辽宁大学唯一的教育部人文社会科学重点研究基地,成立于2000年9月1日,其前身为比较经济体制研究中心,2010年12月30日经由教育部批准更名。

中心下设转型理论研究室、中亚经济政治研究室、俄罗斯经济政治研究室和中东欧经济政治研究室。主要研究方向为转轨经济学、俄罗斯经济政治、中东欧及中亚国家经济政治。中心内设"世界经济"专业和"转轨经济学"专业,均招收硕士和博士研究生,以及博士后研究人员。

(一)人员情况

2001年9月,经教育部批准,辽宁大学比较经济体制研究中心作为第一批教育部人文社会科学重点研究基地成立,李平教授任中心主任(2001年9月—2010年12月),张军(2001年9月—2006年12月)、彭瑞夫(2007年1月—2009年4月)、王姝(2009年12月—至今)先后任中心办公室主任。

2010年12月经教育部批准，辽宁大学比较经济体制研究中心于2011年1月1日起更名为辽宁大学转型国家经济政治研究中心，校长程伟教授兼任中心主任（2011年1月—2016年6月），徐坡岭教授任中心副主任（2011年1月—2016年6月）。

2016年6月，国际关系学院院长刘洪钟教授兼任中心主任（2016年6月—至今）。2018年7月，崔铮副教授任中心副主任（2018年7月—至今）。

中心现有专职研究人员18人，其中教授6人、副教授5人、讲师（助理研究员）7人。17人具有博士学位，11人有海外留学或访学经历。

中心内设学术委员会，程伟教授（辽宁大学）任学术委员会主任，黄泰岩教授（中央民族大学）、张宇燕研究员（中国社会科学院世界经济与政治研究所）、李永全研究员（中国社会科学院俄罗斯东欧中亚研究所）、李晓教授（吉林大学）、关雪凌教授（中国人民大学）、刘洪钟教授（辽宁大学）任学术委员会委员。

（二）主办刊物简介

辽宁大学转型国家经济政治研究中心办有内部出版刊物——《转型国家经济政治动态》。该刊物以介绍独联体中东欧转型国家经济政治体制及发展动态为主。刊物的创办宗旨突出时效性，在为广大学者提供有价值的信息同时，也为政府政策制定提供咨询服务。刊物每月出版一期，呈送国家相关部委及国内主要研究机构。2017年9月至2018年9月共出版动态13期。

二　学术活动

（一）常规学术活动

1. 每学期不定期举办学术讲座活动——"转型国家论坛"，邀请国内外科研人员及专家学者围绕中心研究方向做学术报告。2017年9月至2018年9月共举办"转型国家论坛"13期。

2. 每学期不定期举办学术讲座活动——"青年学者双周论坛",邀请校内外优秀青年学者或博士研究生做学术报告。2017年9月至2018年9月共举办"青年学者双周论坛"13期。

3. 为提高"世界经济"专业和"转轨经济学"专业硕士和博士研究生的科研能力,中心每两周举行一次"小鸟读书会",中心专职研究人员带领学生研读国外最新科研成果。2017年9月至2018年9月共举办"小鸟读书会"22期。

(二)学术会议

1. 2017年11月13—15日,教育部"国际问题及港澳侨台片"基地主任2017年工作会议暨"新时期大国外交及周边国家局势演变"学术研讨会在辽宁沈阳召开,本次会议由辽宁大学转型国家经济政治研究中心主办。14日下午举行了"新时期大国外交及周边国家局势演变"学术研讨会。学术会议由转型国家经济政治研究中心殷红教授主持。在此次会议上,来自基地各位学者分别就该主题下相关研究进行了介绍。南开大学APEC研究中心主任刘晨阳教授就APEC角色和功能新定位进行了阐述。刘主任强调APEC当前已经发生变化,具体主要体现在各国力量对比上。受制于美国战略调整,国际格局发生了调整,APEC未来发展方向发生了改变。随后,刘主任在结合"一带一路"倡议以及人类命运共同体倡议,就APEC未来发展进行相关解说。复旦大学美国研究中心宋国友副主任就美国总统特朗普访华进行了简要评论。宋国友副主任认为这是一次非常成功的外交。此次访华凸显了新一届领导集体对中美关系的掌控能力,是十九大会议精神全面展示的窗口。在稳定了中美关系基础上,此次访华为中国未来提供良好发展环境,更是双方领导人接触的全面提升。上海外国语大学中东研究所所长刘中民教授就当前中东形势的特点进行了介绍,其中涉及内部教派、土耳其因素、转型相关因素等方面。中山大学港澳珠江三角洲研究中心陈广汉主任结合十九大就港澳问题当前研究进行了相关介绍。具体包括管辖权、港澳自身管制能力、选举权、港澳经济发展、教育问题、国际干扰等方面。四川大学南亚研究所李涛常务副所长主要介绍了"一带一路"倡议背景下的新时期中国南亚政策现状和挑战,并提出相应建议。福建师范大学闽台区域研究中心副研究员吴巍巍结合十九大报告就新形势下深化两岸文化交流工作的设想与对策进行了探讨。在介绍台湾当前局势后,吴巍巍强调对台工作仍是非常重要任务,并随后从文化角度探讨了对台工作的展开,比如青年文化交流等。吉林大学东北亚研究中心于潇副主任结合美国总统特朗普亚太访问就东北亚地区形势进行了探讨和展望。此外,于副主任也就半岛朝核问题进行了相关介绍。延边大学朝鲜韩国研究中心赵立新研究员就东北亚地缘政治的焦点问题及其愿景进行了讨论。具体包括中国在东北亚首要课题、朝核问题以及"萨德"背景下中韩关系等方面。中国人民大学欧洲问题研究中心罗天虹副主任就欧洲近年的变化和当前欧洲研究进行了讨论。罗天虹副主任认为当前欧洲安全和发展面临多重挑战,欧洲政治势力也发生重要变化,并强调欧洲发展开始强调各自独特身份。这是地方主义和民粹主义的崛起,也对政治正确提出新挑战。这些欧洲相关研究将会让我们更好把握欧洲整体发展态势,并对我们自身发展也有很大启示意义。暨南大学华侨华人研究院副院长张小欣就华侨华人与中国对外战略进行了探讨。具体包括华侨华人所指群体、内在概念、与中国发展战略对应关系,以及中国移民政策的变化等。华东师范大学俄罗斯研究中心郑润宇博士就中俄"长江—伏尔加河"非毗邻区域合作进行了介绍。在介绍中俄合作基础上,郑润宇博士结合调研探讨了俄方媒体对中方态度、中方企业在俄方企业的盈利情况以及物流方面概况。辽宁大学转型国家经济政治研究中心崔铮副教授就大选前俄罗斯政治经济形势进行了相关介绍。2018年3月18日,克里米亚公投入俄四周年之际,俄罗斯将举行总统大选。崔铮强调虽然普京尚未明确表态参选,但结合普京2012年第三任总统任期执政至今的施政方略、谋略布局,及长期稳定保持超过80%的民意支持率,普京再一次高票当选新一任俄罗斯总统应该说没有悬念。因此,对大选前俄罗斯政治经济的观察很有必要和意义。随后,崔铮分别从经济方面和政治方面进行了探讨,认为俄罗斯经济步入复苏轨道,但走出危机尚难判断;尽管政权高度稳定可控,但隐忧出现。

2. 2018年5月4—6日,由辽宁大学转型国家经济政治研究中心主办、澳门城市大学—辽宁大学澳门社会经济发展研究中心协办的2018年"欧亚国家的转型发展暨中国改革开放40年:经验总结与国际比较"国际学术会议在沈阳召开。论坛开幕式由辽宁大学转型国家经济政治研究中心主任刘洪钟教授主持,辽宁大学副校长王大超教授、澳门城市大学助理校长叶桂平教授、中国俄罗斯东欧中亚学会会长李永全研究员分别致开幕词。中国社会科学院国家金融与发展实验室副主任张晓晶研究员、俄罗斯高等经济大学世界经济系主任、俄罗斯联邦政府分析中心首席顾问格里高利耶夫终身教授、中国社会科学院世界经济与政治研究所副所长姚枝仲研究员和圣彼得堡国立大学前副校长特卡琴科教授分别为会议做了主旨发言。会议一共分为三个分议题及一个专题研讨会,议题分别为"欧亚国家的转型与发展""中国的改革开放40年""转型经验比较与理论创新"和"普京新政下的俄罗斯内政外交与中俄关系"。来自俄罗斯科学院、俄罗斯联邦政府财政金融大学、圣彼得堡国立大学、莫斯科人文大学、哈萨克斯坦国立阿里法拉比大学、中国社会科学院、澳门城市大学、上海外国语大学、中山大学、新疆财经大学、中国（新疆）与中亚经济合作研究中心等多所国内外知名高校、院所的专家学者以及辽宁大学近百名师生参加会议。

三 科研成果

(一) 著作

1. 曲文轶、崔铮：《中国与转型国家在"一带一路"框架下的合作》（中文版），社会科学文献出版社 2018 年版。

崔铮、曲文轶：《中国与转型国家在"一带一路"框架下的合作》（俄文版），ООО "МАКС Пресс"，2018 年 4 月 30 日。

内容摘要：本书汇集了中国、俄罗斯、白俄罗斯和哈萨克斯坦的学者在转型和"一带一路"建设领域的学术成果，分别从理论和实证的角度围绕欧亚转型国家经济环境与政治形势、"一带一路"建设与欧亚经济联盟对接、中国与转型国家的合作三个方面进行了研究，有助于读者了解"丝绸之路经济带"穿越的重要区域——欧亚国家的内部发展，中国与欧亚国家的"带盟"对接和建设问题，以及中国与欧亚国家在"一带一路"框架下的经济合作进展及其相关问题。

2. 谢晓光：《俄罗斯对外战略研究（2000—2016）》，社会科学文献出版社 2018 年版。

内容摘要：本书梳理了普京执政以来俄罗斯的政治生态、政治思潮及政治体制的演进。在此基础上，分析了普京执政后俄罗斯的外交战略，包括如何应对北约东扩、欧亚经济联盟、软实力外交战略、公共外交战略等；并进一步探讨了乌克兰危机后美欧制裁背景下的俄欧关系、俄美关系。研究普京执政时期俄罗斯的政治与外交战略，能够让我们更深入地理解俄罗斯处理国际、国内事务的深层原因，也能够为清晰地判断俄罗斯未来的国家战略走向提供帮助。

3. 殷红:《入盟与中东欧国家政治经济转型》,社会科学文献出版社2018年版。

内容摘要:本书分析了加入欧盟对中东欧国家政治经济体制转型的影响,内容包括绪论及七章。具体为:第一章:入盟是中东欧国家政治经济转型的核心特征。较其他转型国家,中东欧国家转型具有一些明显的特征,其中,入盟是其核心特征,入盟也是解释中东欧国家转型的关键。第二章:入盟对中东欧国家政治转型的约束及推动。第三章:入盟对中东欧国家经济转型的影响。这是入盟对中东欧国家经济转型与发展影响的宏观分析。第四章:入盟对中东欧国家经济增长的影响。在测量中东欧国家和欧盟经济一体化指数的基础上,分析中东欧国家与欧盟不同的一体化水平与其经济增长的关联性。第五章:入盟对中东欧国家产业结构的影响。第六章:结构基金及其对中东欧国家经济转型的影响。结构基金对中东欧国家的经济转型与发展的影响至关重要,本研究对中东欧国家经济转型与发展中结构基金的作用进行了深入分析。第七章:后转型阶段中东欧国家发展新动向。首先对中东欧国家所处的后转型阶段进行了理论梳理;在此基础上,首先总结欧盟一体化进程中的一系列经济政治危机及其影响;其次,分析在此背景下中东欧国家发展方向所做出的调整,特别是其加强与中国合作的内在动因及趋势。

4. 周帅:《全球金融治理变革研究——基于国际金融公共产品的视角》,社会科学文献出版社2018年版。

内容摘要:本书在国际金融公共产品视角下,基于全球金融体系治理的2×2分析模式考察了全球金融治理体系的变革。首先,在回顾公共产品理论、国际公共产品理论基础之上,对国际金融公共产品的概念、类型、供给等进行了系统的理论探索,对历史中国际金融公共产品的演进特点与变革逻辑进行了总结与论述。其次,分别从全球层面和区域层面探讨了美国治下全球金融体系治理对世界经济的负面影响，即后起国变革全球金融体系治理的重要动因，同时也探讨了中国等新兴经济体在全球层面与区域层面推动金融治理体系变革的实践，并且以东亚实践为例考察了金融治理体系的变革。最后，对中国等新兴市场国家参与全球金融体系治理变革提出了建设性建议。

5. 肖影：《独联体区域一体化：路径与进展》，社会科学文献出版社 2018 年版。

内容摘要：本书通过对政治学、经济学中"一体化"定义及相关理论的介绍与梳理，概括出区域一体化的一般性逻辑。在此基础上，通过对独联体区域一体化在内外约束条件下不同选择的分析，得出独联体区域一体化取得一定进展与成就，但总的来说，独联体区域一体化的水平仍然比较低。独联体区域一体化的制度安排是先于经济和政治一体化实践的。最后，对影响独联体区域一体化发展前景的主要因素给出判定，并得出基本结论，以及对中国的启示。

6. 岳鹏：《战略对接与国家海权崛起》，社会科学文献出版社 2018 年版。

内容摘要：本书研究的主要问题是战略对接的构建如何影响崛起国家海权发展成败。书中将国家间建立的战略对接关系定义为国际系统下的"子系统"，将国家内部以海权为代表的具体发展领域定义为"二级单元"，提出"系统能量传送力"这一重要概念，指出战略对接使"子系统"内部出现能量转移状况，"二级单元"进而获得不同程度的增长和削弱，其程度则取决于国家间供需关系的平衡、战略对接模式、战略对接国和战略对接领域的选择四个方面，并通过对美国与德国 1890—1945 年海权发展案例的阐释，进一步验证了上述四个方面的不同做法导致的国家海权发展的不同结果。

7. 于娟：《俄罗斯新工业化进程中的金融支持研究》，清华大学出版社 2017 年版。

内容摘要：工业化进程与金融支持的匹配度密切相关，2008 年俄罗斯国家创新战略启动，俄罗斯进入又一轮工业化时期——新工业时期。完善战略性新兴产业的金融支持体系是工业化推进的有力保障。本书以发达国家创新经济时期的金融调节手段经验为借鉴，梳理了俄罗斯产业结构调整进程和金融市场的发展，考察分析了俄罗斯新工业化发展中金融支持的效率问题。

（二）论文

1. 程伟：《经济全球化的本质与美、中、俄大三角的特点》，《世界经济研究》2018 年第 3 期。

内容摘要：经济全球化的本质在于市场经济的运行规则在越来越多的民族国家中得到采纳和应用，进一步说，世界范围内出现了经济运行"游戏规则"的同质化进程。如果说冷战时代的东西方关系是经济政治化，那么，在业已过去的 20 多年经济全球化兴盛时期，我们似乎看到了东西方国家关系政治经济化的主旋律。冷战后时代，一方面，经济全球化在不断推进，各国各地区的经济交融在加深；另一方面，新问题新矛盾乃至新对抗在国际关系中也日益凸显。中国要在新一轮的国际竞争中巩固、发展、扩大优势，固然必须统筹国内国际两个大局，但最重要的还是首先要把自己的事情做好，即不仅把自己做大，更要把自己做强。必须看到，美、中、俄大三角的再现并非是历史事件的简单重复，今昔比较，当下的大三角具有一些新的特点。

2. 程伟：《俄罗斯 2017 年宏观经济形势分析》，《俄罗斯学刊》2018 年第 1 期。

内容摘要：2017 年，从通胀率、国内生产总值增长率等主要经济指标看，俄罗斯宏观经济形势给人的直观印象好于预期。但深度观察则不难发现，事实上俄罗斯经济仍然面临相当严重的挑战，形势不容乐观。以往的经验表明，俄罗斯存在通胀波动或者通胀变化无常的可能性。此外，2017年俄罗斯失业率的下降并不完全与就业岗位的增加有关，相当程度上是其适龄劳动力人数减少的结果。失业率指标的改善也存在不均衡的表现。在普京即将迎来的第四个总统任期中，俄罗斯的经济前景却存在不确定性，甚至充满变数。把经济搞上去，势必将是普京总统新任期的重中之重。重构国家管理体系，努力改善企业的营商环境，很有可能成为普京新政振兴经济的重头戏。

3. 曲文轶：《经济因素、普京的政治支持及2018年大选》，《国际经济评论》2018年第2期。

内容摘要：对于普京的政治支持而言，低迷的经济并非毫无影响，收入降低和福利受损明显会降低微观个体对于普京的政治评价。但是，这种负面影响只是存在于不同群体的横向比较之间，不同收入阶层和职业群体内部，支持普京的力量仍占上风。更为重要的是，在与西方对抗的背景之下，对于俄罗斯国际地位的考量发挥了更大的积极影响，甚至超过了经济因素的负面作用。另外，经济治理短板长期存在终将拖累政治支持。考虑到下一个任期可能也是普京的最后一个任期，经济治理绩效或将决定他是从政治舞台上全身而退，抑或是黯然终场。因此，改善营商环境、赢得商人和企业家阶层的支持，不仅是实现创新发展，同时也是提升政治支持和成就真正"奇迹"的关键所在。

4. 曲文轶：《西方对俄制裁三周年：普京政府的应对及其成效和影响》，《俄罗斯东欧中亚研究》2018年第2期。

内容摘要：克里米亚入俄以及西方对俄制裁三年来，俄罗斯政治经济与外交发生了诸多变化。为应对制裁冲击，普京政府进行了全方位应对，迄今为止普京的应对成效显著，一方面，不仅维持了社会稳定，使俄罗斯经济向多元化目标迈出了实质性步伐；另一方面，对抗也使居民生活和宏观经济恶化，拖累了创新发展进程，并带来深远的体制影响。发展目标让位于国际斗争与政治稳定的需要，国家越来越多地发挥监控与动员发展的职能，抑制了私人部门的主创性并推动体制向集中化方向演进。转向东方和亚太是俄罗斯国家发展的长期战略，也是大势所趋。在当下新一轮总统选举周期、普京政府急于改善经济状况的背景下，中国在开展对俄合作中无疑获得了更大空间。

5. 曲文轶：《俄罗斯进口替代政策致力于达到的目标分析》，《欧亚经济》2018年第1期。

内容摘要：从进口替代承担的三种功能看，稳定生产摆脱危机是短期目标，在经济已经走出危机并开始增长后，这一功能就该退出。安全和结构优化目标则是长期的，而其实质是推动产业多元化和加工业发展。摆脱经济原料化和对进口的依赖，实现创新发展，是俄政府长期坚持的国家发展方向，从这一角度看，进口替代政策将长期存在，尽管在未来外部关系改善时，这一保护主义色彩浓厚的词汇可能被其他政策术语所取代。

6. 曲文轶：《俄罗斯经济危机背景下的社会稳定：以中产阶级为视角》，《湖北社会科学》2018年第3期。

内容摘要：2014年以后由欧美主要国家实施制裁引发的经济危机极大地打击了俄罗斯经济，对俄罗斯居民生活造成了负面影响。西方主要国家的制裁，让俄中产阶级深深体会到了西方发达国家的主观恶意，促使他们与政府达成共渡难关的共识，在经济危机中通过调整经济行为化解冲击，对俄罗斯社会稳定起到了积极作用，但后果是有一部分教师、医生等从中产阶层滑落至底层社会，这打击了知识分子阶层，恶化了社会生态，导致贫富差距增大，社会分层加剧，维护社会稳定的不确定性增加、压力增大。

7. 谢晓光：《构建社会主义核心价值观的国际话语权："自我"与"他者"语境》，《江南社会学院学报》2017年第3期。

内容摘要：西方的话语霸权和中国国际话语权的弱势给中国造成了"话语困扰"。价值观是话语权的源泉，是文化软实力的核心。党的十八大提出二十四字社会主义核心价值观，对于提升中国文化软实力，提高中国国际话语权具有重要意义。建构主义和后现代主义倡导从身份认同来认知社会，为分析和提升社会主义核心价值观的国际话语权提供了视角和可行路径。构建社会主义核心价值观的国际话语权应该依托于中国国家权力，并通过国家间主体互动区分"自我"与"他者"身份，批判作为"他者"身份的西方价值观，以此解构西方话语权，塑造社会主义核心价值观的"自我"主体意识。

8. 谢晓光：《总体国家安全观的中国特色与实践》，《唯实》2018年第2期。

内容摘要：当前国家安全的内涵和外延正不断丰富，中国正处于重要战略机遇期，面临着与大国关系的变化和主权、安全等领域的许多挑战。习近平在中央国家安全委员会第一次会议上首次提出"总体国家安全观"的概念。在党的十九大上习近平再一次指出，统筹发展和安全，增强忧患意识，做到居安思危，是我们党治国理政的一个重大原则。总体安全观是中国优秀传统文化思维的体现，把政治安全作为中国总体安全的根本，把人民安全作为国家安全的宗旨，以共同安全为目标。国家通过一系列举措以践行和完善有中国特色的国家安全道路。包括：制定一个能明确反映中国安全形势特点、任务、宗旨、目标的国家安全战略，把政治安全作为中国总体安全的根本，坚持中国特色国家安全道路。

9. 谢晓光：《普京时代俄罗斯民族主义思潮及其影响》，《辽宁大学学报》2018年第2期。

内容摘要：俄罗斯独立后，叶利钦坚持自由主义进行的西化改革方案并未能拯救俄罗斯，反而使俄罗斯社会陷入了意识形态混乱的危机中，民族主义思潮随之兴起。普京执政以来，民族主义思潮的表现形式呈现多样性，国家民族主义成为民族主义思潮的主流并逐渐上升为国家意志；国家利益驱动下的大国主义与民族利己主义抬头，极端民族主义兴起泛滥。民族主义对俄罗斯产生了多方位的影响。在民族主义思潮的影响下，俄罗斯的内政外交政策表现为政治上不断深化体制改革，经济上通过"普京计划"不断融入现代化和创新理念，外交上向务实与平衡相结合的全方位外交政策方向发展；在国家安全方面加大力度打击极端民族主义。

10. 崔铮：《俄罗斯国家治理中的价值观构建与认同引导》，《国外理论动态》2017年第11期。

内容摘要：俄罗斯国家治理的内容和方式多样，作为其中两个重要的手段，价值观构建与认同引导在俄遭遇内外双重危机的困难局面下，为凝聚社会共识发挥了举足轻重的作用。与俄国历史上业已形成的治理传统与路径一脉相承，由普京"新思想"发展而来的"新保守主义"价值观在俄罗斯当前的发展阶段实现了传统与现代的统一，也较好地保障了俄罗斯的政治稳定。对社会情绪的关注、研究和引导，于俄罗斯政府而言，既可以为促进政府和社会公众有效沟通提供帮助，还可以为俄罗斯国家治理和政策制定提供参考依据。2017年3月26日爆发的近百座城市群众的游行抗议，虽并未对当局构成严重的威胁，但也应看到其背后展现的俄罗斯国家治理中的隐忧：认同与信任的危机、反腐面临的挑战、"共识"的削减和政治的退化。

11. 崔铮：《俄罗斯亚太战略的演进及前景》，《人文学研究》

2018 年第 2 期。

内容摘要：俄罗斯对开发东部和开展亚太合作的认识在乌克兰危机发生后起了明显变化，已不再从以往东西部平衡发展和欧亚平衡外交的角度看待亚太地区，而是将与亚太国家的合作视为其摆脱经济危机和外交孤立、实现现代化的重要支撑，追求大国抱负的必争之地。军售和能源是俄罗斯介入亚太的两个重要杠杆。积极深化对华关系是俄罗斯亚太战略的关键内容，但俄罗斯"转向东方"并非仅面向中国。合作与平衡是俄罗斯打造亚太外交多元化的两种手段。俄罗斯对外战略"转向东方"是被动之举还是主动进取，对此仍存较大争议。现实中，俄罗斯对亚太的"融入"面临着许多问题和考验。

12. 戴利研：《中俄主权财富基金投资合作现状与合作战略分析》，《欧亚经济》2018 年第 2 期。

内容摘要：本文对中俄两国的主权财富基金以及中俄联合建立的中俄投资基金成立背景、资金来源、治理结构和资产配置策略等运营模式进行了分析，并在分析两国基金现有投资合作局限性的基础上，对中俄主权财富基金未来可投资的领域和方式进行了深入的研究。中俄两国的投资领域具有较强的互补性，两国在金融、能源、高科技和服务业等领域不但可以相互投资，还可以采取联合投资的方式向其他经济体投资，在实现国家战略的同时获得更高的投资收益。

13. 付争：《两次危机中俄罗斯银行外币资产占比变化原因探析》，《俄罗斯东欧中亚研究》2018 年第 2 期。

内容摘要：作为曾是高度美元化的国家，自次贷危机后，俄罗斯银行外币资产占比出现断崖式下跌，并至今保持在低位。本文通过对比次贷危机和西方对俄经济制裁时期俄罗斯银行外币资产占比与各主要宏观经济要素走势变化进行探析，并对其间的相关性进行了实证检验。研究发现，俄罗斯银行外币资产占比的陡然下降，与卢布汇率和国际资本流动有关，但卢布汇率弹性的增加远不及资本流动自由化对银行外币资产占比下降的作用力度；在资本项目完全开放下，次贷危机所带来的负溢出效应不及西方对俄经济制裁冲击力度大；在西方经济制裁后，俄罗斯原油出口量、金融市场的广度与深度也都有助于将银行外币资产占比维持在低位。

14. 杨攻研：《俄罗斯政府债务演进的政治经济逻辑及风险研究》，《俄罗斯研究》2018年第2期。

内容摘要：俄罗斯政府债务问题由来已久。自普京执政以来，俄罗斯中央政府债务水平持续下降，但地方政府债务规模则持续膨胀。究其根源，国家经济安全战略催生了中央政府层面极低的债务水平；普京所建立的中央与地方全新的政治契约，改变了地方精英阶层的行为和激励，造成了地方政府债务的增长。在欧美金融制裁背景下，短期内俄罗斯政府债务并不会成为危机的引爆点。然而，后危机时代这一体系的缺陷日渐显露，地方政府沉重的债务负担正在挤出长期投资，债务与增长的恶性循环也正在形成。俄罗斯政府债务管理方略面临艰难的抉择：国内层面重塑政治契约以重振地区经济增长，国际层面适度平衡经济安全与国家发展利益，以改变当前中央政府债务的抑制状态，成为未来政策调整的重中之重。

15. 杨攻研：《贸易往来、选举周期与国家间政治关系》，《当代亚太》2018年第4期。

内容摘要：贸易往来能否带来和平？本文基于中国的视角，利用东亚典型国家30余年的季度数据对此进行了实证检验，结论如下：首先，中国与东亚国家双边贸易额的不断增长推动了政治关系的改善，各国对中国贸易依存度的提升却产生了政治离心力，但总体仍支持了贸易促进和平的传统观点。其次，贸易与政治关系的相关性并非一成不变，东亚国家的国内政治因素显著制约着贸易作用的发挥；同时，以冷战结束、亚洲金融危机和全球金融危机三次典型历史事件为节点，贸易对政治关系的影响呈现截然不同的特征。最后，本文进一步关注了被人们忽略的贸易稳定政治关系的边界与限度。此外，东亚自贸区建设并未成为推动国家政治关系走向良性互动、推动贸易稳定器功能进一步发挥的制度保障。

16. 张志明：《中俄价值链合作模式演进及影响因素研究》，《宁夏党校学报》2018年第2期。

内容摘要：从价值链合作视角重新考察中俄经贸合作发现，中俄贸易合作具有显著的价值链合作模式为主、非价值链合作为辅特征。进一步研究发现，两国价值链合作又呈现出直接与深度价值链合作模式为主、间接与浅度价值链合作模式为辅的典型特征。中俄改善政治关系，扩大两国制度质量差异和劳动力禀赋差异，可以助推两国密切而深入地开展价值链合作。

17. 张志明：《俄罗斯在亚太价值链中的角色及其演变态势》，《中国社会科学文摘》2017年第11期。

内容摘要：本文从亚太价值链联系和亚太价值链地位横纵两个维度考察了俄罗斯在亚太价值链中的角色及其演变态势。结果表明：（1）俄罗斯主要围绕中国、美国和日本开展增加值贸易活动，其在亚太增加值贸易联系中扮演依附者角色，其中，与服务业相比，俄罗斯制造业的依附者角色更为凸显；（2）俄罗斯主要与亚太各经济体进行价值链前向联系与合作，且随着时间推移，其与亚太各经济体的价值链联系日趋深化，综合而言，俄罗斯在亚太价值链联系中主要扮演上游中间品提供者角色；（3）总体来看，俄罗斯在亚太价值链中的地位相对较高，位居亚太价值链的高端生产环节，但呈现出不断弱化的趋势。分行业来看，俄罗斯在亚太初级产业、劳动与资本密集型工业价值链中的地位普遍较高，但在亚太技术密集型工业和服务业价值链中的地位相对较低。

18. 周帅：《后起国如何制衡金融霸权：基于国际金融权力指数构建的新探索》，《欧洲研究》2017 年第 6 期。

内容摘要：基于对国际金融权力论、国际货币权力论的回顾与思考，本文提出了修正后的国际货币权力论，并对国际金融权力体系进行了原创性量化分析。1995—2016 年全球 169 个国家和地区的国际金融权力指数表明，美国衰落与新兴经济体崛起这一认识并不准确，国际金融权力结构一直为单极，体系竞争性经历了近似于中—低—中水平的转变。在国际金融权力格局不变的情况下，后起国唯有采取合作策略才有望达到制衡美国金融霸权的实力门槛。实证分析发现，"工业型"国家在发展国际金融权力上更为成功，而"金融型"国家的效果并不显著，工业竞争力与国际金融权力呈现非线性（倒 U 形）关系；对金融权力失败国而言，"金融型"路径的效果似乎更优。

19. 杨达："Spillovers from China onto Central AsianCountries under the Background of 'Silk Road Economic Belt'"，*Eurasia Cultura*，2017 年第 9 期。

内容摘要：本文通过对中国与中亚国家在贸易、投资和能源领域合作的回顾，梳理出中国经济对中亚国家产生溢出效应的传导渠道，并对"丝绸之路经济带"背景下中国与中亚国家深化合作的可能方案进行了理论分析。在此基础上建立了多国动态随机一般均衡模型，并借助情景模拟分析，对中国增加从中亚地区的油气进口与中国制造业向中亚地区转移两种合作方案将对中亚国家产生的溢出效应进行了量化分析。结果表明，两种情景下中国与中亚国家都将获得不同程度的经济效益。据此我们认为，中国与中亚国家合作共建"丝绸之路经济带"是符合本国经济利益的双赢举措。

20. 刘红：《日本对俄罗斯直接投资的增长态势研究》，《辽宁大学学报》2018 年第 2 期。

内容摘要：日本对俄罗斯的直接投资极具复杂性。一方面，日本加大对俄罗斯直接投资符合日俄双方的利益需要；另一方面，受领土问题、政治互信、美日同盟以及俄罗斯营商环境等政治经济因素制约，日本对俄罗斯的直接投资又长期裹足不前。第二届安倍内阁以来，日俄两国在政治领域的互动日趋频繁，甚至在领土争端问题上出现了以经促政的"新思路"，加之近年来俄罗斯营商环境的改善，都将在一定程度上促进日本对俄罗斯直接投资的增长。但由于横亘在日俄之间的诸如领土争端、政治互信、美国因素等政治困扰未能得到根本性解决，因此从长期看尚难断言日本对俄罗斯的直接投资能够实现可持续性、飞跃性增长。

21. 刘志中：《"一带一路"倡议与全球贸易治理机制变革》，《东北亚论坛》2017 年第 6 期。

内容摘要：全球贸易治理机制为维护战后世界经济的稳定和各国的开放合作发挥了重要作用，但其自身也存在一些缺陷。多边贸易体制缺乏公正性，区域贸易协定不断涌现，导致全球贸易治理出现"碎片化"趋势，非正式制度安排缺乏法律的约束力，合法性也受到质疑。全球贸易治理机制的缺陷导致了诸多治理低效率问题，逆全球化浪潮就是贸易治理机制低效率的突出表现。此外，新兴经济体在国际经济格局中地位日益上升，现行的全球贸易治理机制所界定的利益分配格局越发不合时宜。"一带一路"倡议的提出并付诸实施，将会引领全球贸易治理机制变革，促进全球贸易治理向公正导向、发展导向转型，将整合"碎片化"的全球贸易治理机制，引领新的经济全球化。

22. 刘志中：《"一带一路"背景下中国中亚自由贸易区效应》，

《俄罗斯东欧中亚研究》2018年第2期。

内容摘要：中国和中亚国家具有经济结构和贸易结构互补优势。中国已与哈萨克斯坦、塔吉克斯坦、吉尔吉斯斯坦、乌兹别克斯坦等中亚国家签署了与共建丝绸之路经济带相关的双边合作协议，并且共建中国—中亚—西亚经济走廊已在相关国家达成共识。中国和中亚国家亟待加快建设自由贸易区，充分释放各国的比较优势和贸易潜力，夯实经贸合作基础。本文利用WITS-SMART模型对中国中亚自由贸易区产生的经济效应进行模拟分析，结果表明，随着关税的不断削减，中国和中亚国家大多数产品部门都将从贸易规模扩张中受益。如果能够尽快实现零关税，那么中国和中亚国家间的贸易往来会获得快速增长。因此，中国和中亚国家应积极采取措施，加快推动中国—中亚自由贸易区谈判与建设。

23. 王喜满：《2017欧洲共产党会议的理论主张、主要特点和简要评价》，《当代世界与社会主义》2017年第5期。

内容摘要：在世界局势不确定性不断增加、欧洲经济危机影响日益深化、欧洲一体化遭遇严重危机、国际共产主义运动曲折发展的大背景下，欧洲41个共产党和工人党在比利时布鲁塞尔召开了第十次欧洲共产党会议，总结国际共产主义运动的经验教训，分析研判当前的形势，揭露欧盟帝国主义本质，捍卫工人和人民利益，为争取和平、民主、平等和社会主义加强团结。会议的召开既符合欧洲共产主义运动的必然要求，又是欧洲共产主义运动发展的重要助力。

24. 杨雷：《中俄共同推进欧亚地区合作的基础与途径》，《新疆师范大学学报》2018年第3期。

内容摘要：中国与俄罗斯先后提出推进欧亚地区合作的倡议，这不是偶然的，而是国际、地区和国内形势发展的结果，有其合理性与必然性。文本通过对"一带一路"和大欧亚伙伴关系倡议在理论基础、主要内容、国际社会的支持三方面的对比分析，认为两大倡议的理论基础虽然不同，但在主要内容上同大于异，国际社会的反应使两大倡议对接有着较强的现实需要。中俄两国确定将两大倡议对接，但它们之间还存在着一些差异，为了保证两国能够长期合作，需要做相应的对接工作。文本既注重两大倡议的文本研究和政策趋向分析，也关注大国关系与现实问题对这一议题的直接影响。

（撰稿人：崔铮，审稿人：刘洪钟）

四川大学
当代俄罗斯研究中心

一 概况

四川大学当代俄罗斯研究中心成立于 2010 年 9 月，是教育部国际司批准成立的中俄人文合作机制下的研究基地，也是教育部布局在西部最早的俄罗斯问题研究机构。中心的成立受到了国内外媒体的关注。《人民日报》、新华社等媒体报道了中心的成立。俄罗斯、乌克兰媒体也多有报道。俄塔社的专稿中指出："中国成立新的俄罗斯研究中心，它设立在四川大学，是中国教育部批准的。"俄罗斯之声电台、俄罗斯 Росбал 通讯社、俄罗斯外汇与资金网、俄罗斯"rembler"网、俄中文化教育交流基金会网、俄罗斯阿尔泰边区网、上海合作组织网、乌克兰新闻网等媒体对川大当代俄罗斯研究中心都有报道评论。

当代俄罗斯研究中心有一支稳定的研究团队，其中教授 5 人，副教授 5 人，讲师 4 人，他们中有 3 人在俄罗斯师范大学、沃罗涅日大学和白俄罗斯国立大学获得博士学位，其他人员分别在俄罗斯莫斯科大学、俄罗斯师范大学、普希金语言学院、乌拉尔联邦大学、下诺夫戈罗德师范大学、美国科罗拉多大学等学术机构做过访问学者。他们分别来自俄罗斯语言文学、国际政治学、法学、历史学、世界经济学等学科。近五年中心人员承担国家社科重大招标项目、国家社科基金项目、教育部重点人文社科研究基地重大项目、教育部人文社会科学研究规划基金项目等课题近 20 项。近五年中心人员在国内和俄罗斯期刊上发表论文 80 余篇，出版专著、译著多部。中心人员密切关注中俄关系的大局，关注俄罗斯政治、经济、社会和外交动态，对某些突发性和倾向性的重要问题及时撰写报告上报教育部国际司，并引起了有关智库的高度关注。

中心注重开展国际合作，与俄罗斯科学院远东研究所、乌拉尔联邦大学、下诺夫戈罗德大学、美国科罗拉多大学建立学术交流关系，展开各种形式的双边活动。中心充分发挥文化研究优势，还与俄罗斯科学院远东研究所联合成立了"四川大学—俄罗斯科学院远东研究所中俄文化研究中心"。目前，中心与俄罗斯科学院远东所加大了文献翻译等方面的合作。双方合译的《道德经·诗经》《中庸·论语·三字经》《春秋》等中国古代典籍的俄译本已在俄罗斯出版。2017 年 10 月中心承办了首届中俄"长江—伏尔加河"高校联盟暨智库论坛，产生了重大影响。2017 年以来与俄罗斯科学院远东研究所连续两年合办"中国与俄罗斯：文明的对话"双边圆桌会议等。

二 学生交流

2018 年 5 月 12 日是汶川地震十周年纪念日，四川大学开展了各种纪念活动。在《五月和平之歌》音乐会上，来自主办单位当代俄罗斯研究中心的师生们呈现了精彩的演出，以悼念那些在战争和灾难中消逝的生命，祈祷世界的和平与安宁。

6 月，选拔学生参加第五届中俄"长江—伏尔加河"青年论坛并担任四川代表团翻译任务，选拔学生参加四川大学"大川视界"

项目赴俄罗斯国立赫尔岑师范大学和喀山大学游学。

7月中旬，来自俄罗斯国立赫尔岑师范大学、下诺夫戈罗德国立大学的学生代表们赴四川大学参加实践与国际课程周活动。其间，中俄两国师生共同组织并参与了丰富多彩的活动，如"国家日"、圆桌论坛等，走访参观了成都农科村和川菜博物馆，成都市第一骨科医院等，感受中华地域文化与传统医学的魅力。中俄两国年青一代交流的不断加深，利于增强年青一代对两国社会文化等方面的了解，助力中俄全面战略协作伙伴关系的务实发展。

三 科研与学术交流

3月27日，由四川大学—俄罗斯科学院远东所中俄文化研究中心筹划的"中国与俄罗斯：文明的对话"首次双边座谈——"中国之道与俄罗斯之言"在四川大学顺利举行。26日，中心沈影副教授参加在京举办的题为"新时代上海合作组织的新发展"的国际智库论坛。

4月22日，中心米军教授受邀参加在广东广州白云山会议中心举办的金砖国家智库论坛并发言。

5月，中心特邀讲座教授玛格丽特·巴甫洛娃教授主讲"白银时代的俄罗斯文学"系列课程。21日，中心邀请国防科技大学国际问题研究中心主任、俄罗斯问题专家马建光教授做了题为"我国周边安全形势与大国关系走向"的精彩讲座。23日，中心邀请辽宁大学原党委书记程伟教授、中国驻俄罗斯联邦前陆海空武官王海运少将分别做了主题为"普京治下俄罗斯经济过程的国家利益视角分析"及"新时期的中俄关系"的精彩讲座。

5月22日，由四川大学国际关系学院、中国社会科学院信息情报研究院主办，《国外社会科学》编辑部、四川大学当代俄罗斯研究中心承办的"改革·发展·合作·挑战——新时代中国与俄罗斯"高层学术研讨会在四川大学望江校区成功举办。来自中国社会科学院、四川大学、北京大学、上海国际问题研究院、辽宁大学、广东外语外贸大学、南开大学、武汉大学、国防科技大学、华中师范大学、黑龙江大学等高校和科研机构的30余名专家学者参加了大会。

6月15日,中俄"长江—伏尔加河"高校联盟中方秘书处办公室主任,四川大学外国语学院副院长池济敏一行四人到深圳北理莫斯科大学调研。本月,中心王逸群博士参加在北京举办的"'一带一路'高端人文对话"中国社科论坛。

7月,刘亚丁教授的《静静的顿河》学术版评论在俄罗斯发表。2018年初,刘亚丁教授获高尔基世界文学所赠送《静静的顿河》学术版,并受邀撰写书评。此后,高尔基世界文学所官网刊登了刘亚丁教授的评论,他的评论位列4位外国专家和俄罗斯专家的评论之首。刘亚丁教授的评论写道:"2018年是《静静的顿河》问世90周年,《静静的顿河》学术版对于所有热爱肖洛霍夫文学遗产的人来说都是一份珍贵的礼物,因为这部作品开启了人民精神中追求崇高道德与美学标准的深层品质。"

7月6—8日,中心马文颖博士受邀参加在青岛举办的第八届《俄罗斯文艺》学术前沿论坛。同时,马文颖博士今年喜获国家社科基金项目,题目《陀思妥耶夫斯基〈作家日记〉研究》,项目编号18CWW001。

7月20日,米军教授等一行5人赴内蒙古自治区社会科学院调研。米军教授对其所主持的国家社科基金项目《中俄蒙经济走廊区域合作机制研究》(17BGJ055)进行了介绍,就内蒙古经济社会发展情况,蒙古国、俄罗斯与中国的边界贸易情况以及区域经济合作情况等内容进行了交流。

8月31日，中心米军教授受邀参加在北京大学举办的北京高校区域与国别研究座谈会。

9月10日，中心米军教授参加在北京京城大厦举办的俄罗斯问题研讨会。27日，哈萨克斯坦国家委员会委员，社会科学院院士，国家历史文化研究院院长阿·布·哈尔曼乌勒教授一行到访中心。

10月2—3日，由四川大学和俄罗斯科学院远东研究所联合举办的"中俄文化的对话国际会议"在莫斯科科学院远东研究所举行。来自四川大学、俄罗斯科学院、中国驻俄罗斯大使馆相关研究人员以及在莫斯科的留学生共50人参加了会议。四川大学中心李志强主任、刘亚丁教授、米军教授、王逸群博士参加了本次座谈并做学术发言。18日，中心米军教授出席四川大学中国宏观经济管理教育学会并发言。

四　社会服务

2018年，中心为省市两级的对俄合作提供全方位支持。全年为省市各级政府的重大对俄活动完成同传交传翻译十多场次，翻译审校重要合作文件若干。

6月，中心牵头筹办俄罗斯鞑靼斯坦共和国档案专业人员在四川大学培训。四川大学校党委副书记曹萍教授在结业典礼上致辞指出，今明两年是中俄两国地方合作交流年，此次俄罗斯鞑靼斯坦共和国档案专业人员培训团正是四川省及四川大学以实际行动践行国家战略的重要举措。

7月12日至13日，"模拟亚欧会议成都分论坛"在四川大学举办，国际关系学院师生及俄语系师生代表参加。在这次活动中，学生代表以亚欧会议53个成员外长身份，围绕"'一带一路'与亚欧互联互通建设"这一主题，从政策沟通、务实合作、人文交流三个方面进行讨论与磋商。11日,中心沈影副教授带领亚欧基金会代表及学生们前往9家亚欧会议成员国驻蓉总领事馆访问调研。

8月,为配合成都市委书记范锐平访问俄语国家,中心完成了大量出访材料的翻译,包括成都投资指南、成都形象宣传片、成都形象手册等。

9月,外国语学院副院长池济敏副教授随四川省委书记彭清华一行赴俄参加东方经济论坛和海洋全俄儿童中心接待汶川地震灾区儿童十周年纪念仪式。

2018年,是四川汶川特大地震十周年,也是汶川地震灾区学生赴"海洋"全俄儿童中心疗养十周年。十年前,来自四川等地震灾区的996名灾区孩子们前往"海洋"。他们的故事,讲述着中俄友好的深情厚谊,更展现着跨越山海的人间大爱。9月,我中心与四川省教育厅、省外侨办等单位通力合作,为四川汶川地震灾区儿童重返"海洋"全俄儿童中心十周年纪念活动提供了全程的支持和服务,包括中俄世代友好宣言的撰写,行前动员和俄罗斯国情文化及俄语强化培训,赢得教育部、外交部及省委有关领导的高度评价,并发来感谢信致谢。

10月14—20日,俄罗斯鞑靼斯坦共和国地方行政区长官培训团一行19人来川培训,我中心协助做好代表团来川培训的各项接待工作。

五 主要成果推介

2018年,中心刘亚丁教授出版专著《龙影朦胧——中国文化在俄罗斯》(237千字,北京大学出版社出版)。该书从哲学、文学艺术、汉学研究等角度,对中国文化在俄罗斯的传播研究溯源寻根,做史实描述和学理思考。本书一手资料丰赡,文笔清新流畅。

俄罗斯人的自我想象及其建构中国形象的"前结构"，两百多年来孔子形象在俄罗斯流传生辉，中国智者被俄罗斯学人和作家"借用"，禅宗文化令北方邻国读书人欣悦向慕，《诗经》在俄罗斯得到翻译赏析，俄国民间故事不乏与中国文学相似的因素，当代俄罗斯作家化用中国传统文化元素等，在书中生动呈现，皆为作者的成果。

1月3日，刘亚丁教授在《光明日报》上发表论文《巡回展览画派与19世纪的俄罗斯》。7月，刘教授翻译的俄罗斯M. E.克拉夫佐娃的《中国新石器时期的信仰和崇拜》，发表在《中国俗文化研究》第十五辑。同时，本年度刘亚丁教授担任了国家社科基金重大项目"多卷本俄国文学通史"（项目号：17ZDA283，首席专家为刘文飞教授）子目《俄国文学通史》（第一卷）负责人，主持了成都市软科学项目"'一带一路'建设背景下成都市与中东欧媒体合作研究"。

本年度，中心主任李志强教授牵头、中心团队参与翻译的译著《俄罗斯汉学的基本方向及其问题》由北京大学出版社出版。该书由俄罗斯科学院远东研究所多位汉学家共同撰写，从不同角度描绘了俄罗斯汉学在后苏联时代至今的新的发展，涉及包括：中俄政治体系、法律、经济现状和经济改革的对比；俄国学者眼中的中国哲学传统、文化和教育特点；中国的发展模式和现代化问题；俄罗斯的中国移民问题等。全书用历史的观点，通过一系列重要的数字，展示了"俄罗斯对这个步入世界重要位置的东方国家的研究"的深厚传统。同时，李志强教授还承担了国家外专局定向引智项目"'一带一路'周边研究"，并在《环球时报》《中国社会科学报》《俄罗斯文艺》上先后发表了《美欧"动怒"意在影响后普京时代》《致力建设中国特色国际化高端智库》《Воспоминание о М. Л. Титаренько//Моя вторая родина Китай》《戴着社会主义现实主义的面具的〈俄罗斯森林〉》系列文章。

本年度，中心米军教授先后在《国外社会科学》《中国社会科学报》《亚太经济》等刊物上发表了《俄蒙经济走廊贸易便利化水平及其深化发展的思考》《金砖国家区域发展战略对接的影响因素及出路》《金砖合作推动全球经济治理良性发展》《金砖国家推动全球经济治理的路径选择》《中俄蒙经济走廊建设：基础、挑战及出路》等多篇论文，部分论文被人大复印资料及新华文摘等转载。

本年度，中心邱鑫博士的译著《里科图岛·俄罗斯当代戏剧集3》《高级病房·俄罗斯当代戏剧集4》由中国国际广播出版社出版，并发表《俄罗斯进口替代战略的必然性及实施成效分析》《中国科幻电影发展史溯源》等文章。王逸群博士在《中外文化与文论》第39期上发表论文《观念化的艺术批评遮蔽了什么？——对几种裸体艺术批评话语的反思》。沈影副教授的文章《"长江—伏尔加河"合作机制是实现中俄务实合作的新动力》发表在《"一带一路"欧亚合作发展报告》一书中。

（撰稿人：沈影）

西南政法大学
俄罗斯法研究中心

一　重要沿革

西南政法大学俄罗斯法研究中心成立于 2007 年 11 月，是经西南政法大学批准成立的校级科学研究机构，是我国西南地区第一个系统研究俄罗斯法学的专门性学术机构。自研究中心成立 11 年来，全体同人团结一致，开拓进取，深挖特色，提升优势，已发展成为"特色鲜明、优势突出、西部一流，在国内具有重要影响力的俄罗斯法研究基地"。

二　研究方向

西南政法大学俄罗斯法研究中心重点研究方向包括：
第一，十月革命前和苏联解体后的俄罗斯私法理论与实践；
第二，1993—2006 年俄罗斯联邦民法典编纂工作；
第三，自 2008 年以来启动的俄罗斯联邦民法典完善计划；
第四，俄罗斯（个人）信息法学；
第五，独联体示范（民）法典运动；
第六，独联体示范信息法典。

三 人员情况

西南政法大学俄罗斯法研究中心现已形成规模严整、结构合理的研究团队。有研究人员11人，其中教授4人，副教授7人，均具有博士学位。

（一）领导成员

研究中心主任：张建文（任期年限：2007年至今）

研究中心执行主任：张力（任期年限：2007年至今）

研究中心副主任：淡修安（任期年限：2007年至今）

研究中心副主任：涂咏松（任期年限：2009年至今）

研究中心副主任：刘新（任期年限：2013年至今）

（二）研究团队

1. 淡修安（研究中心副主任、四川外国语大学教授），主要研究方向：俄罗斯文化、俄罗斯文学；

2. 涂咏松（研究中心副主任、西南政法大学副教授），主要研究方向：俄罗斯民法理论与实践；

3. 刘新（研究中心副主任、西南政法大学副教授），主要研究方向：国际法、欧盟法、国际航空法和国际空间法研究；

4. 刘向文（研究中心研究员、郑州大学教授），主要研究方向：俄罗斯联邦宪法与行政法；

5. 刘颖（研究中心研究员、西南政法大学副教授），主要研究方向：俄罗斯信息法学；

6. 魏磊杰（研究中心研究员、厦门大学副教授），主要研究方向：比较私法；

7. 杨艺（研究中心研究员、西南政法大学副教授），主要研究方向：俄罗斯语言文学研究；

8. 杨兴权（研究中心研究员、律师），主要研究方向：俄罗斯国家法理论与实践；

9. 张健华（研究中心研究员、法官），主要研究方向：俄罗斯私法理论与实践。

四 主办刊物

西南政法大学俄罗斯法研究中心正在积极筹办《比较私法研究》电子或纸质刊物，为学界同人提供交流争鸣之平台，共同推进俄罗斯法学研究。

五 学术活动

（一）参加学术会议情况

1. 张建文主任参加中国比较法学研究会年会

2017年9月23—24日，中国法学会比较法学研究会2017年年会在苏州大学王健法学院东吴大讲堂举行。张建文主任作为比较法学研究会常务理事参加了年会，并担任大会第二单元"比较法学教育（一）"主持人，与由南京财经大学法学院陶广峰教授共同主持发言和点评。

本次会议由中国法学会比较法学研究会主办，苏州大学王健法学院承办。来自清华大学、北京大学、中国政法大学、西南政法大学、华东政法大学等科研机构以及最高人民法院、最高人民检察院等实务部门的150余位专家学者，围绕"比较法学的教育与研究"之主题，进行了为期一天半的深入交流与研讨。

2. 张建文主任做"《民法总则》的颁行与国家治理体系和治理能力现代化"专题讲座

2017年9月28日,张建文主任应邀参加四川省江安县委中心组学习(扩大)会暨"百名法学家百场报告会",并做专题讲座。

会上,张建文主任对《民法总则》的颁行与国家治理体系和治理能力现代化进行深刻剖析,以理论联系实际的方式从《民法总则》基本规定、民事权利、民事法律行为、民事责任等几个方面深入浅出地引导与会人员理解领会《民法总则》的要义。此次报告既有理论高度,又有大量实际案例做支撑,具有很强的实用性,进一步坚定了广大干部落实好依法治国基本方略、依法执政基本方式的信心和决心,提高了行政机关工作人员特别是领导干部"立德树人,德法兼修"的意识。

四川省江安县政协主席黄明,县委常委、县纪委书记钟军,县委常委、宣传部部长蒋龙珍,县委常委、统战部部长刘万明,副县长杨利,副县长曾广等县领导出席报告会。全县共300余人参加此次会议。此次报告会受到参会人员的热烈欢迎,与会人员纷纷表示将争取做到学以致用,努力提高自身运用法治思维和法治方式处理相关事务的能力和水平。

3. 张建文主任应邀参加第四届"新兴(型)权利与法治中国"学术研讨会并做主题发言

2017年11月10—11日,由《法学论坛》《河南大学学报(社会科学版)》《求是学刊》《学习与探索》《北京行政学院学报》《苏州大学学报(哲学社会科学版)》《东北师范大学学报(哲学社会科学版)》《江汉论坛》八家CSSCI来源期刊联合主办,《法学论坛》编辑部和烟台大学法学院联合承办的第四届"新兴(型)权利与法治中国"学术研讨会在烟台大学举行。张建文主任应邀参加本次研讨会,就会议所涉议题进行主题发言。

张建文主任主要围绕司法实践中新兴权利保护的合法利益判定这一关键问题展开发言,并结合司法案例提出了合法利益判定标准的"两阶段、五要件"的检测方法,即合法利益判定首先面临我国权利法定主义的检测,其次是利益合法性判定的四要件检测(利益的直接相关性、利益的非类型化性、利益的正当性和利益保护的必要性)。张建文主任还认为,对作为具有准权利地位的合法利益的保护同样要考虑遵守权利行使的原则和要求。张建文主任的主题发言得到了与会专家的充分认可。

4. 张建文主任应邀参加"2017年中国宗教法治高端论坛"

2017年11月18—19日,张建文主任应邀参加由中国人民大学法律与宗教研究中心主办的"2017年中国宗教法治高端论坛",并就《民法总则》有关宗教活动场所法人议题进行主题发言。

张建文主任主要围绕《民法总则》关于宗教活动场所法人化这一关键问题展开发言,结合司法案例分析了宗教活动场所法人制度在性质定位、适用条件、适用范围、治理结构和监督机制等方面的具体问题,并对相关规范存在的不足提出了具有针对性的完善建议。

5. 张建文主任应邀参加"西南政法大学首届人工智能与法律高峰论坛"

2017年12月22日,由西南政法大学主办,西南政法大学高等研究院、西南政法大学人工智能法律研究院、重庆市网络安全法治研究中心联合承办的"西南政法大学首届人工智能与法律高峰论坛"在重庆市渝北区维也纳国际大酒店贝多芬厅举行。张建文主任应邀参加本次大会,就会议所涉议题进行主题发言。

张建文主任主要围绕人工智能与机器人的法律调整:阿西莫夫法则的贡献与局限为主题展开发言。张建文主任介绍了阿西莫夫法则的发展过程与基本内容,分析了阿西莫夫法则所蕴含的人类与机器人关系的定位，从欧洲议会机器人民法规范决议关于机器人调整的任务对阿西莫夫法则的局限性进行反思，并提出要在此基础上发展和制定新的人类与机器人关系规范的价值及现实出路。

6. 张建文主任应邀参加"第八届中国信息安全法律大会"

2017年12月15日，由多家政府部门联合指导，西安交通大学、公安部第三研究所、中国信息通信研究院互联网法律研究中心、北京邮电大学互联网治理与法律研究中心、中国网络空间安全协会网络空间安全法律与公共政策专业委员会等单位联合承办的"第八届中国信息安全法律大会"在北京万寿宾馆举行。张建文主任应邀出席本次大会，就会议所涉议题进行主题发言。

张建文主任主要围绕俄罗斯个人信息保护法及其对中国的启示为主题展开发言。张建文主任以目前俄罗斯最新版本的《个人信息法》为蓝本，为国内介绍俄罗斯个人信息立法的基本制度和保护机制，特别是阐明俄罗斯个人信息法的全貌和与欧盟公约相比较而言的重要差异，从而为我国的民法典编纂和个人信息立法创制提供更有效更全面更细致的比较法助益。

7. 张建文主任做客北京师范大学主讲俄罗斯个人资料保护法评析

2017年12月15日晚上7点，张建文主任应北京师范大学法学院、亚太网络法律研究中心之邀在北京师范大学图书馆楼1922会议室做了题为"俄罗斯个人资料保护法评析"的学术讲座。讲座由北京师范大学法学院刘德良教授主持。华东政法大学知识产权学院院长高富平教授、上海政法学院经济法学院刘越教授、北京师范大学法学院冯凯老师作为点评嘉宾，部分法学院博士生、硕士生参加讲座。

张建文主任以目前俄罗斯最新版本的《个人资料法》为蓝本，系统讲述了俄罗斯个人资料立法的基本制度和保护机制。重点介绍了该法的立法背景、立法目的、适用范围、个人资料处理的原则、条件与分类、个人资料主体的权利、个人资料处理人的义务以及个人资料主体权利保护主管机关等内容。

在提问与交流环节，高富平教授认为应当区分不同国家的个人资料法律保护模式，并依据立法背景来考察具体制度的差异。刘越教授、冯凯老师和部分学生针对俄罗斯法上的个人资料保护热点问题向张建文主任提出请教，张建文主任逐一答疑解惑。刘德良教授在总结中表达了对张建文主任讲座内容的肯定，也对我国未来个人资料的研究充满期待。

8. 张建文主任应邀参加首届"人工智慧与未来法治学术研讨会"

2018年1月6日，由中国法学会法理学研究会、西北政法大学、山东大学法学院主办，西北政法大学中华法系与法治文明研究院、司法文明协同创新中心、《法律科学》编辑部联合承办的"人工智慧与未来法治学术研讨会"在西北政法大学图书馆一楼会议室举行。张建文主任应邀参加本次大会，就会议所涉议题进行主题发言。

张建文主任主要围绕格里申法案的贡献与局限——俄罗斯首部机器人法草案评述为主题展开发言。张建文主任介绍了格里申法案的起草背景、基本框架与主要内容，分析了格里申法案所蕴含的机器人—代理人的法律地位、行为责任以及管理问题，从整体上肯定了格里申法案关于机器人法律调整的重要贡献，并从机器人法律定位方面剖析了格里申法案存在的不足之处，最后提出了格里申法案对于我国机器人法律调整带来的启发意义。张建文主任的主题发言得到了与会专家的充分认可。

9. 张建文主任参加"新时代人权与外交"研讨会

2018年4月26日，张建文主任参加由西南政法大学人权研究院和察哈尔学会联合举办的"新时代人权与外交"研讨会，在西南政法大学渝北校区顺利举行，并担任"'一带一路'倡议与人权"议题单元主持人。

在该环节，龙兴春教授、刘容研究员、张晓君教授、吴喜教授、陆志安副教授围绕"一带一路"建设中的人权问题展开热烈讨论，察哈尔学会国际咨询委员会联席主席、外交部外交政策咨询委员会委员吕凤鼎就上述发言展开精彩评论和总结。

10. 张建文主任参加中国比较法学研究会2018年年会

2018年4月20—22日，张建文主任作为常务理事会参加了在宁波市举行中国法学会比较法学研究会2018年年会，并担任"比较法与民商经济法改革"单元的主持人。

在该环节，由张礼洪教授、李畅副教授、冉昊研究员和何启豪副教授分别就民法典的危机、中韩专利法比较、财产权的历史变迁、公权与私权合作等议题展开报告，薄燕娜、张洪、封红梅、杨昌宇等人随后就上述议题展开精彩评议。

11. 张建文主任应邀参加"2018中国数据法律高峰论坛"

2018年5月19日，由华东政法大学数据法律研究中心主办，中国人民大学未来法治研究院协办的"2018中国数据法律高峰论坛"在上海华东政法大学长宁校区顺利举行。本次会议的主题是"中美对话大数据时代的个人信息保护新模式——隐私场景理论"。张建文主任应邀参加论坛，就会议所涉议题进行主题发言。

张建文主任主要围绕大数据时代背景下个人隐私面临的挑战及其保护展开发言。张建文主任认为，尽管大数据时代注重挖掘和利用数据背后的经济利益以迎合产业发展的需要，但是绝不能以牺牲用户的个人隐私为代价。在收集、使用个人信息的利益驱动下，更应当重审和强调个人隐私保护的法律价值，企业隐私保护政策的合规性将是其保持有效竞争力的关键因素。

12. 张建文主任应邀参加"2018·中欧人权研讨会"

2018年6月28日，由中国人权研究会和国际人权研究院共同主办，西南政法大学人权研究院和法国ADELIE语言与文化交流协会共同承办，法国斯特拉斯堡大学、比利时荷语布鲁塞尔自由大学和欧洲政治和战略交流研究所协办的"2018·中欧人权研讨会"在位于比利时布鲁日的欧洲学院举行。本次研讨会主题为"文明多样性与人权保障"。张建文主任应邀参加论坛。

来自中欧人权领域的60多位专家学者当天围绕多元世界中的人权理论与实践、东西方人权观念的差异、文明多样性下的人权交流与对话、寻求多元文明的人权共识、文明多样性与《世界人权宣言》等内容进行了讨论。张建文主任以"作为新兴权利司法保护方法的一般人格权"为主题进行了发言。他认为，我国司法政策和司法解释中不同于德国法的一般人格权观念，这尽管并非出于保护新兴权利的考虑，但奠定并催生了一般人格权的立法化进程。《民法总则》第109条规定的一般人格权和第110条规定的具体人格权，既是我国既有司法解释所规定进路的合理发展，也是对我国民法人格权体系的重构。需要重新认识一般人格权的性质及其与具体人格权的关系，重新认识一般人格权与其他人格利益概念在制度功能和实现方法的分野与衔接。

（二）媒体采访

1. 2017年4月18日，张建文主任接受中国日报网采访：《民法总则》作为新时代私权保障宣言书

张建文主任认为，《民法总则》新增胎儿利益保护的内容，在监护制度一节中还构建了以家庭监护为基础、社会监护为补充、国家监护为兜底的监护制度，能够更好地保护未成年人和丧失民事行为能力的成年人的合法权益。这充分显示了《民法总则》的人文关

怀精神。自然人的个人信息受法律保护，彰显了立法的时代性特征。互联网时代，个人信息权是网络安全的基础。《民法总则》明确自然人的个人信息受法律保护，意味着个人信息独立于隐私权，将获得法律的直接保护。

2. 2018年1月11日，张建文主任接受《南方周末》采访：还有多少APP在窥视你的个人隐私、支付宝"2017年账单"事件背后

支付宝在2017年度账单首页设置"我同意《芝麻服务协议》"的默认选项，引发了社会公众关于用户数据隐私、数据权益保护问题的关注。2018年1月11日，张建文主任接受《南方周末》记者采访，就支付宝"2017年账单"事件背后的法律问题提出了自己的观点和看法。

针对支付宝账单中设置"默认同意"的做法，张建文主任认为，支付宝在此事件中除了违背基本的商业道德外，更是违反了《中华人民共和国消费者权益保护法》中的相关规定，明显侵害了消费者的自主选择权。面对当前这个越来越以数据为基础的社会，如何才能保障个人的数据权益？张建文主任认为，应当积极推动个人信息保护法的出台，通过专门的个人信息保护立法为用户的数据隐私提供全面有效的保护规范。此外，在执法层面，应当加强执法效果，对于违反用户数据隐私的违法行为予以严格执法。

3. 2018年3月25日，张建文主任接受《民主与法制时报》采访：全面应用身份证"网证"仍需法律赋权

张建文主任接受《民主与法制时报》记者采访，就全面应用身份证"网证"背后的法律问题提出了自己的观点和看法。张建文主任认为"网证"仍将面临如何应用推广的问题。公安机关签发"网证"的初衷是提高公共服务智能化水平，便利公民的日常生活。尽管我国移动互联网普及率较高，但是针对一些特殊人群比如老年

人可能并不能熟练操作智能手机等电子设备,因此在推广使用"网证"的同时,既要完善相关的配套措施,又要充分保证公民使用实体身份证办理事务的权利。

针对身份证中是否应当登记指纹信息,这在当年居民身份证法修订时争议最大。张建文主任对此认为,居民身份证最基本的功能在于证明主体身份,证明主体身份与收集指纹信息没有必然的关联,并且大规模收集公民的指纹信息也不符合公法上比例原则的要求,甚至可能会对公民的信息安全带来严重风险。因此,从完善居民身份证制度的角度出发,应当取消对公民指纹信息的收集,至少是应当建立公开、透明、严密的公民指纹信息资料保护制度和机制。

"网证"的出现,在便利公民生活之时,对于如何保障公民信息安全将成为一项重要议题。张建文主任认为,"网证"的使用将引发新技术条件下公民信息安全保障的问题。据了解,"网证"以"网证+刷脸"模式进行身份验证,商业机构仅能收到公安机关出具的验证结果,并不直接接触到公民的个人信息。但是,在公共管理与商业机构合作的模式下,很难完全保证身份验证过程的私密性与独立性,在验证过程中公民的个人信息并非获得绝对的安全保障。

六 科研成果

(一) 著作

张建文等:《被遗忘权的法教义学钩沉》,商务印书馆(待出版印刷)。

内容摘要:随着数字化技术和互联网的发展,记忆和遗忘之间的格局已经被颠覆。尤其是 21 世纪以来,互联网飞速发展,社交网站和自媒体等融入了人们的日常生活，亦对个人信息及隐私权的保护带来了严峻挑战。在这种背景下，被遗忘权成为一种新兴的权利类型以及学术热点。被遗忘权最早出现在西方国家的法律理论研究中，在近年扩展至世界各国。欧洲法院（ECJ）在2014年就"谷歌公司诉冈萨雷斯案"做出先决裁定，开创了被遗忘权在司法实践中的先河。欧盟在2016年所通过的《一般信息保护条例》（GDPR）中实现被遗忘权在法律上的有名化。俄罗斯联邦也在2016年迅速仿效欧盟，通过了被遗忘权的相关立法。2015年12月9日，被称为"我国被遗忘权第一案"的"任甲玉诉北京百度网讯科技有限公司案"二审审结，该案体现了我国司法实践对被遗忘权的保护立场。但是，作为新兴权利的被遗忘权在权利形态、法律属性、具体内容等方面也一直备受质疑。本书围绕这些问题展开深入研究。通过对被遗忘权本体论和比较论的考察，有助于厘清被遗忘权的产生渊源、价值定位、法律内涵以及具体内容，为进一步探索被遗忘权的中国本土化实践路径，从而为完善个人信息保护机制以及营造良好的网络服务环境奠定坚实的理论基础。

（二）论文

1. 张建文：《俄罗斯个人资料法研究》，《重庆大学学报》（社会科学版）2018年第2期。

内容摘要：俄罗斯个人资料法以在《自动化处理个人资料时保护自然人欧盟公约》为基础，以保护包括隐私权在内的处理个人资料时人和公民的权利与自由为宗旨，适用于包括非自动化个人资料处理在内的所有个人资料处理。其立法的最鲜明特色在于，以最大篇幅规定了个人资料处理人的义务，以此保障个人资料主体权利的实现，同时，明确规定了俄罗斯公民个人资料必须在俄罗斯境内保存的本地化保存要求，在作为法人的处理人内部设立个人资料专员制度。在国家监督与监察方面，创设了非独立的行政机关模式的个人资料主体权利保护主管机关，而非追随欧盟所倡导的独立的个人资料保护机关模式。

2. 张建文：《人工智能技术的发展对法学教育的影响与应对》，《北京航空航天大学学报》（社会科学版）2018年第2期。

内容摘要：今后法学教育发展要认真评估人工智能技术的发展对法学教育和法学研究的影响。法学教育不会也不可能被人工智能技术取代，因为教育是塑造培养人的过程，不仅仅是知识的传递，还要形成价值的判断，并学会用正确的价值标准进行价值判断，人工智能可以使用相关性进行关联和模拟，但是却取代不了人的判断。在培养专业领域的专业人才、职业人才以及培养知识的过程中，有必要重申法学教育的自由教育、人文教育的本性，不能过度强调甚至强化法学教育的职业教育的一面，更不能把法学教育办成职业技术教育。法学教育的一个立足点就是要谋划长远，对学生要做更长远的考虑。

3. 张建文：《格里申法案的贡献与局限——俄罗斯首部机器人法草案述评》，《华东政法大学学报》2018年第2期。

内容摘要：俄罗斯学者起草的作为俄罗斯第一部机器人法草案的格里申法案，提出了机器人在不同法律关系中和发展阶段的定位。作为类似于动物的财产定位，意味着在人类高于机器人的关系模式之下，人类将有可能对机器人承担在行使权利时，不违背人道原则残酷对待机器人的义务；作为准主体的定位，意味着机器人可能在有限的特别权利能力范围内获得权利主体性，将具有主体性的机器人归于法人行列；作为高度危险来源的定位，意味着在机器人与人类之间相互交往的安全性得不到绝对保障的情况下高度危险来源占有人责任规则在机器人发展的所有阶段，均具有重要的实践价值。

4. 张建文（第一作者）：《以"合法利益"为基础的新兴权利司法保护模式之构建》，载《国家法官学院科研部会议论文集》，获得最高人民法院主办的全国法院第二十九届学术讨论会征文二等奖。

内容摘要：相对于人身权、财产权等传统型权利，一些没有纳入到法定权利之中的新兴权利开始走进法学视野，其中部分包含合法利益的新兴权利因受到侵害被其相关主体诉诸司法，希望得到司法的肯定与保护。在我国，值得保护的合法利益模式在思考方法和逻辑方法上占据了新兴权利保护司法确认的主流地位，成为司法实践中关于新兴权利保护的主要模式。但是，某种利益在司法实践中是否为合法利益，需要依据特定的标准进行检验和分析，如何确定该标准，具有较强的实践性，立法没有为此提供更多的指引和规定。本文以涉及人格利益（如被遗忘权、哀思权、贞操权、受精胚胎的监管权与处置权等）的典型裁判案例为研究对象，对新兴权利的保护现状进行梳理归纳，并构建以"合法利益"为基础的新兴权利司法保护模式。

5. 张建文：《在法治轨道上保障宗教信仰自由》，《光明日报》（理论版）2018年4月4日第2版。

内容摘要：宗教信仰自由，是中国共产党和中国政府长期坚持的一项基本政策，也是中国宪法赋予公民的一项基本权利。依法保障公民的宗教信仰自由，是维护人民合法利益、尊重和保障人权的重要体现。改革开放以来，我国宗教工作逐步从依政策管理转向依法律调整的道路。宗教信仰自由不等于宗教活动可以不受法律约束。中国坚持依法协调处理保障宗教信仰自由与管理宗教事务的关系，坚持保障宗教活动与国家安全、社会和谐相统一。在法治轨道上保障宗教信仰自由，是正确处理宗教领域各种矛盾和问题的基本原则。在新的历史条件下，随着中国宗教工作的法治化水平不断提升,公民的宗教信仰自由将得到更加有效的法治保障。

6. 张建文:《新兴权利保护中利益正当性的论证基准——以约为婚姻诱使他人与自己发生性关系的裁判立场为基础》,《河北法学》2018年第7期。

内容摘要:在我国,对作为新兴权利的所谓贞操权(性自主权)的裁判有两种大相径庭的裁判结论,值得作为新兴权利保护利益正当性论证的重要问题。一是借鉴德国民法典故意违背善良风俗加害于他人的侵权行为类型,保护约为婚姻诱使他人与发生性关系案型中女性的贞操权;二是借鉴德国民法典关于女性性自主权的规定,强调两性平等和尊重男女性自主权,承认成年女性在性关系领域中的自我决定能力,同时也能够为自己的决定承担后果和责任,倾向于否定在所研究的案型中有值得保护的合法利益。这种两种直接相互抵牾的裁判立场中凸显了在具体的新兴权利保护中裁判基准选择的极端重要性,这种选择受到社会变迁和生活传统的强烈影响。

7. 张建文(第二作者):《智能医疗机器人侵权的归责进路与制度构建》,《长春理工大学学报》(社会科学版)2018年第4期。

内容摘要:具备深度学习和自主决策能力的智能医疗机器人有可能对传统侵权主体、主观过错、因果关系、归责原则带来颠覆性的改变。现阶段,医疗责任和产品责任能够较为妥善地解决损害的填补问题,高度危险责任能够在将来通过市场化途径解决不可预测性带来的非人为性风险。不妨借鉴欧洲议会的《机器人民事法律规则》,设立专门的监管机构和登记制度,通过强制性保险计划和赔偿基金项目达到损害填补与风险预防、科技进步与社会安全的有机统一。

8. 张建文(第一作者):《无人驾驶汽车致人损害的责任分析与规则应对》,《重庆邮电大学学报》(社会科学版)2018年第

4期。

内容摘要：无人驾驶汽车对以驾驶人员主观过错为基础的机动车交通事故责任产生了颠覆性影响，但其精密的人造物属性和"社会允许的发展风险"的特征亦为产品责任和高度危险责任的适用提供了理论基础。在现行交叉管理的行政体制下，我国不妨设立国家智能汽车创新发展领导小组，改革驾驶人员资格制度和累计记分制度，为无人驾驶汽车安装"黑匣子"并建立省级"黑匣子"分析中心，通过"双保险"制度和赔偿基金并行的方式实现国家监管、技术创新与受害人救济的综合平衡。

（撰写人：高完成，审稿人：张建文）

兰州大学
中亚研究所

一 重要沿革

兰州大学中亚研究所（ICAS）成立于1994年3月，是国内较早建立的中亚问题研究机构。自建所之日起，研究所就以促进中国与中亚国家之间的友好关系、维护国家西北边疆安全为宗旨；坚持地方特色和国家重大需求相结合，理论和实际相结合，科学研究和人才培养相结合；为党和国家相关部门提供决策建议并培养高水平的专门研究人才。

多年来，研究所以中亚、反分裂、反恐为主要研究方向，取得了丰硕的学术成果。同时在为政府决策服务方面做了许多工作，获得了多个部委的好评，取得了良好的学术和社会声誉。2011年，教育部批准我所建立了国别与区域发展培育研究基地——中亚研究所，2017年又批准建立了阿富汗研究中心。近年来，我所在智库建设方面取得了明显进展，成为多个国家级智库的成员：

"一带一路"智库合作联盟理事单位（2015年）；

新疆智库成员（2015年）；

金砖国家智库合作中方理事会理事单位（2017年）；

中俄战略协作高端合作智库理事单位（2017年）；

中国智库索引（CTTI）首批来源智库。

二 研究方向

长期以来，研究所依托兰州大学综合性大学的多学科优势，对中亚与上海合作组织、反分裂、反恐、中国特色国际关系理论进行了全面研究，研究工作兼顾基础理论与实际应用，并在上述研究领域居全国高校前列。目前，我所的特色研究领域主要集中在以下几个方向：

第一，中亚及上合组织研究。兰州大学中亚研究所是国内较早建立的专事中亚及上海合作组织研究的专业学术机构，从政治、经济、民族、宗教、历史、文化、科教、资源环境及人口诸领域对中亚进行了综合性的研究，研究工作兼顾基础理论与实际应用。在涉中亚和上海合作组织研究方面，对中亚国家的政治、经济、社会转型，中亚国家间关系，上海合作组织在中亚地区的功能与合作，大国的中亚政策，中亚的伊斯兰极端主义、毒品、水资源、能源、矿产资源、中亚国家间边界及中亚国家的周边关系等进行了深入研究，并有一批研究成果问世，多项政策咨询报告被采纳。经过20余年的努力，兰州大学的中亚研究取得了丰硕的成果，已成为兰州大学社会科学研究领域中有重要影响的研究方向。在上述领域的研究水平和成果，居于全国高校之首、国内前列，在国内外具有较高的知名度。

第二，反分裂研究。兰州大学中亚研究所是国内唯一一所以反分裂理论建设为重点研究方向的科研机构。反分裂事关国家政治和社会稳定以及制度安全，反分裂斗争的理论和实践研究，对国家稳定和发展具有重大现实意义。我们以我国反分裂斗争的实践为基础，做了大量理论探索和政策咨询工作，并取得了突出的成绩。在反分裂的理论建设方面取得的重要成绩有：提出了分裂主义的定义和分类，总结分析了分裂主义产生的原因、发展过程、行为特征；研究了分裂主义国际化的基本过程与特征及其社会危害；研究了分裂主义与国家认同的关系及其对策；较系统地提出了文化反分裂的理论和政策；系统研究了新疆分裂主义的国际环境，以及中亚地区与新疆分裂主义的关系。针对当前我国的反分裂斗争缺乏必要的理论指导的现实，在反分裂理论的研究方面做了大量的研究工作，并且注意反分裂理论与我国反分裂的实践相结合，在构建具有中国特色的反分裂理论方面居于全国领先地位。

第三，反恐怖主义研究。恐怖主义严重影响我国的社会稳定与人民群众的生命财产安全，我国的恐怖主义具有很强的政治诉求，与伊斯兰极端主义、分裂主义联系紧密，其危害已经从新疆地区向内地外溢；境外国际恐怖主义对我国的恐怖主义和反恐斗争影响很大。本学科反恐研究紧贴国家现实重大需求，长期跟踪研究反恐理论与对策问题，在反恐方面的研究主要集中在恐怖主义的国际化、网络恐怖主义、"伊斯兰国"的意识形态构架、国际恐怖主义对我国反恐斗争的影响、伊斯兰极端化及"去极端化"等问题进行了深入研究，成果丰富。在反恐研究方向的研究成果和地位已获得学界和国家有关部门的认可，尤其在新疆的恐怖活动、中亚的伊斯兰极端—恐怖主义、各国的反恐政策、网络恐怖主义、"去极端化"研究、"伊斯兰国"研究等方面具有较广泛的影响，先后承担了十余项国家社科基金项目及有关部委委托项目，公开发表的相关成果居高校前列，相关专家被国家反恐办、中央新疆办等部门聘为政策咨询专家。

第四，中国特色国际关系理论研究。该研究方向坚持马克思主义理论为指导，将党和国家在不同时期，特别是改革开放以来对国际问题所做的判断、论述进行认真梳理和深入研究，为构建中国特色国际关系理论做出贡献。密切结合国家对外战略和对外关系不断发展变化的形势，为党和国家制定对外战略、调整对外关系、为中国的和平发展与和谐世界的构建服务。近年来，我们深入研究了中国新时期的对外战略，反对用西方国际关系理论比附中国历史经验的倾向，坚持建立中国特色国际关系理论的必要性，并对和谐世界观展开了多角度的研究。

第五，"一带一路"相关问题研究。2013年"一带一路"倡议提出以来，中亚所结合自身优势与特长主要围绕"一带一路"建设中面临的安全风险进行了多方面的研究，涉及丝绸之路经济带核心区新疆的长治久安问题、中南亚及中东等"一带一路"途经地区的安全形势、上海合作组织参与"一带一路"建设、"一带一路"沿线国家和地区的反恐等问题。

三 人员情况

兰州大学中亚研究所现有专职研究人员12人，兼职研究人员7人，所长为杨恕教授，副所长为汪金国教授。

现任领导：杨恕，所长，任期1996年至今。

汪金国，副所长，任期2005年至今。

历任领导：杨建新，所长，任期1994年至1996年。

马曼丽，副所长，任期1994年至1999年。

科研团队：

方向一：中亚及上合组织研究团队

1. 杨恕：中亚研究所所长，教授，主要研究方向：中亚问题研究、上合组织研究；

2. 陈小鼎：政治与国际关系学院副院长，教授，主要研究方向：上海合作组织研究；

3. 焦一强：副教授，主要研究方向：中亚国家转型研究；

4. 周明：副教授，主要研究方向：中—南亚极端主义研究。

方向二：反分裂主义研究团队

1. 李捷：副教授，主要研究方向：反分裂理论；

2. 曹伟：讲师，主要研究方向：反新疆分裂研究；

3. 张玉艳：讲师，主要研究方向：反新疆分裂研究。

方向三：反恐怖主义研究团队

1. 汪金国：政治与国际关系学院院长，教授，主要研究方向：中—南亚恐怖主义；

2. 朱永彪：中亚研究所所长助理、阿富汗研究中心主任，副教授，主要研究方向：中—南亚极端主义研究；

3. 郭琼：副教授，主要研究方向：中亚极端主义研究。

方向四：国际关系理论研究团队

1. 曾向红：政治与国际关系学院副院长，教授，主要研究方向：国际关系理论、中亚中东问题；

2. 马国林：讲师，主要研究方向：国际关系理论研究；

3. 高婉妮：讲师，主要研究方向：美国亚太战略研究。

四　主办刊物

《中亚研究》（辑刊）由兰州大学中亚研究所于 2014 年创办，社会科学文献出版社出版，目前为半年刊，国内外公开发行。《中亚研究》主要刊发与中亚、上海合作组织、阿富汗、反恐等问题相关的学术论文，主要涉及但不限于外交、安全、政治、经济、历史、文化等问题。

《新疆问题研究通讯》（内刊）创刊于 2017 年 1 月，主要刊发国内外涉新疆问题的研究成果，包括原创成果与翻译作品。目前一年发行 7 期，主要面向国内关心新疆问题的学人。

五　学术活动

"全国中亚学术研讨会"，1995 年兰大中亚所与北京大学亚非研究所（后为北大国际关系学院）、甘肃国际友好联络会发起组织了中国首次中亚学术研讨会，之后成为系列会议，每年召开一次，中国社科院俄罗斯东欧中亚所、华东师大俄罗斯研究中心、新疆社科院中亚所、陕西师大中亚所等也加盟承办会议，迄今为止已召开 19 届，产生了较为广泛的影响。

"中—南亚恐怖主义与地区安全研讨会"发起方与联合主办方，该论坛发起成立于 2011 年，目前已举办 8 届，主要关注中亚地区及巴基斯坦、阿富汗等地区的极端主义、恐怖主义、分裂主义威胁及其对地区安全与世界和平的影响。

"全国反分裂理论研讨会"主办方及发起方，该论坛主要关注研究我国新疆分裂主义、西藏分裂主义、台湾分裂主义、香港分裂主义的发展动态。2012 年、2014 年和 2017 年分别成功举办了第一、二、三届研讨会，得到国内有关部门和相关学术机构和学者的大力支持与持续关注。

2018 年 8 月 23 日至 24 日，兰州大学中亚研究所与上海社会科学院、中国人民大学国家发展与战略研究院三家单位在兰州联合召开了"'一带一路'研究专项项目协调与推进会"。此次会议由兰州大学政治与国际关系学院、兰州大学中亚研究所主办，会议目的在于推进国家社科基金"一带一路"国别与地区研究专项项目取得切实进展，同时交流阶段性研究成果，规划下一步研究工作。

六 科研成果

(一) 著作

1. 曾向红:《社会运动理论视角下的中东变局研究》,中国社会科学出版社 2018 年版。

内容摘要:始自于 2010 年底的中东变局,对地区局势和国际格局产生了深远影响。相较于国外学术界对中东变局做了丰富的研究,国内学术界的相关著作不仅数量有限,而且大多属于描述性的研究。本书的创新之处在于,作者通过运用社会运动理论,对中东变局的背景、过程、动力、影响等问题做了较为全面和深入的理论分析,从而为人们了解这一复杂的国际关系现象提供了新的视角和观点。

2. 高婉妮:《战后美国在亚太地区的权威研究》,社会科学文献出版社 2018 年版。

内容摘要:该书从权威关系的角度考察了冷战期间与冷战之后美国与亚太地区的主导与跟从关系。主导国与跟从国之间的权威一般低于国家与其国民之间的权威程度。在国与国权威中,主导国为跟从国提供的安全、秩序或其他福利通常范围更为狭窄,也容易受到外界影响。由于认识到这点,无论是主导国还是跟从国,都会在权威关系的投资中有所保留,这反过来也令权威的维持更加脆弱。这一点在美国的亚太地区的权威中就有体现。

(二) 论文

1. 曾向红、邹谨键:《反恐与承认:恐怖主义全球治理过程中的价值破碎化》,《当代亚太》2018 年第 4 期。

内容摘要:国际社会在治理恐怖主义的过程中存在价值破碎化

现象。如在打击国际恐怖主义的过程中，以美国为首的西方国家坚持国家主权不应是国际反恐行动的屏障，而且试图以政权更迭和民主移植的方式达到消除恐怖主义的目的；而以中国、俄罗斯为首的非西方国家则坚持反恐不能以削弱国家主权为代价，而需尊重他国的历史、文化、发展道路等特殊性。从承认理论的角度进行观察，尊重其他国家的国家主权和要求捍卫人权属于"薄的承认"，尊重其他国家的独特身份属于"厚的承认"。文章认为，恐怖主义全球治理过程中的价值破碎化现象，主要源于不同国家在反恐过程中对待"薄的承认"与"厚的承认"的不同态度，这种破碎化现象同时也反映了这种不同态度。西方国家虽然强调个人层面的"薄的承认"，但只是选择性地，甚至拒绝给予非西方国家国家层面的"薄的承认"和"厚的承认"。与之相反，非西方国家则在反恐过程中淡化个人层面的"薄的承认"，坚持认为国家相互给予国家层面的"薄的承认"与"厚的承认"不可或缺。国际社会在治理恐怖主义过程中存在的价值破碎化现象，不仅妨碍了国际社会对恐怖主义的有效治理，而且有可能对国际秩序的稳定造成冲击，其所带来的后果甚至比恐怖主义更为严重。

2. 杨恕、郭黎鹏：《民国时期中苏关系的三个层次（1917—1949）》，《俄罗斯学刊》2018 年第 3 期。

内容摘要：中华民国建立后，中央政府始终未能实现对全国的有效控制，国内各种政治力量之间及其与中央政权之间充满矛盾和冲突，甚至发生大规模的战争。同时，中央和地方政权与各种外国势力之间存在着错综复杂的关系。其中，苏联（苏俄）对华关系最为特殊，存在着三个主体和三个层次，即苏联政府和中国中央政府、苏联政府和中国地方政府、苏联与中国共产党。从 1917 年到 1949 年，中苏关系在大部分时间是中央政府层面的交往，苏联对华政策虽有国际共产主义的考虑，但更重要的是追求其国家利益，这使三层关系相互关联又相对独立，重心也发生转移。民国时期中苏关系的多层次和多主体特征使这一关系成为同期中国对外关系中最复杂的，并留下了诸多需要研究的问题，涉及领域除中苏关系之外，还有苏联史、国际共运史、共产国际史、民国史、中共党史等。多层次、多主体这一特征应该是研究民国时期中苏关系的基本出发点之一。

3. 杨恕、王术森：《社会认同理论视角下的中亚地区一体化》，《俄罗斯研究》2018年第3期。

内容摘要：根据社会认同理论，地区一体化需要完成"社会类别化""社会比较"和"社会认同"三个阶段。中亚地区目前处于社会比较阶段，推进该地区的一体化，需要各国进入社会认同的阶段。而俄罗斯倡导的各种地区一体化机制的存在与运行，是导致中亚国家难以进入社会认同阶段的外部原因之一。尽管不排除未来中亚地区一体化取得一定进展，但无论这种进展是在内部协调下取得的，还是在外部积极推动下实现的，均有赖于中亚各国之间超越目前的社会比较阶段进入社会认同阶段。2018年3月中亚峰会的召开，或许意味着中亚地区一体化进程有望获得重启。不过，中亚国家形成一种彼此认同的集体身份，仍是一个长期前景而不是眼前现实。

4. 周明：《乌兹别克斯坦新政府与中亚地区一体化》，《俄罗斯研究》2018年第3期。

内容摘要：米尔济约耶夫担任乌兹别克斯坦总统以后，乌便将修复和发展与中亚邻国之间的关系作为乌外交政策的优先目标。通过调整中亚地区政策，乌与其他四个中亚邻国之间的关系得到了显著改善。这种改善为中亚地区一体化的重启奠定了必要的基础。但由于乌外交政策的发展方向仍存在不确定性、中亚国家错综复杂的关系导致集体身份的形成困难重重、域外大国对中亚地区一体化所持的立场不明朗等原因，导致重获生机后的中亚地区一体化进程仍存在许多变数。

5. 曹伟、李捷：《习近平新时代反分裂观》，《统一战线学研究》2018年第3期。

内容摘要：习近平新时代反分裂观把推进祖国统一与实现中华民族伟大复兴相结合，把坚持"一国两制"和推进祖国统一列为新时代坚持和发展中国特色社会主义的基本方略之一，为新时代中国反对分裂主义、推进祖国统一描绘了战略蓝图。习近平新时代中国特色社会主义思想中的"五个自觉""八个明确"和"十四条基本方略"构成习近平新时代反分裂观的理论来源。在实现中华民族伟大复兴的战略目标下，习近平新时代反分裂观确立了国家、人民和中国共产党三大反分裂面向：在国家面向上，明确了国家统一不容挑衅的基本原则，设定了制度和国家性建设两条基本路径；在人民面向上，确立了以人民为中心的导向，树立了凝聚海内外中华儿女共同奋斗的精神旗帜；在中国共产党面向上，在关乎国家主权和领土完整的重大原则问题上清晰划出了红线，展现了战略自信。

6. 靳晓哲、李捷：《反恐语境下东南亚国家去激进化策略及其反思——以新加坡、印度尼西亚、菲律宾为例》，《东南亚研究》2018年第3期。

内容摘要：受"伊斯兰国"的影响，近年东南亚的极端主义有所滋长，进入新的发展阶段。在这种背景下，武力打击只是治标之策，并不能从根本上抑制极端主义的传播和危害。为了更好地维护地区和平与稳定，有效抑制极端主义，各国需要制定更能治本的去激进化措施。在东南亚各国中，新加坡针对极端人员的激进化过程制定了更有针对性的措施，从心理、宗教和社会等多方面入手，加强防范、干预和监督，取得了明显成效。相比之下，印度尼西亚和菲律宾的去激进化措施并不全面，执行效果也并不显著。总之，打击极端主义不仅要从武力打击入手，还应包含更有针对性的去激进化措施以及更有效的国际合作。

7. 马国林：《为什么没有英格兰学派的国际政治经济学？》，《国际政治研究》2018 年第 2 期。

内容摘要：英格兰学派的国际社会概念内含重要的经济要素，但该学派未能发展出系统的国际政治经济学理论。与英国学派的比较表明，主要原因在于英格兰学派在学科定位、思想来源和研究议题上长期形成的思维倾向。在学科定位上，该学派坚持国际关系的研究对象是当代国家间政治关系；在思想来源上，该学派注重从国际法、政治哲学和世界历史成果中汲取养分；在研究议题上，该学派集中关注国际社会的政治和战略维度，探讨社会、制度、秩序三者之间非经济的关联性。鉴于英格兰学派与英国学派在本体论、认识论和价值论方面存在着相当程度的不可兼容性，二者难以实现深度融合。与英国学派进行对话并适当扩展自身的研究议程，当是英格兰学派今后发展优先考虑的方向。

8. 杨恕、王术森：《独联体集体安全条约组织对外功能弱化的原因分析》，《俄罗斯东欧中亚研究》2018 年第 2 期。

内容摘要：独联体集体安全条约组织（以下简称集安组织）是俄罗斯在独联体范围内维护地区安全与稳定的重要力量。总体来看，集安组织的功能可以大致划分为对内和对外两个方面。在其对外功能中，集安组织有明显防范和对抗北约的意图。近年来，集安组织内部凝聚力有所下降，加之部分成员国与西方之间的合作不断加强，导致集安组织对抗北约的功能呈现不断弱化的趋势。乌克兰危机的爆发加快了乌克兰靠近北约的步伐，考虑到乌克兰危机中各方表态以及集安组织成员国与乌克兰的关系，集安组织其他成员国与俄罗斯共同对抗乌克兰的可能性很小。这意味着集安组织对抗北约的功能在相当程度上丧失。但该地区的安全形势依然十分严峻，这将促使集安组织在反恐、反极端主义等方面加强合作。

9. 曾向红：《为何而战？为谁而战？——恐怖主义、暴力与承认斗争》，《世界经济与政治》2018 年第 2 期。

内容摘要：从承认理论的角度研究恐怖主义能对恐怖主义为何以及为谁使用暴力等问题给出具有新意的回答。当前危害国际社会的恐怖组织如"基地""伊斯兰国""博科圣地"等，其成员在某种程度上是在为承认而斗争。他们所追求的承认是渴望获得一种与以美国为首的西方国家及其盟友不同，但是平等甚至更为优越的集体身份。在恐怖分子运用暴力追求承认的斗争过程中，暴力至少具有工具性与构成性的双重功能。就其工具性功能而言，恐怖分子试图通过针对敌人的暴力或者自杀性恐怖袭击来消除行为体蒙受的羞辱，恢复荣誉与尊严。而就构成性功能而言，在与敌人进行斗争的过程中，暴力能够帮助恐怖分子明晰、建构和维持他们想象的集体身份，并展示这种集体身份的独特性甚至优越性。与其他政治行为体所追求的承认截然不同，伊斯兰极端主义是以摧毁敌人或者自我消灭的方式来开展承认斗争，故其追求的只是自我承认，而且是虚幻的承认。

10. 杨恕、王术森：《议题性质、威胁认知、共同利益与"可合作安全"》，《国际安全研究》2018 年第 2 期。

内容摘要：通过合作促进安全的理念越来越成为国际社会的共识。但是，在当前的国际安全合作中，普遍存在"多愿望，少行动"的现象。由于安全概念的泛化，国际社会几乎在所有安全问题上都表达出希望通过合作的方式来解决问题的意愿。但实际上，很多安全问题不可合作。"可合作安全"的概念是基于议题性质、威胁认知和共同利益的一种预设的状态。对议题性质的认定是安全合作的前提条件。如果安全合作对象在议题性质的认定方面观点不一致，那么安全合作不可实现；反之，安全合作是可能实现的。在安全合作对象关于议题性质观点一致的基础上,安全合作主要受威胁认知和共同利益两个因素的影响。如果安全合作的对象彼此威胁认知越小,且在应对安全威胁方面的共同利益越多,那么安全合作越可能实现;如果安全合作对象彼此威胁认知越大,且在应对安全威胁方面的共同利益越少,那么安全合作越难实现,甚至不可合作。"可合作安全"在应对安全威胁的实践中,可以为有关部门在什么问题上合作、与谁合作等提供思路,使国际安全合作更具针对性和目的性。

11. 张玉艳、杨恕:《论俄国突厥穆斯林运动的形成、发展与终结》,《俄罗斯研究》2018年第1期。

内容摘要:19世纪中后期,俄国出现了以梅尔加尼、纳吉利和费兹汉尼等为代表的突厥语民族改革家,他们推动了俄国突厥穆斯林的民族自觉意识。在此背景下,迦斯普林斯基形成了自己对俄国突厥穆斯林社会的政治、宗教、民族、文化、教育等问题的新思想,并成为全俄突厥穆斯林运动的领导人。扎吉德运动和全俄穆斯林大会,是俄国突厥穆斯林运动的两个主要载体,但二者之间相对独立。1907年第一次俄国革命结束后,由于帝俄政府采取限制性政策,俄国突厥穆斯林运动走向终结。

12. 李捷、雍通:《外国恐怖主义战斗人员转移与回流对中亚和俄罗斯的威胁》,《国际安全研究》2018年第1期。

内容摘要:自2011年以来,中东局势的剧变特别是"伊斯兰国"的兴起,吸引了数万名外国恐怖主义战斗人员奔赴伊拉克和叙利亚参与战事。随着"伊斯兰国"日渐溃败,此波规模空前的外国恐怖主义战斗人员的转移和回流,将对国际安全造成深远的影响。仅从这些人员个体性的角度,难以全面评估此类安全威胁。应在"伊斯兰国"全球战略布局、本土恐怖组织结合当地议题的发展与重组以及外国恐怖主义战斗人员活动网络的联结三个层面对其进行研究。在这三个层面的表现中,俄罗斯和中亚地区面临着日趋严峻的安全风险。一是两地外国恐怖主义战斗人员规模庞大,而且大多成为"伊斯兰国"及其部分分支的主力,并在世界各地多次发动恐怖袭击;二是组织性较强,"伊斯兰国"的效忠组织及分支将成为外国恐怖主义战斗人员回流及恐怖活动的重要载体,特别是"伊斯兰国呼罗珊分支";三是他们的转移和回流,不仅推动"圣战"萨拉菲主义等暴力极端主义的渗透,而且将提升俄罗斯及中亚恐怖主义的国际化水平。所以,如何增强上海合作组织、集体安全条约组织等的反恐能力及合作水平,施行针对回流的外国恐怖主义战斗人员的改造政策,对于维护地区安全有着重要的意义。

13. 杨恕、李亮:《寻求合作共赢:上合组织吸纳印度的挑战与机遇》,《外交评论》2018 年第 1 期。

内容摘要:在 2017 年 6 月阿斯塔纳峰会上,上海合作组织给予印度与巴基斯坦正式成员国身份,实现了成立后的首次扩员。对处于发展关键期的上合而言,成员国数量的增加、活动区域的扩展,将对其内部权力结构、利益模式、合作空间以及整体发展前景产生深远影响,而印度在上合内即将扮演的角色尤受瞩目。全面评估印度在上合的利益诉求,充分认识扩员的挑战与机遇,积极探索上合迎接挑战、把握机遇的路径,是上合现实发展的迫切需要,也是对扩员相关质疑的必要回应。而构建一条关于上合决策与研究的新思路,则是中国学术界应有的理论自觉。本文系统梳理了印度与上合及中亚成员国的互动过程,对印度谋求"转正"的现实诉求和战略意图进行了深入分析。面对扩员后的新形势,上合应着重从经贸合作、安全合作以及调解成员国冲突三个方面进行自我调适与提高,为组织本身创造新的发展动力,并为所有成员国构建一个在欧亚地区合作共赢的空间。作为对上合扩员最为敏感的成员国,中国除协同与引领其他成员国参与上合的调适之外,还应发掘扩员在国际制度发展、地区融合与中俄印三边互动等方面带来的机遇，发展出一种超越国别与短期利益的全新的上合决策与研究路径。

14. 曾向红、李孝天：《上海合作组织的安全合作与发展前景——以反恐合作为中心的考察》，《外交评论》2018年第1期。

内容摘要：上海合作组织框架内的安全合作迄今为止已取得长足发展。在此背景下，明确成员国参与上合以反恐为重心的安全合作的行为动机，有助于整体把握上合安全合作的现状及发展前景。在假设国家的行为动机只包含后果性逻辑与适当性逻辑的前提下，比较分析不同成员国反恐遵循不同逻辑的权重，有助于我们对各国的行为动机进行整体判断。不同成员国在反恐过程中遵循适当性逻辑的情况明显不同，中国较高，俄罗斯次之，中亚成员国最低。与之相应，上合成员国在反恐过程中遵循后果性逻辑的状况为：中亚成员国权重较高，俄罗斯次之，中国最低。实际上，上合的整个安全合作领域情形都大体一致，换言之，成员国主要基于后果性逻辑参与上合的安全合作，合作程度仍然较低。当前，在秉承"上海精神"的前提下，上合应"放低身段"并"改变行为"，满足成员国在涉恐等安全事务上的合理利益需求，促使它们更多地由适当性逻辑而非后果性逻辑主导反恐等行为。以安全合作为基础和主导方向，与以"发展对接"为共识的经济合作并行，并以人文合作为纽带，应该成为上合今后的主要发展模式。

15. 杨恕、王术森：《中亚与西亚的地缘经济联系分析》，《兰州大学学报》（社会科学版）2018年第1期。

内容摘要：在"一带一路"倡议中，六大经济走廊是其核心内容之一，中国—中亚—西亚经济走廊是欧亚大陆中部的一个重要建设目标。但是，作为地缘上相互毗邻的两个地区，中亚与西亚在互联互通、经济贸易等方面的联系并不紧密。主要表现在中亚与西亚之间交通运输线路少，交通基础设施落后，相互之间贸易额小，产业结构单一，贸易结构相似，贸易便利化水平低等。这种情况的出现，不仅有历史原因，也有现实原因。这不仅对中亚与西亚之间的合作形成障碍，也对当前中国—中亚—西亚经济走廊的建设造成明显的影响。除加强中西亚交通基础设施建设、促进中西亚国家产业结构协调发展、促进两个地区间贸易便利化外，还应该考虑借助"双重身份"国家独特的地缘政治、经济优势，加强中国与西亚国家的联系。

16. 曾向红：《恐怖主义的全球治理：机制及其评估》，《中国社会科学》2017年第12期。

内容摘要：恐怖主义的全球治理能否取得突破性进展，主要取决于国际社会能否形成完备和高效的治理机制。目前，针对恐怖主义的全球治理至少存在霸权治理、国际组织治理、混合型治理、大国协调治理四种主要机制。上述机制为应对和打击恐怖主义做出了重要贡献，但仍存在一定不足。从治理主体需要遵循后果性逻辑、适当性逻辑、情感逻辑与积习逻辑开展恐怖主义治理活动这一判断出发，可对恐怖主义的全球治理机制进行初步评估。目前，现有治理机制主要是基于后果性逻辑的思维反恐，只是部分落实了适当性逻辑的反恐精神，尚未系统贯彻基于情感和积习逻辑的反恐措施。如果要实现对恐怖主义的标本兼治，国际社会应该推动相关治理机制全面落实基于四种行为逻辑的治理措施，同时增进各机制平台之间的相互协调与配合。在此过程中，中国可以推动联合国、上海合作组织等反恐平台在恐怖主义全球治理过程中发挥更大的作用。

17. 曾向红、杨双梅：《论"无公认非国家行为体"的大国承认》，《世界经济与政治》2017年第12期。

内容摘要：当今世界面临严峻的分裂主义威胁。此前即已存在的俄罗斯车臣问题，近年来变得日益突出的苏格兰问题、库尔德问题、加泰罗尼亚问题等，均对地区安全与稳定产生了影响。由此衍生的一个重要问题是，如何应对这些"无公认非国家行为体"追求国际承认的诉求。截至目前，国际社会尤其是大国在承认无公认非国家行为体方面一直存在诸多争议，而且立场存在明显差异。对于这一问题，现有从国际法与国际关系学视角出发对大国为何在承认无公认非国家行为体方面立场迥异的研究成果难以充分说明这一问题产生的原因。事实上，寻求承认的行为体是否具备充分的准国家能力与大国围绕这些行为体所进行的战略考虑，是影响无公认非国家行为体能否获得大国承认的关键因素。结合大国对斯洛文尼亚与克罗地亚、科索沃、南奥塞梯的承认情况进行分析后可以发现，只有当无公认非国家行为体符合大国的战略考虑，且被承认实体的准国家能力足以维持其独立时，大国才会承认其独立地位。这一研究框架及相关结论对国际社会理解和应对无公认非国家行为体的承认问题具有一定的理论和政策启示意义。

18. 曾向红、陈科睿：《国际反恐话语双重标准的形成基础与机制研究》，《社会科学》2017年第9期。

内容摘要：国际反恐话语双重标准体现为对不同的受害国家群体表达不同的情感态度。在目前对反恐话语双重标准的分析中存在"舆论成见"与"现状成见"等缺陷，导致对其形成原因的解释不足。通过将"文明标准"与心理学研究中的共情视角纳入分析中，可以提供一种理解反恐话语双重标准形成原因的分析框架。"文明标准"确定了不同群体间的关系，即自我与别国是内群体还是外群体的区别。共情机制使得自我对内群体成员发生的恐袭反应激烈且充满同情，对外群体成员发生的恐袭反应温和并表现出冷漠的态度。明确反恐话语双重标准的形成基础与形成机制具有一定的理论与现实意义。就理论意义而言，这有助于澄清反恐话语双重标准的形成原因，纠正相关经验分析中存在的成见。就现实意义而言，有助于反思国际社会，尤其是西方国家在反恐问题上的表现，从而对改善恐怖主义的全球治理提供一定指导。

19. 周明：《恐怖组织的群体实体性与国际动员能力——基于"基地"组织与"伊斯兰国"的比较》，《社会科学》2017年第9期。

内容摘要：当前的恐怖主义展示出前所未有的国际化特征，具有较强的国际动员能力。然而，同一类型的恐怖组织的国际动员能力往往存在明显差异，如"基地"组织和"伊斯兰国"之间就是如此。从身份建构的角度对此予以分析，可以发现不同恐怖组织的组织属性对其国际动员能力能够产生明显影响。在同类恐怖组织中，那些群体实体性程度更高，即具有明确的群体界限、一致的成员标准、严格共享的战略目标和更为独特群体特征的恐怖组织，往往拥有更大的国际动员能力。相对于"基地"，"伊斯兰国"的群体实体性程度更高，故其国际动员能力更强。然而，群体实体性特征只能影响恐怖组织的动员能力，而对恐怖组织的整体发展能力和存续前景的影响是不确定的，因为后者受到如外部打击等其他一系列因素的影响。

20. 李亮、曾向红：《上海合作组织扩员的风险前瞻》，《欧亚经济》2017年第5期。

内容摘要：2017年6月8—9日，上海合作组织元首理事会第十七次会议在哈萨克斯坦首都阿斯塔纳举行。这次元首理事会受到国际社会广泛关注的一个重要事件就是接受印度和巴基斯坦成为上合组织的正式成员。这是上合组织成立16年来首次实现正式扩员。扩员后上合组织具有得天独厚的人口优势和资源优势，综合实力将得到大幅提升。中俄是上合组织的主导国，而上合组织是欧亚经济联盟与"丝绸之路经济带"对接的重要平台，印巴加入后，在一定意义上减少了中亚与南亚互联互通的难度。本刊编辑部特邀国内外学者对以下问题进行讨论：上合组织扩员后将面临哪些挑战？中俄在成员国团结和政治互信中如何协调立场？作为新成员的印度和巴基斯坦在上合组织经济合作中能够发挥怎样的作用？印巴加入后成员国间经济合作的范围将在哪些领域得到扩展？上合组织如何进一步增强在世界经济中的话语权和影响力？

21. 李捷、杨恕：《反分裂斗争中国家文化认同建设论析》，《统一战线学研究》2017年第6期。

内容摘要：在反分裂斗争中，文化认同因素影响深远，需要予以积极掌控。一方面，需要在不同文化间建立相互欣赏、相互交流和相互借鉴的氛围与制度支持，以国家主体文化的包容性和开放性应对分裂势力制造的文化隔离；另一方面，要防止以不当的政策和措施刺激国家主体文化建设中的逆向因素。既要在文化间的交流中强调域外文化的内化即中国化，也要慎重处理地方文化中的原生地认同与本土化中的外向问题。此外，如何在加强文化交流的同时建构文化价值共识，也是国家文化认同建设的重要内容。

（撰稿人：曹伟，审稿人：曾向红）

西北师范大学
中亚研究院

一 重要沿革

西北师范大学中亚研究院成立于2016年4月。中亚位于亚欧大陆核心地带，是我国西北边疆安全屏障和经贸、能源战略合作伙伴，是我国西向开放的前沿阵地。甘肃与中亚同属古丝绸之路的重要地区，地缘相近、人缘相亲，在漫长的人文交流和经贸往来中，中国与中亚各国人民结下了深厚的友谊。"一带一路"倡议的实施，使中亚问题成为新的学术热点。西北师范大学作为一所百年老校，具有悠久的办学历史，学科门类齐全，学科优势突出，对中亚问题具有比较研究优势。学校秉持开放、创新、合作思维，努力将中亚研究院打造成为以中亚为核心，面向丝绸之路沿线国家和地区，集科学研究、人才培养、社会服务于一体的新型智库，成为学校与中亚国家开展人文交流与合作的重要平台。中亚研究院下设中亚法律、中亚旅游、东干语言文化、丝绸之路文明四个研究中心。研究人员实行动态管理，主要通过重大招标课题来组建研究团队。中亚研究院院长由学校副校长田澍教授担任，中国社会科学院俄罗斯东欧中亚研究所李建民研究员担任学术院长。办公室设在学校社科学处。

二 研究方向及学术骨干

1. 中亚法律研究。该研究方向主要通过对中亚国家法律制度的历史演进及最新变化态势研究，把握中亚国家法律的历史传统、固有特色和当下的法治状况，通过比较研究了解中亚国家与我国在投资贸易法律制度方面的同异，并通过法律互译，为"一带一路"建设提供有效的法律支撑。骨干成员：李玉璧（西北师范大学法学院教授）、王宗礼（西北师范大学马克思主义学院教授、博士生导师）、杜睿哲（西北师范大学法学院教授）、王勇（西北师范大学法学院教授）、王兰（西北师范大学法学院副教授）、牛绿花（西北师范大学法学院教授）、王宏英（西北师范大学法学院教授）、马明贤（兰州大学法学院教授）、吴双全（兰州大学法学院教授）、王存河（甘肃政法学院丝路法学院教授）、曹莉萍（甘肃政法学院丝路法学院副教授）。

2. 中亚旅游研究。通过对中亚国家旅游资源、旅游产业发展状况分析，探索我国与中亚国家开展旅游深层合作的可能性、模式及路径。骨干成员：把多勋（西北师范大学旅游学院教授）、梁旺兵（西北师范大学旅游学院教授）、欧阳正宇（西北师范大学旅游学院教授）、南宇（西北师范大学旅游学院教授）、杨阿莉（西北师范大学旅游学院教授）、魏宝祥（西北师范大学旅游学院副教授）、王力（西北师范大学旅游学院副教授）、高亚芳（兰州文理学院乡村旅游发展研究中心教授）。

3. 东干语言文化研究。东干语言是一种跨境汉语方言，该语言具有特殊的文化意义。主要研究东干语言的历史演变、功能、文化意义及其保护等问题，以此推动中国与中亚人文交流与合作,为"一带一路"建设中的"民心相通"搭建桥梁。骨干成员:武和平(西北师范大学国际文化交流学院教授)、海峰(新疆大学语言学院教授)、曹进(西北师范大学外国语学院教授、博士生导师)、雒鹏(西北师范大学文学院副教授)、伊春梅(新疆师范大学国际文化交流学院副教授)、杨同军(西北师范大学国际文化交流学院副教授)、魏梓秋(西北师范大学国际文化交流学院副教授)。

4. 丝绸之路文明研究。古丝绸之路缘于文明的相互吸引。古丝绸之路串联起了东方文明、印度文明、阿拉伯文明、波斯文明和欧洲文明,沿线历史文化遗存丰厚且多姿多彩。从多学科视角加强丝绸之路文明研究,对于推动丝绸之路沿线国家人文交流与合作,引发人们对当代世界文明发展作出全新思考等具有重要价值。骨干成员:田澍(西北师范大学历史文化学院教授、博士生导师)、王子今(中国人民大学国学院教授、博士生导师)、李并成(西北师范大学历史文化学院教授、博士生导师)、李建民(中国社会科学院俄罗斯东欧中亚研究所研究员、博士生导师)、李大龙(中国社会科学院中国边疆研究所教授、博士生导师)、杨富学(敦煌研究院文献研究所研究员、博士生导师)、张德芳(甘肃简牍博物馆研究员、博士生导师)、刘再聪(西北师范大学历史文化学院教授、博士生导师)、韩高年(西北师范大学文学院教授、博士生导师)、马世年(西北师范大学文学院教授、博士生导师)、杨鹏飞(西北师范大学历史文化学院教授)、何玉红(西北师范大学历史文化学院教授)、僧海霞(西北师范大学历史文化学院副教授)。

三 主办刊物

西北师范大学中亚研究院主办《中亚研究通讯》(内部刊物),

定期发布有关中亚研究动态和最新研究成果，搭建学术交流平台。该刊物开设"特别报道、智库建言、成果发布、中亚史话、特别关注"五大栏目，2017年9月1日—2018年8月31日，已出版4期，发文30余篇。

四 学术活动

1. 中亚历史与现状国际论坛

2017年9月25—26日，由西北师范大学中亚研究院与历史文化学院共同主办的中亚历史与现状国际论坛在我校教师发展中心召开。会议以中亚的历史与现状为主题，围绕中亚历史与文化、中亚经济与社会、中亚格局与大国战略等相关议题展开研讨。

中国社会科学院俄罗斯东欧中亚研究所、吉尔吉斯斯坦国家科学院、国务院发展研究中心、中国现代国际关系研究院、西北大学、陕西师范大学、吉林省社会科学院、兰州大学、甘肃政法学院、中国石油天然气集团公司国际部和西北师范大学等单位的80多位专家学者出席了本次论坛。西北师大校长刘仲奎教授出席开幕式并致辞，开幕式由西北师范大学副校长、博士生导师田澍教授主持。

西北师范大学刘仲奎校长在致辞中指出，"一带一路"的核心词汇是"丝绸之路"。"丝绸之路"的含义随着历史的发展而不断丰富和扩大。今天所倡导的"一带一路"是在新的全球化背景下中国对丝绸之路的当代表达，是真正的中国声音，这既是对古代丝绸之路的复兴，又是对古代丝绸之路的超越。

在研讨会上，中国社会科学院俄罗斯东欧中亚研究所李建民、国务院发展研究中心孙长栋、中国现代国际关系研究院许涛、西北大学黄民兴、陕西师范大学王国杰、吉林省社会科学院尚永琪等人分别做了《哈萨克斯坦交通基础设施现状、发展前景及中哈合作》《如何看上海合作组织的现状与未来》《中亚文明繁荣的历史条件与"丝绸之路经济带"前景》《试论中亚历史上的文明交往研究中的一些关键问题》《丝绸之路上的羊文化略论》等大会报告，从多视角、多角度对中亚历史与现状相关问题发表了各自的见解。

中亚研究院杨鹏飞教授、王宗礼教授、武和平教授、曹进教授、张玉霞副教授等专家做了大会报告或主题发言，其中中亚研究院重大招标课题负责人关于"东干民族心理研究——自我认知与文化适应的视角"的主题发言，从心理学的视角为中亚东干族的历史形成与发展现状做了全新阐释，引起了与会专家广泛好评。

2. "'一带一路'下的中国与中亚：人文交流与合作"学术研讨会

2017年12月4日至7日，在"一带一路"高校联盟框架下，西北师范大学与吉尔吉斯斯坦教育科学部、吉尔吉斯国立民族大学在比什凯克市联合主办"'一带一路'下的中国与中亚：人文交流与合作"学术研讨会，来自中国和吉尔吉斯斯坦的50多位专家学者参加会议，西北师范大学副校长田澍率团参加。与会专家围绕"一带一路"倡议的内涵与意义、"一带一路"倡议在中亚国家的进展、中亚历史人文、丝绸之路文物保护、中国与中亚语言文化交流、中国与中亚国家跨境旅游合作等问题进行深入研讨。

"一带一路"倡议为中国与中亚国家的合作注入了新的强劲动力。近年来，西北师范大学与吉尔吉斯斯坦高校在人文交流领域合作亮点纷呈，人员交流与合作研究也取得了丰硕成果，此次会议的召开既是一个重要的合作成果展现，也是双方对通过多种模式深化高校合作的新探索，通过双方交流促进了彼此的了解和友谊，对推动中吉人文交流具有重要意义。

访问期间，田澍与吉尔吉斯国立民族大学卡纳特校长共同签署了《西北师范大学与吉尔吉斯斯坦国立民族大学合作协议》，未来双方将在师生交流、科研合作、学术交流互访、合作翻译、资料交换等方面加强全面交流与合作，共同促进两校间的联盟关系，提升中吉人文交流与合作的水平，共同助推"一带一路"建设迈上新的台阶。同时，双方就在吉尔吉斯国立民族大学设立汉语普通话培训与测试中心达成了一致。卡纳特校长表示，在"一带一路"人文交流与合作中，吉尔吉斯国立民族大学把西北师范大学视为最重要的战略合作伙伴，并全力支持吉中"一带一路"研究中心的工作。

田澍一行还拜会了吉尔吉斯斯坦国会议员苏莱曼诺夫先生、比什凯克人文大学副校长穆合塔尔教授、吉尔吉斯斯坦国家科学院依玛佐夫教授等相关专家学者，双方共同探讨了进一步加强"一带一路"人文交流的举措与路径；考察了吉尔吉斯斯坦基础教育和汉语教学状况，深入了解了当地汉语师资与教材的需求情况，他们共同表达了进一步深化与西北师范大学互利合作的强烈愿望。

3. "一带一路"高校联盟国际书画展

2017年9月21日，由省文博局、省文发集团主办，西北师范大学承办的"一带一路"高校联盟国际书画展在敦煌开幕。甘肃省委常委、宣传部部长陈青出席开幕式。

本次展览是第二届丝绸之路（敦煌）国际文博会文化年展的内容之一，旨在加强"一带一路"沿线国家的文化交流，增进世界各国人民之间的友好往来。本次展览以"丝路·敦煌·大学"为主题，共有来自亚洲、欧洲的6个国家32所高校的教师参与创作，展出了包括中国画、书法和油画等类型在内的87幅作品。这些展出的作品中，既有描绘丝绸之路上佛教艺术、自然风貌的画作，也有反映中亚人民生活场景的作品，还有笔意婉转的书法作品。展品内容丰富、异彩纷呈，不仅体现出作者对古老东方文化的热爱，也显示出书画艺术在"一带一路"沿线国家交流中的独特作用。此次画展在第二届敦煌国际文博会主场馆展出后，又在西北师范大学博物馆展出近一个月。

五　科研成果

1. 田澍、孙文婷：《概念史视野下的"丝绸之路"》，《社会科学战线》2018年第2期，《新华文摘》2018年第9期转载。

2. 田澍：《国家安全视阈下的明代绿洲丝绸之路》，《中国史研究》2017年第4期。

3. 田澍：《陆路丝绸之路上的明朝角色》，《中国边疆史地研究》2017年第3期。

4. 田澍：《中国与中亚加强人文交流的途径》，《中国社会科学报》2018年1月2日。

5. 韩高年：《"前丝绸之路"上的文化与文学交流——以〈穆天子传〉为核心》，《文学遗产》2018年第2期。

6. 胡小鹏、丁杨梅：《明代丝绸之路双语文献〈委兀儿译语·地名〉考述》，《中国边疆史地研究》2018年第2期。

7. 张颖、杨国科：《中亚东干子弟语言使用与身份认同》，《汉语应用语言学研究》2017年第5期。

8. 王小英：《"丝绸之路"的语言学命名及其传播中的话语实践》，《现代传播》（中国传媒大学学报）2017年第5期。

9. 李并成：《有关玉门、玉门关研究中几个重要问题的再探讨》，《丝绸之路》2017年第16期。

10. 王新春：《西域考古时代：列强争霸与学术探索的双重奏》，《国家人文历史》2017年第5期。

11. 李玉璧、郭飞：《"一带一路"背景下我国与中亚国家投资贸易知识产权风险识别及应对策略》，载田澍、杨鹏飞主编《"一带一路"研究》，兰州大学出版社2018年版。

12. 王兰、杨向荣：《中国企业对哈萨克斯坦农业投资法律风险识别》，载田澍、杨鹏飞主编《"一带一路"研究》，兰州大学出版社2018年版。

13. 李建民：《中国与中亚人文合作现状和前景》，《中国社会科学报》2018年1月2日。

14. 王宗礼：《"一带一路"背景下创新中国与中亚国家合作方式》，《中国社会科学报》2018年1月2日。

15. 马世年、徐恒：《历史上中国与中亚的文化交流及其启示》，《中国社会科学报》2018年1月2日。

16. 马玉凤：《以特色研究促进与中亚国家人文交流合作》，《中国社会科学报》2018年1月2日。

17. 杨鹏飞：《美俄在中亚的战略利益与地缘政治角逐》，《中国社会科学报》2018年3月22日。

18. 武和平、赵焕改：《推进东干语语料库建设》，《中国社会科学报》2018年5月24日。

19. 张颖、杨国科：《东干文献整理：中亚东干族文化传承与再发展》，《中国社会科学报》2018年5月24日。

20. 魏梓秋：《中亚东干人的家庭伦理特征》，《中国穆斯林》2018年第4期。

21. 魏梓秋：《从文化孤岛到沟通桥梁》，《中国社会科学报》2018年5月24日。

22. 韩苗苗、武和平：《东干文的未来走向》，《中国社会科学报》2018年5月24日。

23. 韩苗苗：《中亚各国语言政策的走向及影响》，《中国社会科学报》2018年3月22日。

24. 马玉凤：《"一带一路"助推中国与中亚关系发展》，《中国社会科学报》2018 年 8 月 6 日。

25. 魏鹏、张晓婷、满璐：《中亚东干族聚落空间研究》，《兰州文理学院学报》（社会科学版）2018 年第 1 期。

26. 孙晓杨：《音乐交流："一带一路"建设中的重要纽带》，《中国社会科学报》2018 年 6 月 4 日。

27. 丁杰：《中国文化与中亚文化包容并蓄》，《中国社会科学报》2017 年 11 月 3 日。

28. 刘利平：《中亚东干文学的家园意识与民族认同》，《中国社会科学报》2018 年 3 月 22 日。

29. 南宇：《丝绸之路经济带中国段与中亚旅游跨区域合作》，北京大学出版社 2017 年版。

30. 冯玉雷：《玉帛之路文化考察笔记》，上海科学技术文献出版社 2017 年版。

31. 田澍、杨鹏飞主编：《"一带一路"研究》，兰州大学出版社 2018 年版。

32. 杨鹏飞：《中东与中亚研究——交往与互惠》，甘肃文化出版社 2017 年版。

六　科研课题

1. 2017 年度国家社科基金重大招标项目：《中国古代北方游牧民族与中原农耕民族交融史研究》，主持人：胡小鹏，研究期限：2017 年 12 月—2021 年 12 月。

2. 2018 年国家社科基金重点项目：《边疆治理视野下的明代丝绸之路研究》（批准号：18AZS022），主持人：田澍，研究期限：2018 年 6 月—2021 年 6 月。

3. 2018 年国家社科基金一般项目：《敦煌艺术典型符号研究》（批

准号：18XZW005），主持人：王金元，研究期限：2018 年 6 月—2021 年 6 月。

4. 2017 年国家社科基金一般项目：《丝绸之路（长安—天山廊道）非物质文化景观基因图谱研究》（批准号：17BSH051），主持人：魏鹏，研究期限：2017 年 6 月—2020 年 6 月。

5. 2017 年国家社科基金西部项目：《"一带一路"战略下西北地区与中亚国家民族产业与民族商贸合作发展研究》（批准号：17XMZ075），主持人：马文静，研究期限：2017 年 6 月—2020 年 6 月。

6. 2017 年教育部人文社会科学研究一般项目：《近代外国人中国西北考察中的丝绸之路认识研究》（批准号：17YJA770015），主持人：僧海霞，研究期限：2017 年 6 月—2020 年 6 月。

7. 2018 年教育部人文社会科学研究一般项目：《明代绿洲丝绸之路上的贡使活动及其管理研究》（批准号：18YJC770023），主持人：马玉凤，研究期限：2018 年 6 月—2021 年 6 月。

8. 2018 年教育部人文社会科学研究西部项目：《动态系统理论视角下的中亚华裔留学生语言认同研究》（批准号：18XJC740008），主持人：王晶，研究期限：2018 年 6 月—2021 年 6 月。

（撰稿人：李玉璧）

新疆维吾尔自治区
社会科学院中亚研究所

新疆维吾尔自治区社会科学院中亚研究所成立于1980年，是全疆重要的专业国际问题研究机构。现有工作人员10名，其中研究员3名、副研究员3名、助理研究员2名，研究实习员1名，办公室主任1名。在自治区历届哲学社会科学评奖和其他部委评奖中，多次获得一、二、三等奖。在各类课题申报、要报和决策参考撰写、科普讲座与参与各类重大问题决策、科研学术活动与国内外交流合作等诸多领域，取得了优异成绩。

新疆地处祖国西北边陲，西邻八国，有着非常独特而重要的战略区位。在全国的对外开放与稳定发展中，地位重要，作用突出。历史与现实中，新疆受其西部地区影响深刻，并延伸到对中国国家主权与领土完整的影响，关系中国东西战略平衡的架构。这一点在今天更加凸显。

中亚研究所的研究范围正是紧紧围绕上述区域展开，重点包括中亚五国、阿富汗、南亚、西亚部分国家与俄罗斯等，研究领域包括上述各国的政治、经济、文化、民族、宗教、外交、历史等诸多问题。

中亚研究所是一个科研梯队良好，研究视角清晰，研究境域较完整的专业科研机构。近年来，中亚研究所在新疆周边国家问题研究领域一直承担着相当数量的科研任务，在决策咨询与要报撰写，以及科研成果的社会普及和参与政府决策方面，成绩突出。其立足新疆看中亚、南亚的方法，也博得国内外同行的认可，具有较高的社会影响力。

曾经在中亚研究所工作的著名学者有王治来、郭平梁、哈斯木·霍加、王沛、潘志平、扎米尔·赛依都拉等。

中亚研究所曾经的所长有哈斯木·霍加、潘志平等。现任所长石岚，副所长文丰。

目前，中亚研究所已经结题的国家和自治区级社科基金项目逾30项。在研国家社科基金项目和自治区社科基金项目超过10项，内容涵盖中亚与巴基斯坦的伊斯兰教、中亚政治思潮、中亚文化及其对新疆影响、丝绸之路经济带建设战略解析、吉尔吉斯斯坦问题，以及涉及新疆的西方媒体影响、《新疆通史》子项目、中国在中亚海外利益保护、周边形势与新疆安全等。

此外，受自治区党委政府、相关厅局、国家和地方大型企业或部门委托的各类项目目前也有10余项，通过与不同部门、企业的良好合作，本所科研成果的社会转化得到较为明显体现。

撰写要报、专报和决策参考等，是中亚研究所重要内容和突出成绩。在过去几年中，中亚研究所人员撰写的要报、专报等，数量多，质量好，成为自治区有关领导和部门对周边地区形势及其对新疆影响的重要参考，并给予高度评价。

近年来，本所科研人员公开出版了大量著作、论文，在新疆的国际问题研究，尤其中亚、南亚问题研究领域，奠定了扎实的基础。如《中亚五国概况》、《新疆周边国家形势研究报告》（2014）/（2015）、《新丝路》、《欧亚之间》、《中亚五国经济发展现状》、《中亚五国人口研究》、《新疆与中亚跨界民族研究》、《国际视野下中俄农业发展研究》、《中亚费尔干纳：伊斯兰与现代民族国家》，以及以新疆区域调研为基础的布尔津县系列丛书，也有科普读物《世界我知道之塔吉克斯坦、土库曼斯坦》等。本所人员积极参与院级重点项目《新疆经济社会发展分析报告》。2017年以来本所科研人员撰写各类期刊文章16篇，其中核心期刊3篇，《新疆日报》理论版3篇。参与完成国务院新闻办《新疆人权事业发展进步》（白皮书）等写作。

丰富而优秀的科研成果与学术活动，获得了各种社会奖励和赞誉。各类国际国内研讨会、座谈会、专题讨论会的召开，充分展示了中亚研究所的科研学术优势与国内外合作的良好声誉。在自治区哲学社会科学评奖、自治区各类人才计划及各类培训中，中亚研究所亦收获丰厚。2013年和2015年中亚研究所分获自治区巾帼文明岗和科技先锋号荣誉称号。

中亚研究所还配有专门的图书资料室，定期刊发国外研究动态（内部使用），不定期整理翻译一些外文资料或信息等，以服务于相关科研工作需要。此外，中亚研究所负责下的新疆中亚学会，也为自治区稳定发展和长治久安积极服务，献计献策，成为自治区范围内研究新疆周边国家问题的重要民间团体。

（撰稿人：肖丽萍）

河北师范大学
中俄远东研究中心

一 概况

河北师范大学中俄远东研究中心成立于2016年11月，2017年3月入选"教育部国别与区域研究中心备案"名单。其前身为20世纪80年代成立的苏联东欧研究所，后更名为俄罗斯东欧中亚研究所，历任所长分别为贺安保、赵秋长、孟国华和郭小丽。目前郭小丽担任中俄远东研究中心主任，王洪庆、程红为中心副主任，主要成员为俄语系部分教师、俄罗斯及乌克兰学者，共11人。中心现有河北省优秀中青年社科专家、省百名创新人才、省"三三三人才工程"（二层次）1人；教授3人，副教授4人，讲师1人，助教1人；具有博士学位的教师5人，俄罗斯、乌克兰的专兼职学者2人。2006年以来，中心教师先后主持国家社科基金项目3项，教育部区域国别项目2项，省厅级项目多项。主要研究方向为俄罗斯思想史、中俄文化比较研究以及中俄关系史研究，中心教师共出版学术专著3部，在国内外学术期刊发表论文百余篇。

二　学术会议

2017年9月1日至2018年9月1日期间，中俄远东研究中心联合本校其他教学及科研单位，分别在中国石家庄和俄罗斯哈巴罗夫斯克举办了两次国际学术会议。

（1）为进一步探讨百年来中苏（中俄）关系的历史演变，以史经世，面向未来，河北师范大学于2017年11月24—26日举办了"中国与苏联：1945—1955年"国际学术研讨会。会议由俄罗斯师范大学中俄远东研究中心、历史文化学院、中国共产党革命精神与文化资源研究中心以及河北省西柏坡纪念馆共同筹办，来自复旦大学、北京大学、南开大学、华东师范大学、首都师范大学、中央党史研究史、河北省委党史研究史、河北省委宣传理论处、西柏坡纪念馆以及莫斯科历史及法律研究所、新西伯利亚联邦大学、俄罗斯太平洋国立大学、哈巴罗夫斯克边疆区国家档案馆、哈巴罗夫斯克边疆区国家博物馆等国内外高校和科研机构的40余名专家学者参加了本次会议。参会论文选题涉及政治、经济、文化、外交方面的研究，与会学人进行了广泛而深刻的研讨，认为本次研讨会开拓了学术视野，有助于突破自己用自己的材料、自说自话的研究方式。俄罗斯学者就中国学者的一些观点和论据提出了自己的看法，双方学者运用的档案史料及研究视角、方法都深化了研究内容。大会从提交的论文中精选了部分内容结集出版，目前正在刊印本次会议的论文集。

（2）2018年7月21—24日，在哈巴罗夫斯克边疆区对外友好协会、边疆区教育部、边疆区文化部及中国驻当地领事馆的大力支持下，河北师范大学、俄罗斯太平洋国立大学、俄罗斯远东交通大学在哈巴罗夫斯克共同举办了题为"中国与俄罗斯：近代与现代"

国际学术研讨会。研讨的议题包括政治、艺术、民间外交领域的交往历史、现状和前景，中俄学者参会人员达 40 余名，分别来自河北师大、河北省委党史研究史、俄罗斯太平洋国立大学、俄罗斯远东交通大学、哈巴罗夫斯克信息交流学院、哈巴罗夫斯克边疆区文化部、哈巴罗夫斯克边疆区国家博物馆、哈巴罗夫斯克边疆区国家图书馆、哈巴罗夫斯克边疆区国家档案馆等。会场分别设在俄罗斯太平洋国立大学，哈巴罗夫斯克边疆区国家图书馆、边疆区国家博物馆及边疆区国家档案馆，与会人员不仅探讨了中东铁路、《中苏同盟条约》的签订、民国时期中苏在航空领域的合作、青岛的俄式建筑等历史问题，还回顾了河北师大中俄远东研究中心成立以来取得的成绩，接受了当地电视台的采访，将中心师生翻译的《一座古老的城市——哈巴罗夫斯克》《哈巴罗夫斯克边疆区国家档案馆目录》《哈巴罗夫斯克边疆区国家博物馆简介》《中国工人在苏联档案汇总》等书稿赠送给相关人员和单位，并与哈巴罗夫斯克边疆区国家图书馆等科研单位共同商讨了未来的合作规划。

三　学术成果

在学术研究方面，中心教师共编辑或翻译与远东研究相关的书籍 5 部：《中国工人在苏联档案汇总》《哈巴罗夫斯克档案馆档案目录》《一座古老的城市——哈巴罗夫斯克》《西伯利亚的华人史》《斯大林的远东政策》，目前已出版 2 部作品，发表学术论文 10 余篇。

（一）著作

1. 戴建兵主编，尼古拉·彼得洛维奇·克拉金著：《一座古老的城市——哈巴罗夫斯克》，程红、王洪庆等译，河北教育出版社

2017年版。

内容摘要：1858年，俄罗斯东西伯利亚总督穆拉维约夫在伯力城设军事哨所，并将此地改称为"哈巴罗夫卡"，以纪念17世纪为俄罗斯开疆拓土的帕·哈巴罗夫（1893年又改称为"哈巴罗夫斯克"）。1860年，俄罗斯与清政府签订了《中俄北京条约》，伯力城及乌苏里江以东至海的广大地区被俄罗斯割占。1880年，哈巴罗夫斯克被提升为市级城市，开设官办机构，组建城市警力。1884—1888年，该市被设为边疆区行政中心。由于哈巴罗夫斯克位于黑龙江和乌苏里河的交汇处，地理位置优越，工商业一直持续发展，在一个半世纪的时间里修建了大量具有历史文化价值的建筑物。

克拉金教授在书中记载了哈巴罗夫斯克归属俄罗斯之后的发展历程。全书共14章内容，分别研究和介绍了哈巴罗夫斯克的整体城市布局、中央广场、宗教建筑、博览会会址、城市文化空间、大型建筑物的过往主人、贸易公司、学校、行政部门的建筑、公馆和私邸、木质建筑、新型住宅等内容。本书聚焦城市建筑及历史古迹，记载了这里的历史自然风景、名人逸事以及城市文化空间的形成过程。该著述不仅描绘了哈巴罗夫斯克百余年来的历史肖像以及其绘制人，还通过具体历史人物和事件的描写，勾勒出远东地区俄（苏）国家历史发展的跌宕起伏和大起大落。

2. 戴建兵、В. Г. 达旗升（本中心兼职研究员）主编：《中国工人在苏联档案汇总》，河北教育出版社2018年版。

内容摘要：1945年"二战"结束后，苏联男性劳动力短缺。1953年赫鲁晓夫执政后，起初认为苏联严重缺乏劳动力，打算招募100万名中国工人参加苏联建设，调研后方知研判有误，拟取消原打算。而中方坚持派遣8万名中国工人赴苏援建。经双方协商，1955年4月，苏方同意接受来自河北省清苑县的1000名工人，同年12月，苏联方面答应接受2000名中国工人。最后赴苏援建的中国工人共 2100 名，主要来自河北省石家庄和保定各县区的 18—35 岁的青壮年，他们被分配到苏联皮尔姆、托木斯克、克拉斯诺亚尔斯克、伊尔库茨克、切里亚宾斯克等西伯利亚及远东地区的城镇。

早在苏联准备接受清苑工人的 1955 年 4 月，河北省政府就在中央要求下开始了组织动员工作。《中国工人在苏联档案汇总》详细收录了 17 期出国工人动员工作简报、18 种各级各类通知档案、26 种计划方案类档案、16 种汇报总结类档案、25 种其他类别的档案。其中显现出 20 世纪 50 年代中国政府及地方机关组织的动员工作、民众的心理活动和思想动态、中苏国家之间的关系及民间交往等方方面面的状况。

（二）论文

1. 郭小丽：《"第三罗马说"与"中国论"中的"我—他"建构——认同视域的中俄文化比较》，《俄罗斯研究》2017 年第 4 期。

内容摘要："第三罗马说"与"中国论"是俄中两国在民族意识转型时期出现的一种自我身份定位的学说。从某种意义上说，两者并非菲洛费依或石介个人的观点，而是一个群体乃至整个民族对自我与外部世界关系的观察和投射。它们是日用而不知的文化观念，是对自我和他者认知的一种符号体系。在"第三罗马说"的"我—他"对立认同建构中，他者是认知自我的前提和必要条件，缺乏他者，"我"的身份辨认则无从谈起，在对他者的征服或救助中，自身的地位和作用才得以彰显；而"中国论"中的"我"与"他者"并非非此即彼的对立关系，自我封闭的华夏自我中心主义占主导地位，"我"的作用和地位是文明程度和道德伦理确定下来的，无须对"他者"给予过多关注，甚至无须与之交往，"他者"未必是被认知或被征服的对象。

2. 郭小丽：《13—14 世纪中俄文化认同的趋同性》，《俄罗斯研究》2017年第5期。

内容摘要：中俄两国正式交往不过四百年的历史，却常常以彼此为镜，在对方身上看到自己的影子。尽管中俄两个民族的深层心理结构及民族性格并不相同，但在国家治理方面曾经具有某种相似性。早在古代时期，草原文化就影响过东斯拉夫和华夏民族，到13—14世纪，中俄两个民族都处在蒙古帝国的直接或间接控制之下，其文化和治理方式在不同程度上影响了中俄两国，不仅如此，中国文化中的某些元素也经蒙古人传到俄罗斯。因此可以说，在中俄两国正式成为邻国之前，就已经开启了彼此影响和相互认知的过程。

3. 王洪庆：《中庸哲学和洛斯基直觉主义之比较》，《文教资料》2018年3月。

内容摘要：中国哲学和俄罗斯哲学都缺少西方哲学的思辨性，更多的是直觉思维。洛斯基的直觉主义是包括认识论、本体论和宗教伦理等方面的哲学体系，中庸哲学是中国哲学的核心，儒家文化的思想基础。在人与世界的关系上，洛斯基直觉主义主张主体与客体对立，强调主体对客体的直接观照，而中庸哲学没有将人和世界对立起来，而是谋求主客体的融合；在人与人的关系方面，中庸哲学主张用仁爱处理伦理关系，用品行划分人的等级，而在洛斯基的宗教伦理学中，除去上帝以外的个体都是平等的关系；在个人自我修养方面，中庸哲学提高个人德行遵循从天道到人道的道路，注重在实践中的修炼，洛斯基强调在自我道德上完善，培养和发扬人的神性精神。总之，较之洛斯基的直觉主义，中庸哲学的直觉更具有西方哲学所说直觉性质，而洛斯基哲学具有更多理性成分。

4. 郭小丽：《为什么俄罗斯不会孤独？》，《全球政治中的俄罗斯》（俄罗斯期刊）2018年第6期。

内容摘要：本文作者针对B.苏尔科夫关于俄罗斯百年孤独的

文章，总结了俄罗斯不会孤独的理由：中俄合作有着迫切的现实需求和深厚的文明基础。首先，从世界文明格局的变化来看，双方有共同的发展诉求。其次，对当今国际关系构建的思考，双方具有相近的立场，世界从一元到"多元现代性"的转变和理论建构，需要中俄传统文化思想的智慧。最后，从中俄文化的内部进程来看，双方有共同的发展诉求；但是，我们现在解释中俄一些现象时所使用的理论和学术工具，依然主要是来自西方。如何构建适用于中俄文明历史条件的思想范畴体系，是双方长期共同努力的方向。当然，中俄合作还面临诸多挑战，不仅仅是来自外部世界及两国内部的反对力量，还有文化认知和交流上的障碍，因此急需双方在文明和理论建构层面的深层合作。

5. 郭小丽：《俄罗斯弥赛亚意识的结构和流变》，《远东人文科学》（俄罗斯期刊）2018 年第 2 期。

内容摘要：弥赛亚意识是俄罗斯思想史的核心观念之一，是俄罗斯文化认同的深层历史积淀。在范围空间维度上，它是俄罗斯独有的"我—他"认同建构的基础；作为一种颇有活力的传统文化观念，在线性时间维度上，它经历了从神圣罗斯到神选罗斯再到帝国意识的转变，在思想史和社会史之间的不断互动及相互阐释和补充的过程中，弥赛亚意识夯实并丰富着自己的文化语义内涵，并最终成为一种具有深厚宗教基础、深刻哲学阐释、有力经济保障和强大政治依托的俄罗斯民族理念。

6. 张同乐、程红：《西柏坡时期中共与苏共高层交往述论》，《当代学术思想》（俄罗斯期刊）2018 年第 1 期。

内容摘要：1948 年 5 月 26 日，中共中央移驻河北省平山县西柏坡，1949 年 3 月 23 日离开西柏坡，在不到一年的时间内，中苏共产党高层交往，走过了由求同存异到确立两党友好互助关系的初步基础，对此后不久成立的中华人民共和国的外交政策，产生了巨大的影响。1949年1—2月苏共中央政治局委员米高扬秘密来到西柏坡,与毛泽东等中共主要领导人进行了广泛交流,就两党的重大关切达成了广泛的共识,但中苏两党在蒙古等问题上存在明显的意见分歧。以米高扬访问西柏坡为标志,中共与苏共的高层交往取得了决定性进展,中苏友好从西柏坡起航。毛泽东、斯大林作为中苏两党的领袖,各自从两党、两国的利益出发,着眼于未来世界格局,深谋远虑,奠定了新中国初期中苏友好关系的基石。

7. 程红、文秀梅：《浅谈大学俄语新东方第五册同义词的词汇修辞特点》,载《俄语教学理论与实践探索》,世界图书出版公司2017年版。

内容摘要：现代俄语词汇中存在着极为丰富的同义词,它们是在俄语语言学历史发展过程中逐渐积累起来的,是俄语不断趋于完善的显著表现。大学俄语新东方第五册中出现的同义词之间具有很多细微差别,主要表现在语义同义词、感情表现力色彩同义词、语体色彩同义词、特殊搭配同义词、功能修辞同义词五个方面。了解这些特点,有助于提高学生对语言的感受能力和掌握能力。

8. 张春芳：《阅读和文化阅读》,《青年时代》2018年第4期。

内容摘要：文化阅读是不同民族认知彼此文化的重要方式之一。早在17世纪,中俄之间的文化阅读就积累过丰富的经验。当时,俄国沙皇向赴中国的宗教使团提出要求：使团成员必须研究中国的佛教和道教,必须有人学习中国的数学、文学和哲学,重点研究的对象应是中国儒学。后来,《道德经》和《红楼梦》等中国经典被直接从汉语翻译成俄语。正是通过阅读这些作品,中国文化逐渐被俄罗斯人所了解,并逐渐走进普希金的诗歌,使得列夫·托尔斯泰痴迷《老子》和《论语》,喜欢"上善若水"和"无为"。

总之,本中心的研究涵盖俄罗斯国别研究、比较研究、语言文化研究、中俄交往史研究,涉及俄语及其他专业。中心发展的目标是努力促进中俄，特别是河北省及远东的文化交流与传播，推动我国人文和社会科学的发展，为河北省乃至国家的教育事业、经济建设、社会科学进步与社会发展贡献自己的力量。

（撰稿人：郭小丽）